아재개발자들 유튜브 공식 교재

> 처음이야?

파이썬
데이터 분석

윤영빈, 이용희, 오환 공저

KB201638

YoungJin.com **Y.**
영진닷컴

파이썬 데이터 분석

1판 1쇄 2025년 6월 20일

ISBN 978-89-314-7801-3

독자님의 의견을 받습니다.

이 책을 구입한 독자님은 영진닷컴의 가장 중요한 비평가이자 조언가입니다. 저희 책의 장점과 문제점이 무엇인지, 어떤 책이 출판되기를 바라는지, 책을 더욱 알차게 꾸밀 수 있는 아이디어가 있으면 팩스나 이메일, 또는 우편으로 연락주시기 바랍니다. 의견을 주실 때에는 책 제목 및 독자님의 성함과 연락처(전화번호나 이메일)를 꼭 남겨 주시기 바랍니다. 독자님의 의견에 대해 바로 답변을 드리고, 또 독자님의 의견을 다음 책에 충분히 반영하도록 늘 노력하겠습니다.

주 소 : (우)08512 서울특별시 금천구 디지털로9길 32 갑을그레이트밸리 B동 10층 (주)영진닷컴

이메일 : book2@youngjin.com

※ 파본이나 잘못된 도서는 구입처에서 교환 및 환불해드립니다.

STAFF

저자 윤영빈, 이용희, 오환 | **총괄** 이혜영 | **진행** 이혜영 | **디자인** 김효정 | **편집** 박수경

영업 박준용, 임용수, 김도현, 이윤철 | **마케팅** 이승희, 김근주, 조민영, 김민지, 김진희, 이현아

제작 황장협 | **인쇄** 제이엠

저자의 말

안녕하세요. 이 책을 집어 든 여러분을 진심으로 환영합니다. 데이터 분석은 오늘날 우리가 살아가는 세상에서 점점 더 중요한 도구로 자리 잡고 있습니다. 데이터를 활용해 문제를 해결하고, 새로운 가치를 창출하며, 더 나은 결정을 내릴 수 있는 능력은 이제 선택이 아닌 필수가 되었습니다. 이 책은 그런 데이터 분석의 세계로 여러분을 안내하기 위해 만들어졌습니다.

이 책에서는 파이썬과 구글 코랩을 활용하여 데이터 분석의 기초를 배우는 것에서 시작합니다. 처음에는 낯설게 느껴질 수 있는 NumPy, Pandas, matplotlib 같은 라이브러리도 하나씩 차근차근 익히다 보면 어느새 데이터 처리와 시각화의 기본기를 갖추게 될 것입니다. 이 과정에서 여러분은 데이터 분석의 핵심 도구를 이해하고 실질적인 문제를 해결하는 데 필요한 기술을 자연스럽게 습득하게 될 것입니다.

또한, 이 책은 단순히 기술적인 내용만 다루는 것이 아니라, 샘플 데이터를 통해 데이터 분석이 실제로 어떻게 활용되는지 다양한 사례를 제공합니다. 이를 통해 여러분은 데이터를 단순한 숫자와 텍스트의 집합이 아닌, 문제를 해결하고 통찰을 제공하는 강력한 도구로 바라보게 될 것입니다.

실습 역시 이 책의 중요한 부분입니다. 케글(kaggle)의 유명한 프로젝트인 타이타닉 생존자 예측 문제, 주택 가격 예측 문제 등을 통해 여러분은 머신러닝과 데이터 분석 기술을 직접 적용해볼 수 있습니다. 뿐만 아니라, 대기오염 데이터 분석, 서울시 자전거 대여 데이터 분석과 같은 공공 데이터를 활용한 실습을 통해 현실 세계의 문제를 데이터로 풀어보는 경험도 하게 될 것입니다.

데이터 분석은 단순히 기술을 배우는 것을 넘어, 세상을 더 나은 방향으로 변화시키는 힘을 가지고 있습니다. 이 책은 여러분이 데이터 분석의 기초를 탄탄히 다지고, 다양한 분야에서 창의적이고 혁신적으로 데이터를 활용할 수 있도록 돕는 것을 목표로 합니다.

여러분이 이 책을 통해 데이터 분석이라는 흥미롭고 무궁무진한 가능성의 세계에 첫발을 내딛기를 바랍니다. 여정 속에서 작은 성취와 깨달음이 쌓여 큰 자신감으로 이어지길 진심으로 응원합니다. 함께 시작해 봅시다!

저자 윤영빈, 이용희, 오환

데이터 분석이 도대체 뭔데?

Q 데이터 분석이란 무엇이며, 파이썬과는 어떤 관련이 있나요?

A 데이터 분석은 마치 흩어진 정보 조각들 속에서 숨겨진 보물(패턴, 인사이트)을 찾는 탐험과 같습니다. 파이썬은 이 탐험을 도와주는 강력한 도구 상자 역할을 하죠. 1장에서는 데이터 분석의 기본 개념을 배우고, 구글 코랩이라는 편리한 도구를 이용해 파이썬 분석 환경을 설정하며 탐험을 시작합니다.

Q 코딩 경험이 전혀 없는데, 데이터 분석을 배우는 것이 어렵지 않을까요?

A 걱정 마세요! 이 책은 처음 데이터 분석의 세계에 발을 들이는 분들을 위해 설계되었습니다. 마치 처음 요리를 배우듯, 친절한 설명과 예제 코드를 따라 하며 데이터라는 재료를 다루는 법을 익힐 수 있습니다. 1장에서 복잡한 설치 없이 바로 실습 가능한 구글 코랩을 배우고, "2장(NumPy)"과 "3장(Pandas)"에서 데이터 분석의 기본 도구 사용법을 차근차근 익힙니다.

Q 데이터 분석을 배우면 어떤 점이 좋은가요? 실생활이나 업무에 어떻게 활용할 수 있나요?

A 데이터 분석은 마치 건강 검진 결과로 몸 상태를 진단하듯, 데이터를 통해 현상을 더 깊이 이해하고 미래를 예측하여 더 나은 결정을 내리도록 돕습니다. 마케팅 전략 수립, 금융 상품 분석, 생산 효율 개선 등 다양한 분야에서 활용됩니다(6장). 5장에서는 실제 분석을 위해 데이터를 깔끔하게 정리하고 변환하는 '데이터 전처리' 기술을 배웁니다.

Q 이 책에서 NumPy, Pandas, matplotlib 같은 라이브러리를 다루는데, 이것들은 무엇인가요?

A 이들은 파이썬 데이터 분석의 '삼총사'와 같은 핵심 도구(라이브러리)입니다. NumPy는 숫자 데이터를 빠르고 효율적으로 계산하는 계산기(2장), Pandas는 엑셀처럼 표 형태의 데이터를 쉽게 다루게 해주는 정리 도구(3장), matplotlib은 분석 결과를 그래프로 멋지게 시각화해 주는 그림 도구(4장)라고 생각할 수 있습니다.

Q 데이터 분석 실습은 어떤 방식으로 진행되나요?

A 자전거 타는 법을 책으로만 배울 수 없듯이, 데이터 분석도 직접 해보는 것이 중요합니다. 이 책은 각 장마다 풍부한 예제 코드를 제공하며, 특히 5장에서 배운 데이터 전처리 기술을 바탕으로 6장에서는 다양한 산업 데이터를, "7장(kaggle)"과 "8장(공공데이터)"에서는 실제 경진대회나 공공 데이터를 활용한 실전 분석 프로젝트를 경험하며 실력을 키울 수 있습니다.

Q 이 책 한 권으로 데이터 분석 전문가가 될 수 있나요? 이 책을 다 본 후에는 무엇을 더 공부해야 할까요?

A 이 책은 데이터 분석이라는 산을 오르기 위한 튼튼한 등산화와 기본 지도를 제공하는 것을 목표로 합니다. 책의 내용을 충실히 익히시면 파이썬 데이터 분석의 핵심 원리와 기술을 탄탄하게 다질 수 있습니다. 이후에는 이 책에서 다룬 실습(6장, 7장, 8장)을 응용하여 자신만의 프로젝트를 진행하거나, 더 나아가 머신러닝, 딥러닝, 통계적 모델링 등 더 전문적인 데이터 과학 분야로 학습을 확장해 나가시길 추천합니다.

이 책의 200% 활용법

이 책의 활용하기

파이썬 데이터 분석 초보를 위해 자세하고 정확하게 집필했어요.

공부하면서 궁금한 점이나 이상한 내용은 저자들과 소통하면서 파이썬 정복을 위해 모두 화이팅!

구글 코랩 시작하기   ▶ 23쪽

파이썬을 설치하지 않아도, 구글 코랩(Google Colab)을 이용하면 웹 브라우저에서 바로 파이썬 코드를 실행할 수 있어요.

복잡한 설치 과정 없이 도서의 따라하기와 실습문제를 직접 입력해 보세요.

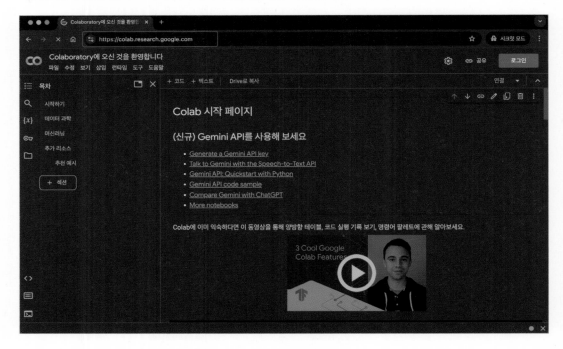

깃허브 활용하기

github.com/ajaedevs

소스코드 다운로드, 실습문제 정답 다운로드, 추가 자료들까지 많이 가져 가세요.

다운로드

책에서 사용된 모든
소스코드를 다운로드
받을 수 있습니다.

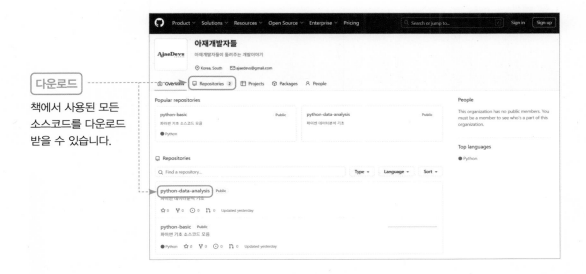

함께 공부하기

www.youtube.com/@ajaedevs

유튜브 '아재개발자들' 채널 공식 교재!

동영상 강의와 함께 공부하면서 모르는 내용은 저자에게 직접 질문할 수 있어요!

학습로드맵

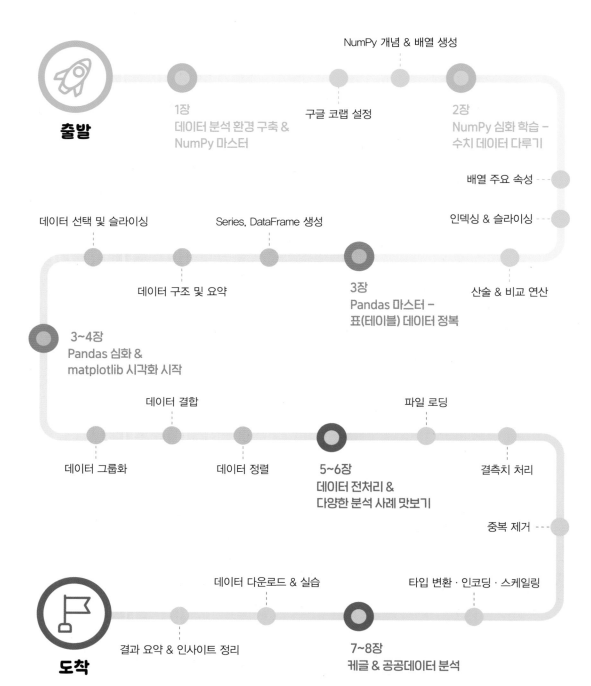

출발

NumPy 개념 & 배열 생성

1장
데이터 분석 환경 구축 &
NumPy 마스터

구글 코랩 설정

2장
NumPy 심화 학습 -
수치 데이터 다루기

배열 주요 속성

데이터 선택 및 슬라이싱

Series, DataFrame 생성

인덱싱 & 슬라이싱

데이터 구조 및 요약

3장
Pandas 마스터 -
표(테이블) 데이터 정복

산술 & 비교 연산

3~4장
Pandas 심화 &
matplotlib 시각화 시작

데이터 결합

파일 로딩

데이터 그룹화

데이터 정렬

5~6장
데이터 전처리 &
다양한 분석 사례 맛보기

결측치 처리

중복 제거

데이터 다운로드 & 실습

타입 변환 · 인코딩 · 스케일링

결과 요약 & 인사이트 정리

7~8장
케글 & 공공데이터 분석

도착

6주 완성 학습플랜

1주차

1~2장 데이터 분석 환경 구축 & NumPy 마스터

- 구글 코랩 환경 직접 설정하고 코드 셀/텍스트 셀 사용 연습하기
- 다양한 NumPy 함수(array, zeros, ones, arange 등)로 배열 생성 연습하기

2주차

2장 NumPy 심화 학습 – 수치 데이터 다루기

- 배열의 shape, dtype, size, ndim 등 속성 확인하고 의미 파악하기
- 인덱싱과 슬라이싱으로 원하는 데이터 정확하게 추출하기
- 배열 간 산술 연산 및 비교 연산 수행해보기

3주차

3장 Pandas 마스터 – 표(테이블) 데이터 정복

- 리스트, 사전(Dictionary)을 이용해 Series 및 DataFrame 생성 연습하기
- head( ), tail( ), info( ), describe( ) 함수로 데이터 구조 및 요약 정보 확인하기
- loc와 iloc를 사용하여 특정 행/열 데이터 선택 및 슬라이싱 연습하기
- 새로운 열을 추가하거나 기존 데이터 수정해보기

4주차

3~4장 Pandas 심화 & matplotlib 시각화 시작

- groupby( )와 agg( ) 함수를 사용하여 데이터를 그룹별로 요약하기
- merge( )와 concat( ) 함수로 여러 DataFrame 결합 연습하기
- sort_values( )와 sort_index( )로 데이터 정렬하기

5주차

5~6장 데이터 전처리 & 다양한 분석 사례 맛보기

- CSV, Excel, JSON 파일 로딩 및 저장 실습하기
- isnull( ), dropna( ), fillna( ) 함수로 결측값 처리 연습하기
- drop_duplicates( )로 중복 데이터 제거하기
- 데이터 타입 변환, 인코딩, 스케일링 적용 실습하기

6주차

7~8장 케글 & 공공데이터 분석

- 케글 및 공공데이터 포털 사이트 가입 및 데이터 다운로드해보기
- 각 실습 주제별 데이터 분석 과정을 직접 따라 하며 코드 실행하기
- 분석 결과를 바탕으로 자신만의 인사이트를 도출하고 정리해보기

목차

3장 Pandas

4장 matplotlib

5 장 데이터 전처리

6장 데이터 분석

7 장 케글(kaggle) 실습

8 장 공공데이터 실습

별책부록 핵심노트

1장

데이터 분석 시작하기

데이터 분석은 정보를 얻기 위해 데이터를 수집하고 정리한 뒤, 패턴이나 의미를 찾아내는 과정입니다. 숫자나 글로 된 자료를 도구를 활용해 이해하기 쉽게 바꾸고, 문제 해결이나 의사결정에 도움을 주는 것이 목표입니다.

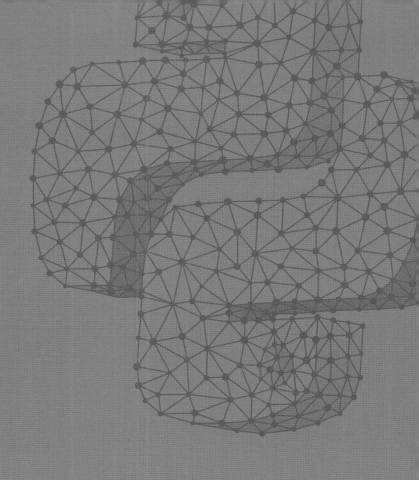

무엇을 배워볼까요?

이 장에서는 데이터를 분석하기 전에 알아야 할 기본적인 개념과 준비
과정을 배웁니다. 먼저, 데이터 분석이 무엇인지 간단히 살펴보고, 데
이터를 다루는 데 필요한 환경을 설정하는 방법을 알아봅니다. 특히,
구글 코랩(Google Colab)이라는 무료 도구를 활용해 분석에 필요한
프로그램을 설치하거나 복잡한 설정 없이 바로 실습할 수 있는 환경을
구성합니다. 이를 통해 데이터 분석을 시작하기 위한 첫걸음을 쉽게
내디딜 수 있습니다.

데이터 분석은 데이터를 체계적으로 수집하고 정리한 뒤 이를 분석하여 유의미한 통찰을 제공하는 과정이다. 이는 단순히 데이터를 읽거나 기록하는 것을 넘어, 데이터에 숨겨진 패턴과 상관관계를 발견하고 이를 통해 중요한 정보를 도출하는 것을 목표로 한다. 이러한 과정을 통해 현재 상황을 더 깊이 이해할 수 있을 뿐만 아니라, 과거의 행동이나 사건을 설명하고 미래의 결과를 예측할 수도 있다.

데이터 분석은 다양한 데이터 소스와 형식에서 시작된다. 기업은 고객 설문조사, 웹사이트 로그 파일, 소셜 미디어 게시물 등 여러 채널에서 데이터를 수집한다. 이렇게 수집된 데이터는 처음에는 단순한 숫자나 텍스트에 불과하지만, 분석 과정을 거치면서 중요한 의미를 가진 통찰(Insight)로 변모하게 된다. 이처럼 데이터는 분석을 통해 단순한 자료의 집합을 넘어 실질적인 가치를 창출하는 자원이 된다.

현대 사회에서 데이터 분석의 중요성은 점점 더 강조되고 있다. 기업, 정부 기관, 학계 등 다양한 분야에서 데이터 분석은 정교하고 효율적인 의사 결정을 내리는 데 필수적인 도구로 자리 잡고 있다. 특히 최근에는 인공지능(AI)과 머신러닝 기술이 데이터 분석과 결합되면서 그 가능성이 더욱 확장되고 있다. 이러한 기술들은 방대한 양의 데이터를 효과적으로 처리하고, 숨겨진 패턴을 발견하며, 자동화된 예측 모델을 구축하는 데 기여한다.

이를 통해 다양한 산업 분야에서 혁신적인 변화가 이루어지고 있다. 전자상거래에서는 고객의 구매 이력을 활용해 맞춤형 추천 시스템을 제공하며, 이는 고객 만족도를 높이고 매출 증대로 이어진다. 제조업에서는 센서 데이터를 분석하여 장비 고장을 사전(Dictionary)에 예측함으로써 유지보수 비용을 절감할 수 있다. 교통 시스템에서는 실시간 데이터를 기반으로 최적 경로를 제안하거나 교통 체증을 완화하는 데 활용되고 있다. 이처럼 데이터 분석은 단순히 정보를 해석하는 것을 넘어 새로운 가치를 창출하는 데 중요한 역할을 하고 있다.

데이터 분석은 현대 사회에 없어서는 안 될 필수적인 도구로 자리 잡았다. 이를 통해 조직은 데이터를 기반으로 한 객관적이고 효율적인 결정을 내릴 수 있으며, 이는 경쟁력 강화와 혁신으로 이어진다. 특히 AI와 머신러닝 기술이 발전하면서 데이터 분석의 활용 범위는 더욱 넓어지고 있으며, 앞으로도 그 중요성은 계속해서 커질 것으로 보인다.

데이터 분석은 단순히 과거와 현재를 이해하는 것을 넘어 미래를 예측하고 새로운 가치를 창출하는 데 기여한다. 이러한 이유로 데이터 분석은 기업뿐만 아니라 정부 기관, 학계 등 다양한 분야에서 점점 더 주목받고 있으며, 앞으로도 데이터 활용의 가능성과 범위는 무궁무진할 것이다.

구글 코랩 개요

구글 코랩(Google Colab)은 구글에서 제공하는 클라우드 기반의 파이썬 프로그래밍 환경으로, Jupyter 노트북을 기반으로 작동한다. Jupyter 노트북은 데이터 분석이나 머신러닝 같은 작업에 유용하며, 코드를 한 줄씩 실행하고 바로 결과를 확인할 수 있는 방식이다. 이러한 대화형 환경은 데이터 분석 흐름에서 가설 검증과 반복적 분석에 특히 적합하다. 클라우드 기반이란 사용자의 컴퓨터가 아닌 구글 서버에서 작업이 이루어진다는 뜻이다. 따라서 고성능의 하드웨어(GPU나 TPU)를 무료로 사용할 수 있으며, 초보자도 부담 없이 시작할 수 있다.

> **Tip** 구글 코랩은 사용자의 PC 환경에 직접 Jupyter 노트북을 설치할 때 발생할 수 있는 파이썬 환경 설정, 라이브러리 충돌, 하드웨어 성능 제한 등의 문제를 해결하며, 별도의 설치 없이 클라우드에서 즉시 사용할 수 있는 편리함을 제공합니다.

구글 코랩 주요 특징

특징	설명
무 설치 환경	구글 코랩과 같은 환경에서는 별도의 프로그램 설치 없이 사용 가능
무료 GPU/TPU 제공	딥러닝과 같이 많은 연산이 필요한 작업을 수행하는 경우, 고속 연산을 지원하는 GPU (Graphics Processing Unit)와 TPU(Tensor Processing Unit)를 무료로 제공
실시간 협업	여러 명이 동시에 하나의 노트북 파일에서 작업 가능
다양한 데이터 소스 연동	데이터를 사용자 PC 환경에서 불러오거나, 구글 드라이브, GitHub, 인터넷 URL 등에서 가져올 수 있음
데이터 분석에서 구글 코랩 활용의 장점	• 데이터를 읽고 전처리하며, 통계 분석 및 시각화를 하는 과정을 쉽게 수행할 수 있음 • 초보자가 파이썬을 배우기 시작하거나 머신러닝 실험을 시도할 때 유용

구글 코랩 시작

구글 계정 생성 및 로그인

구글 코랩을 사용하려면 구글 계정이 필요하다.

<u>Gmail, Google Drive 등 구글 서비스를 사용할 때 사용하는 계정</u>

구글 계정이 없다면 구글 계정 생성 페이지(https://www.google.com)에서 계정을 생성할 수 있다.

로그인 절차

구글 코랩 페이지(https://colab.research.google.com)에 접속한다.

구글 계정으로 로그인한다. 이미 로그인 상태라면 바로 구글 코랩 대시보드가 표시된다.

구글 코랩 대시보드에서 노트북 생성

웹 브라우저에서 구글 코랩에 접속한다.

상단 메뉴에서 "파일 〉 Drive의 새 노트북"을 클릭한다.

새 창이 열리며, 새 노트북 파일이 생성된다.

Drive의 새 노트북을 선택하면 Google Drive에 자동으로 저장되며,
Google Drive와 연동하면 나중에 쉽게 다시 접근 가능

파일 이름 변경 방법

상단의 "Untitled.ipynb"를 클릭하면 파일 이름을 변경할 수 있다.
원하는 이름을 입력한 후 Enter 를 눌러 저장한다.

파일 이름은 프로젝트나 작업 내용을
쉽게 식별할 수 있도록 설정하는 것이 좋음

구글 코랩 인터페이스 설명

구글 코랩 화면은 다음과 같은 구성 요소로 이루어져 있다.

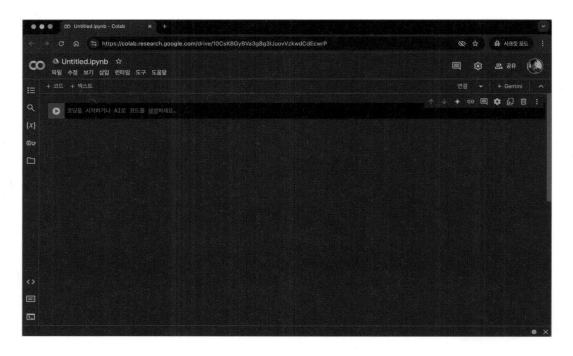

요소	설명
코드 셀	파이썬 코드를 작성하는 공간으로, 실행 결과가 바로 아래에 출력됨
텍스트 셀	설명이나 분석 결과를 기록할 때 사용
런타임	코드를 실행하는 하드웨어 환경으로 CPU, GPU, TPU를 선택할 수 있음
상단 메뉴 〉 파일	노트북 파일 생성, 저장, 다운로드
상단 메뉴 〉 편집	실행 취소, 다시 실행 등 문서 작업
상단 메뉴 〉 런타임	하드웨어 설정 변경, 재실행 등 런타임 설정
상단 메뉴 〉 도구	키보드 단축키 및 테마 설정을 변경할 수 있음
상단 메뉴 〉 도움말	구글 코랩 사용법, 문서 가이드 및 공식 도움말 확인 가능
왼쪽 탐색 패널	파일 탐색기, 코드 스니펫, 테이블 데이터 보기 등의 기능 제공
출력 영역	코드 실행 결과가 표시되는 공간으로, 그래프 및 표를 출력할 수도 있음
셀 실행 버튼	개별 코드 셀을 실행하는 버튼 (▶ 아이콘)
런타임 연결 상태 표시	현재 런타임 연결 여부 및 자원 사용량을 확인할 수 있음

런타임을 초기화하려면
런타임 〉 런타임 다시
시작을 선택

파일 탐색기(왼쪽 패널)를 열려면 화면 왼쪽 상단의 폴더 아이콘을 클릭

Tip   구글 코랩의 키보드 단축키 목록은 Ctrl + M + H 를 눌러 확인할 수 있습니다.

구글 코랩 환경설정

런타임 유형 선택(CPU, GPU, TPU)

런타임은 코드를 실행할 때 사용하는 컴퓨터의 처리 장치를 뜻한다.

상단 메뉴에서 "런타임 〉 런타임 유형 변경"을 클릭한다. 하드웨어 가속기 옵션에서 CPU, GPU, TPU 중 하나를 선택하고 저장 버튼을 클릭한다.

유형	설명
CPU	기본 중앙처리장치로, 일반적인 작업에 적합
GPU	복잡한 연산이나 딥러닝 작업을 빠르게 처리
TPU	딥러닝에 최적화된 구글의 특수 하드웨어

Tip   구글 코랩의 무료 버전에서는 런타임이 최대 12시간 동안 유지되며, 90분 동안 사용자 입력이 없으면 연결이 끊길 수 있으므로, 장시간 작업 시에는 주기적으로 상호작용하거나 유료 버전을 고려하는 것이 좋습니다.

구글 드라이브 연동하기

구글 드라이브는 데이터를 클라우드에 저장하는 구글 스토리지 서비스이다. 구글 코랩에서 드라이브에 저장된 데이터를 사용하려면 드라이브를 연결(mount)해야 한다.

다음 코드를 실행하여 연결을 수행한다.

```
from google.colab import drive
drive.mount('/content/drive')
```

실행 후 나타나는 링크를 클릭해 구글 계정 인증을 완료한다.

인증이 완료되면 /content/drive 경로에 드라이브가 연결된다.

데이터 불러오기

로컬 파일 불러오기

로컬 파일은 사용자의 PC에 저장된 파일을 의미한다. 구글 코랩에서 로컬 파일을 사용하려면 파일을 업로드해야 한다.

좌측의 파일 아이콘을 클릭한 후 업로드 아이콘을 선택하거나 빈 곳에서 마우스 우측을 누른 후 '업로드'를 선택하여 원하는 파일을 업로드할 수 있다.

세션이 종료되면 업로드한 파일이 삭제되므로, 영구적으로 저장하려면 Google Drive에 업로드하는 것이 좋음

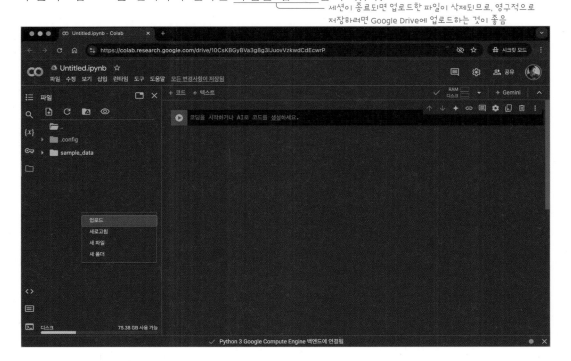

구글 드라이브에서 데이터 불러오기

구글 드라이브에 저장된 데이터를 불러오기 위해서는 먼저 좌측의 파일 아이콘을 클릭한 후 구글 드라이브 아이콘을 클릭하거나, 다음 명령어 실행을 통해 인증을 진행한다.

```python
from google.colab import drive
drive.mount('/content/drive')
```

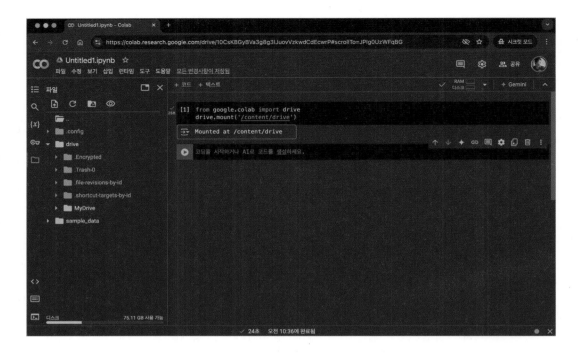

구글 드라이브가 정상적으로 연결되어 폴더가 표시되면 다음 명령어로 파일을 불러올 수
있다.

```python
import pandas as pd
data = pd.read_csv('/content/drive/MyDrive/data.csv') # 드라이브 경로를 입력
print(data.head( )) # 데이터 상위 5행 출력
```

외부 URL에서 데이터 불러오기

인터넷에 공개된 데이터를 인터넷 URL을 통해 불러올 수 있다.

```python
import pandas as pd
url = "https://example.com/data.csv"
data = pd.read_csv(url)
print(data.head( ))  # 데이터 상위 5행 출력
```

구글 드라이브에 업로드된 CSV 파일도 공유 링크를 통해 URL을 생성한 후 pd.read_csv( )로 불러올 수 있다.

코드 작성 및 실행

구글 코랩에서 코드를 작성하고 실행하는 기본 단계는 다음과 같다.

단계	설명
코드 셀 추가	노트북 화면에서 "+ 코드" 버튼을 클릭
코드 입력	셀에 파이썬 코드를 입력
코드 실행	현재 코드 셀만 실행
실행 결과 확인	결과는 셀 바로 아래에 표시
오류 해결	코드 실행 중 에러가 발생하면, 에러 메시지를 읽고 잘못된 부분을 수정

	단축키	설명
Tip	Shift + Enter	현재 코드 셀 실행 후 다음 셀로 이동
	Ctrl + Enter	현재 코드 셀만 실행(새로운 셀로 이동하지 않음)
	Alt + Enter	현재 코드 셀 실행 후 새로운 코드 셀 추가
	Ctrl + M + B	아래에 새로운 코드 셀 삽입
	Ctrl + M + D	선택한 셀 삭제

깨짐 오류 해결

지원 글꼴 설치

구글 코랩에는 한글 글꼴이 지원되지 않아 한글이 포함된 그래프 생성 시, 정상적으로 표기되지 않는 문제가 있다. 한글을 지원하기 위해서는 우선 다음 명령어를 실행하여 한글 지원 글꼴을 설치한다.

└─ 폰트 설치 후에도 한글이 깨지면 plt.rc('font', family='NanumGothic')을 추가

```
# 한글 글꼴 설치
!apt-get -qq install fonts-noto-cjk
!rm -rf /root/.cache/matplotlib/* # 캐시 재설정
```

런타임 세션 다시 시작

글꼴 설치와 캐시 재설정이 완료된 후에는 런타임 메뉴의 '세션 다시 시작'을 선택하여 구글 코랩을 재실행해야 한다. 이때 "Google Compute Engine 백엔드에 연결됨"이 표기되면 정상적으로 재실행이 된 것으로 다음 단계를 진행하면 된다.

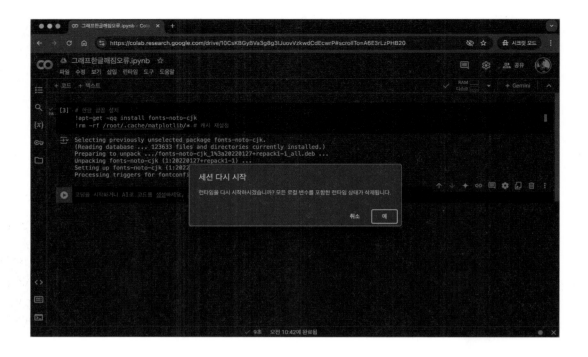

matplotlib 라이브러리 설정 변경

다음 명령어를 실행하여 matplotlib의 기본 설정에서 설치된 한글 지원 글꼴을 지정한다.
추가로 마이너스 기호가 제대로 표기되지 않을 수 있으므로 axes.unicode_minus 설정값을
False로 지정한다.

```
# 런타임 다시 시작 후 실행
%matplotlib inline
import matplotlib as mpl
# Noto Sans CJK 폰트를 기본으로 설정
mpl.rc('font', family='Noto Sans CJK JP')
mpl.rcParams['axes.unicode_minus'] = False  # 마이너스 기호 깨짐 방지
```

테스트 그래프 작성

다음 명령어를 실행하여 한글 지원 글꼴과 음수 및 마이크로(μ) 기호가 제대로 표기되는지 확인한다.

```python
import matplotlib.pyplot as plt
# 테스트 그래프
plt.plot([-3,-2,-1, 0, 1, 2, 3], [-3e-6, -2e-6, -1e-6, 0, 1e-6, 2e-6, 3e-6])
plt.title("한글, 음수 및 마이크로 기호 테스트(μm)")
plt.xlabel("X 축")
plt.ylabel("Y 축(μm)")
plt.show()
```

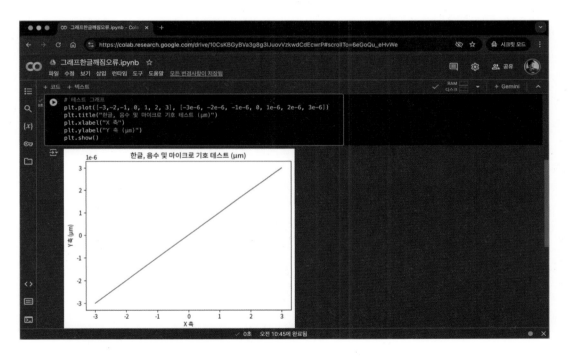

Tip 다양한 글꼴을 설치하여 그래프를 좀 더 예쁘고 실용적으로 꾸밀 수 있습니다.

33

01 구글 코랩에서 새로운 노트북을 만들고 "안녕, 코랩!"을 출력해보자.

```
</> 실행결과                                                    X
```
안녕, 코랩!

02 구글 코랩에서 사용할 수 있는 파이썬 라이브러리 목록을 출력해보자. (구글 코랩의 패키지는 지속적으로 업데이트되므로, 출력되는 패키지와 버전은 위의 출력과 다를 수 있음)

```
</> 실행결과                                                    X
```

Package	Version
absl-py	1.4.0
accelerate	1.1.1
aiohappyeyeballs	2.4.4
aiohttp	3.11.10
aiosignal	1.3.1
...	
xyzservices	2024.9.0
yarl	1.18.3
yellowbrick	1.5
yfinance	0.2.50
zipp	3.21.0

01 소스코드 Q01_01.py

```
print("안녕, 코랩!")
```

02 소스코드 Q01_02.py

```
!python -m pip list
```

2장

NumPy

데이터 분석에서 라이브러리는 복잡한 작업을 간단하고 효율적으로 수행할 수 있도록 도와주며, NumPy는 이러한 라이브러리 중 다차원 배열과 수학적 계산을 빠르고 효율적으로 처리하는 데 필수적인 도구입니다.

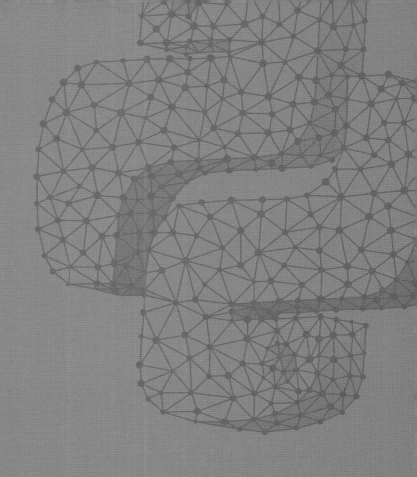

무엇을 배워볼까요?

이 장에서는 데이터 분석에서 필수적인 파이썬 라이브러리인 NumPy를 다룹니다. NumPy는 다차원 배열을 쉽게 다루고, 수학적 계산을 효율적으로 수행할 수 있는 강력한 도구입니다. NumPy 배열의 생성과 구조를 이해하고, 데이터의 연산, 변환, 조작에 필요한 주요 함수들 특히, 배열 생성 및 연산 함수, 슬라이싱 및 인덱싱 기법을 중점적으로 학습해 봅시다.

2.1 NumPy 개요

NumPy 개념

NumPy는 파이썬에서 고성능 수치 계산을 지원하는 핵심 라이브러리로, 데이터 분석, 과학 계산, 통계 등의 분야에서 널리 사용된다. 파이썬 초기에는 수치 계산 성능이 부족했으나, 이를 보완하기 위해 1990년대에 Numeric이, 2001년에는 Numarray가 개발되었다. 2005년 두 라이브러리의 장점을 통합한 NumPy를 개발되었으며, 파이썬에서 다차원 배열을 다루는 표준 라이브러리가 만들어졌다.

NumPy는 빠르게 파이썬 생태계의 필수 도구로 자리 잡았으며, Pandas, SciPy, Scikit-learn, TensorFlow 등 많은 라이브러리가 NumPy 배열을 기반으로 작동한다. 이를 통해 파이썬은 데이터 분석과 인공지능 분야에서 주요 언어로 자리매김했다. 오늘날 NumPy는 과학 연구부터 산업 데이터 분석까지 폭넓게 활용되며, 파이썬의 데이터 처리와 계산 성능을 크게 향상시키는 필수 도구로 평가받고 있다.

> **Tip** NumPy가 없으면 데이터 분석과 머신러닝 라이브러리(Pandas, TensorFlow)도 동작하지 않습니다.
> NumPy 배열은 리스트보다 빠르고 메모리를 효율적으로 사용합니다.

NumPy는 벡터 및 행렬 연산을 최적화하여 대량의 데이터를 빠르게 처리할 수 있도록 지원한다. 반복문 없이 수학 및 통계 연산을 효율적으로 수행하며, 데이터 저장과 접근도 용이하다. 기계 학습과 데이터 분석에서 필수적으로 사용되며, 딥러닝 프레임워크에서도 핵심 역할을 한다. 또한, 금융, 생명과학, 공학 등 다양한 분야에서 널리 활용된다. 이러한 특징 덕분에 NumPy는 데이터 과학 분야에서 필수적인 도구로 자리 잡고 있다.

NumPy 특징

NumPy는 다음과 같은 특징을 통해 대규모 데이터 처리와 과학적 연산을 빠르고 효율적으로 수행할 수 있다.

특징	설명
다차원 배열 객체(ndarray)	• ndarray는 동일한 데이터 타입을 가진 다차원 배열로 데이터를 효율적으로 저장 • 이를 통해 규모 데이터를 빠르고 간편하게 처리할 수 있음
빠른 벡터화 연산	• 반복문 없이 배열 전체에 연산을 적용할 수 있음 • 계산 속도가 매우 빠르고 효율적
배열 조작 기능	• 배열의 모양을 변경하거나 배열을 결합하고 나눌 수 있음 • 데이터 전처리와 배열 연산에 유용함
수학 함수	• 평균, 표준편차 등 다양한 수학적, 통계적 함수들을 제공 • 선형대수 연산도 지원하여 복잡한 계산을 간편하게 처리할 수 있음
브로드캐스팅	• 크기가 다른 배열 간에도 연산을 가능하게 함 • 배열의 차원을 자동으로 맞춰 연산을 쉽게 처리할 수 있음

NumPy 확인

구글 코랩은 NumPy를 기본으로 제공하고 있어 별도의 설치 없이 바로 사용할 수 있다.

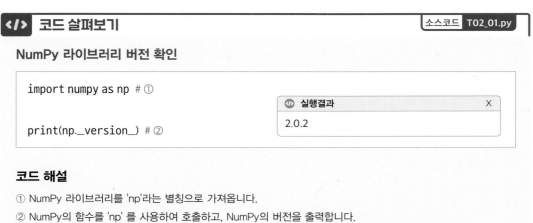

</> 코드 살펴보기   소스코드 T02_01.py

NumPy 라이브러리 버전 확인

```
import numpy as np # ①


print(np.__version__) # ②
```

</> 실행결과   ✕
2.0.2

코드 해설

① NumPy 라이브러리를 'np'라는 별칭으로 가져옵니다.

② NumPy의 함수를 'np' 를 사용하여 호출하고, NumPy의 버전을 출력합니다.

구글 코랩의 패키지는 지속적으로 업데이트되므로, 출력되는 패키지와 버전은 위의 출력과 다를 수 있습니다.

> **Tip** 'as np'를 사용하는 이유는 'numpy' 대신 'np'를 사용하면 코드가 더 짧고 읽기 쉬워지고, 'np'는 NumPy를 가리키는 널리 사용되는 관례적인 별칭입니다. 대부분의 파이썬 개발자가 이 관례를 따르므로, 코드의 일관성과 가독성이 향상됩니다.

NumPy와 리스트의 차이점

NumPy 배열(ndarray)과 리스트는 다음과 같은 차이점이 있다.

항목	NumPy 배열	리스트
데이터 타입	동일한 데이터 타입만 저장	다양한 데이터 타입 혼합 가능
연산 성능	빠른 벡터화 연산 제공	느림, 반복문 사용 필요함
연산 속도	C 기반 구현으로 빠른 연산 지원	리스트보다 느림
메모리 효율성	고정된 데이터 타입으로 메모리 최적화	메모리 사용 비효율적
차원 지원	간단한 문법으로 다차원 배열 지원	다차원 리스트 지원 가능하지만 복잡함
수학 함수	다양한 수학 함수 내장	제공하지 않음

Tip ndarray를 다룰 때 배열의 크기(shape)와 데이터 타입(dtype)을 미리 확인하면 오류를 줄이고 작업 효율을 높일 수 있습니다.

2.2 배열 생성

▶ 영상 보러가기

NumPy 배열에는 다양한 배열 생성 방법이 있다. 이는 다양한 데이터의 배열 설정에 유용하다. 각 함수는 고유한 용도가 있으며, 데이터의 크기와 초깃값에 따라 적절한 방법을 선택해 사용할 수 있다.

np.array( ) 함수

np.array( ) 함수는 파이썬 리스트, 튜플, 또는 다른 순차적 자료형을 NumPy 배열(ndarray)로 변환한다. 이를 통해 임의의 데이터를 배열로 쉽게 만들 수 있다.

```
numpy.array(object, dtype=None, *, copy=True, order='K', subok=False, ndmin=0, like=None)
```

매개 변수	설명		
object	• 배열로 변환할 입력 데이터 • 리스트, 튜플, 또는 다른 배열 등이 가능		
dtype	배열 요소의 데이터 타입을 지정하는 옵션(기본값은 None)		
copy	데이터 복사를 강제할지 여부를 지정하는 옵션(기본값은 True)		
order	메모리 배치 방식을 지정하는 옵션		
	'C'	행 우선(row-major)	
	'F'	열 우선(column-major)	
	'A'	입력 데이터와 동일한 방식	
	'K'	기존의 메모리 순서를 유지	
subok	배열을 생성할 때 입력 데이터의 서브클래스를 유지할지 여부를 결정하는 옵션(기본값은 False)		
	True	입력 데이터가 서브 클래스일 경우 이를 유지	
	False	항상 순수한 ndarray 객체를 반환	
ndmin	• 생성할 배열의 최소 차원을 설정하는 옵션 • 지정한 차원보다 부족하면 추가 차원을 채워 생성		
like	배열 생성 시 참조할 객체를 지정하며, 해당 객체의 특성을 상속받도록 함		

└─ ndmin=2를 설정하면 2차원 배열로 변환됨

1차원 및 2차원 배열을 생성

```
import numpy as np

x = np.array([1, 2, 3, 4]) # ①
print(x)

y = np.array([[1, 2, 3], [4, 5, 6]]) # ②
print(y)
```

</> 실행결과   X

```
[1 2 3 4]
[[1 2 3]
 [4 5 6]]
```

코드 해설

① np.array( ) 함수를 사용하여 리스트 [1, 2, 3, 4]로부터 1차원 NumPy 배열을 생성합니다.

② 중첩된 리스트 [[1, 2, 3], [4, 5, 6]]를 사용하여 2차원 NumPy 배열을 생성합니다.

np.zeros( ) 함수

주로 행렬 연산을 할 때 초깃값이 0인 배열을 만들기 위해 사용

np.zeros( ) 함수는 모든 요소가 0인 배열을 생성하는 함수이다.

np.zeros( ) 함수

```
import numpy as np

x = np.zeros((2, 3)) # ①
print(x)
```

</> 실행결과   X

```
[[0. 0. 0.]
 [0. 0. 0.]]
```

코드 해설

① 모든 요소가 0인 2×3 NumPy 배열을 생성합니다.

np.ones( ) 함수

└── 1로 초기화된 배열은 평균값 비교, 확률 계산, 가중치 초기화 등에 활용

np.ones( ) 함수는 모든 요소가 1인 배열을 생성하는 함수이다.

소스코드 T02_04.py

</> 코드 살펴보기

np.ones( ) 함수

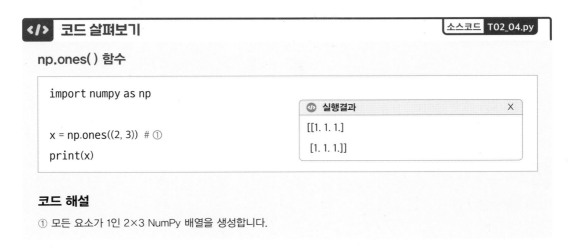

```
import numpy as np

x = np.ones((2, 3))  # ①
print(x)
```

실행결과   X
```
[[1. 1. 1.]
 [1. 1. 1.]]
```

코드 해설

① 모든 요소가 1인 2×3 NumPy 배열을 생성합니다.

np.full( ) 함수

np.full( ) 함수는 모든 요소가 지정된 값으로 초기화된 배열을 생성하는 함수이다.

```
np.full(shape, fill_value)
```

매개 변수	설명
shape	• 생성할 배열의 크기와 차원을 지정하는 옵션 • 숫자 또는 숫자의 튜플이 가능
fill_value	• 배열에 채워넣을 값을 지정하는 옵션 • 숫자, 문자열 등이 가능

소스코드 T02_05.py

</> 코드 살펴보기

np.full( ) 함수

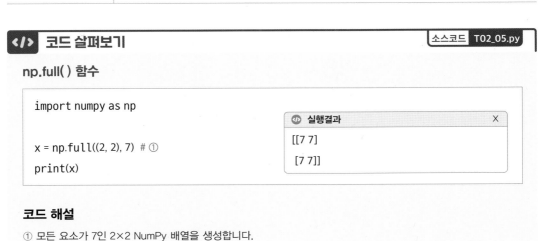

```
import numpy as np

x = np.full((2, 2), 7)  # ①
print(x)
```

실행결과   X
```
[[7 7]
 [7 7]]
```

코드 해설

① 모든 요소가 7인 2×2 NumPy 배열을 생성합니다.

np.empty( ) 함수

np.empty( ) 함수는 초기화되지 않은 임의 값으로 배열을 생성하는 함수이다. np.empty( ) 함수는 할당한 배열의 각 요소를 명시적으로 초기화하지 않으므로, 배열이 생성될 때 해당 메모리 위치에 이미 존재하는 값들이 그대로 유지된다. 따라서 할당된 메모리의 위치와 해당 위치에 이미 존재하는 값 때문에 반환된 배열의 값은 매번 다를 수 있다.

np.empty( ) 함수는 값을 초기화하는 작업이 없으므로 빠르게 배열을 생성할 수 있지만, 사용 전에 반드시 값을 할당해야 한다.

</> 코드 살펴보기
소스코드 **T02_06.py**

np.empty( ) 함수

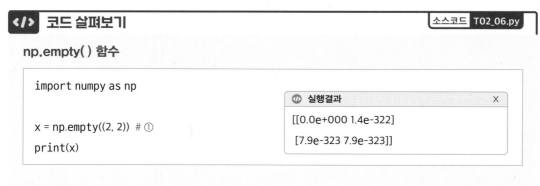

```
import numpy as np

x = np.empty((2, 2))  # ①
print(x)
```

```
</> 실행결과                               X
[[0.0e+000 1.4e-322]
 [7.9e-323 7.9e-323]]
```

코드 해설

① 2×2 NumPy 배열을 생성합니다. np.empty( ) 함수는 할당된 메모리를 초기화하지 않고 빠르게 배열을 생성하므로, 메모리에 이미 존재하던 임의의 값이 출력됩니다. 따라서 실행할 때마다 다른 값이 나올 수 있으며, 위의 실행결과와도 다른 값이 출력될 수 있습니다. ──── 초기화되지 않은 값이므로 출력 결과가 다를 수 있음

np.arange( ) 함수

np.arange( ) 함수는 지정된 범위와 간격으로 배열을 생성하는 함수이다.

```
np.arange(start, stop, step)
```

매개 변수	설명
start	• 생성할 배열의 시작 값을 지정하는 옵션(기본값은 0) • 배열에 포함되며 정수 또는 실수가 가능
stop	• 생성할 배열의 종료 값을 지정하는 옵션 • 배열에 포함되지 않으며(미만) 정수 또는 실수가 가능
step	• 생성할 배열의 값 사이의 간격을 지정하는 옵션 • 정수 또는 실수가 가능하며 양수나 음수 모두 사용 가능

‹/› 코드 살펴보기

소스코드 **T02_07.py**

np.arange( ) 함수

```
import numpy as np

x = np.arange(0, 10, 2)  # ①
print(x)
```

실행결과 X

`[0 2 4 6 8]`

코드 해설

① 0부터 10 미만까지 2씩 증가하는 NumPy 배열을 생성합니다.

np.linspace( ) 함수

np.linspace( ) 함수는 시작 값과 끝 값 사이를 균등 간격으로 나눈 배열을 생성하는 함수이다.

```
np.linspace(start, stop, num)
```

매개 변수	설명
start	• 생성할 배열의 시작 값을 지정하는 옵션(기본값은 0) • 배열에 포함되며 정수 또는 실수가 가능
stop	• 생성할 배열의 종료 값을 지정하는 옵션 • 배열에 포함되며 정수 또는 실수가 가능
num	• 생성할 배열에 값 개수를 지정하는 옵션(기본값은 50) • 양의 정수만 가능

</> 코드 살펴보기

소스코드 T02_08.py

np.linspace( ) 함수

```
import numpy as np

x = np.linspace(0, 1, 5)  # ①
print(x)
```

⏺ 실행결과   X

[0. 0.25 0.5 0.75 1.]

코드 해설

① 시작 값 0에서 종료 값 1의 범위를 5개의 균등 간격으로 NumPy 배열을 생성합니다. 0과 1 사이를 4개의 동일한 간격(0.25)으로 나누어 총 5개의 값을 생성하면, 각 값은 시작 값과 끝 값 사이에서 균등한 간격으로 배치됩니다.

> **Tip** 배열을 생성할 때 dtype을 명시적으로 설정하면 메모리 사용을 최적화할 수 있으며, 특히 큰 데이터를 다룰 때 효율적으로 작업할 수 있습니다.

2.3 배열의 주요 속성

 영상 보러가기

NumPy 배열의 속성들은 배열의 크기, 형태, 데이터 타입, 메모리 구조 등 다양한 정보를 제공한다. 이러한 속성들을 이해하면 배열의 구조와 상태를 파악하고 배열 연산을 효과적으로 수행할 수 있다.

shape 속성

shape 속성은 배열의 형태를 나타내는 튜플로, 각 차원의 크기를 나타내는 속성이다.

▼ shape 속성의 주요 특징

특징	설명
차원 정보	배열의 각 차원의 크기를 튜플 형태로 반환
읽기 전용	shape는 읽기 전용 속성으로, 직접 수정할 수 없음
차원 수	튜플의 길이는 배열의 차원 수를 나타냄
요소 수 계산	shape 튜플의 모든 요소를 곱하면 배열의 총 요소 수를 얻을 수 있음

</> 코드 살펴보기 　　　소스코드 T02_09.py

shape 속성

```
import numpy as np

x = np.array([[1, 2, 3], [4, 5, 6]]) # ①
print(x.shape) # ②
```

실행결과　　　　　　　　　　　　　 X
```
(2, 3)
```

코드 해설

① 2×3 크기의 2차원 배열을 생성합니다.
② 배열의 형태(shape)를 확인하면 배열이 2개의 행과 3개의 열을 가지고 있음을 확인할 수 있습니다.

dtype 속성

dtype 속성은 배열의 데이터 타입을 나타낸다. 정수(int32), 실수(float64), 복소수(complex128) 등 다양한 타입이 가능하며, 데이터 타입을 명시적으로 지정할 수도 있다. dtype은 연산 전에 데이터 타입을 확인하여 정확성을 보장한다.

▼ dtype 속성의 주요 특징

특징	설명
데이터 타입 정보	배열 요소의 정확한 데이터 타입을 제공
메모리 사용	데이터 타입에 따라 각 요소가 차지하는 메모리 크기가 결정
연산 정확성	데이터 타입에 따라 연산의 정확성과 범위가 영향을 받음
타입 변환	다른 데이터 타입으로 변환할 때 기준이 됨

▼ dtype의 주요 타입

타입	설명
int8, int16, int32, int64	다양한 크기의 정수형
float32, float64	다양한 크기의 실수형
bool	논리형(True/False)
complex128	복소수 타입
str	문자열

</> 코드 살펴보기   소스코드 T02_10.py

dtype 속성

```
import numpy as np

x = np.array([1.0, 2.0, 3.0]) # ①
print(x.dtype) # ②
```

> </> 실행결과   X
> float64

코드 해설

① 실수형으로 이루어진 1차원 배열을 생성합니다.
② dtype 속성을 사용하여 배열 요소의 데이터 타입을 확인하면 배열의 각 요소가 64비트 실수형으로 저장되어 있음을 확인할 수 있습니다.

size 속성

size 속성은 배열의 전체 요소 개수를 나타내는 속성이다. shape의 각 차원의 크기를 곱한 값과 같다. size는 배열이 차지하는 메모리 크기를 계산할 때 사용한다.

▼ size 속성의 주요 특징

특징	설명
총 요소 수	배열의 모든 차원에 걸친 총 요소의 개수를 반환
차원 무관	배열의 차원에 상관없이 전체 요소 수를 제공
읽기 전용	size는 읽기 전용 속성으로, 직접 수정할 수 없음
빠른 접근	배열의 크기를 빠르게 확인할 수 있음

코드 살펴보기   소스코드 T02_11.py

size 속성

```
import numpy as np

x = np.array([[1, 2, 3], [4, 5, 6], [7, 8, 9]])  # ①
print(x.size)  # ②
```

실행결과
```
9
```

코드 해설

① 3×3 크기의 2차원 배열을 생성합니다.
② size 속성을 사용하여 배열이 총 9개의 요소를 포함하고 있음을 확인할 수 있습니다.

ndim 속성

ndim 속성은 배열의 차원 수를 나타내는 속성이다. 1차원, 2차원, 3차원 이상의 다차원 배열을 지원한다. ndim은 데이터의 구조를 이해하는 데 도움이 된다.

▼ ndim의 주요 특징

특징	설명
차원 수 반환	배열의 차원 수(축의 개수)를 정수로 반환
읽기 전용	ndim은 읽기 전용 속성으로, 직접 수정할 수 없음
0부터 시작하지 않음	최소 차원 수는 1

</> 코드 살펴보기   소스코드 T02_12.py

ndim 속성

```
import numpy as np

x = np.array([1, 2, 3]) # ①
print(x.ndim) # ②

y = np.array([[[1], [2]], [[3], [4]]]) # ③
print(y.ndim) # ④
```

실행결과   X
```
1
3
```

코드 해설

① x 변수에 1차원 배열을 생성합니다.
② ndim 속성을 사용하여 배열의 차원 수를 확인합니다.
③ y 변수에 2 × 2 × 1 형태의 3차원 배열을 생성합니다.
④ ndim 속성을 사용하여 배열의 차원 수를 확인합니다.

flat 속성

flat 속성은 배열의 요소들을 1차원 형태로 순회할 수 있는 속성이다.

다차원 배열의 모든 요소를 순회하거나 특정 조건을 만족하는 요소를 찾을 때 사용할 수 있다.

▼ flat의 주요 특징

특징	설명
1차원 뷰	다차원 배열의 요소들을 1차원으로 펼친 뷰를 제공
메모리 효율성	실제로 새로운 배열을 생성하지 않고, 기존 배열의 뷰를 제공
순차적 접근	배열의 요소들을 메모리 순서대로 접근
읽기/쓰기 가능	배열의 요소를 읽고 수정할 수 있음

</> 코드 살펴보기 　　　　　　　　　　　소스코드 T02_13.py

다차원 배열의 모든 요소를 순회

```
import numpy as np

x = np.array([[1, 2], [3, 4]])  # ①
for element in x.flat:  # ②
    print(element)  # ③
```

실행결과

```
1
2
3
4
```

코드 해설

① x 변수에 2×2 크기의 2차원 배열을 생성합니다.

② flat 속성은 배열의 모든 요소에 대한 값을 반환합니다. 배열의 모든 요소에 순차적으로 접근하고, 순회할 때마다 값들을 element라는 변수에 전달합니다.

③ 반복문 내에서 각 요소를 개별적으로 출력합니다.

> **Tip** 데이터 분석 작업 시작 전 shape로 배열 크기를 확인하고, dtype으로 데이터 타입을 점검한 뒤, 필요한 경우 astype으로 타입을 변환하면 데이터 오류를 예방하고 처리 속도를 향상시킬 수 있습니다.

#데이터타입 #dtype #타입변환

2.4 배열의 데이터 타입

▶ 영상 보러가기

NumPy 배열은 모든 요소가 동일한 데이터 타입을 가지며, 이를 통해 메모리 효율성을 극대화하고 연산 성능을 최적화할 수 있다. 배열에서 지원하는 데이터 타입(dtype)은 다양한 숫자 형식뿐 아니라 복합 데이터 형식도 지원한다.

기본 데이터 타입

NumPy는 다양한 기본 데이터 타입을 지원한다. 각 데이터 타입은 고유의 크기와 메모리 사용량을 가지며, 배열 생성 시 명시적으로 지정할 수 있다.

▼ 기본 데이터 타입

구분	타입	설명
정수형(Integer)	np.int8	8비트 부호 있는 정수
	np.int16	16비트 부호 있는 정수
	np.int32	32비트 부호 있는 정수
	np.int64	64비트 부호 있는 정수
	np.uint8	8비트 부호 없는 정수
	np.uint16	16비트 부호 없는 정수
	np.uint32	32비트 부호 없는 정수
	np.uint64	64비트 부호 없는 정수
부동소수점(Floating-point)	np.float16	16비트 실수
	np.float32	32비트 실수
	np.float64	64비트 실수 — 파이썬의 float와 호환
불리언(Boolean)	np.bool_	True 또는 False 값을 저장
문자열(String)	np.bytes_	고정 길이 바이트 문자열
	np.unicode_	고정 길이 유니코드 문자열

기본 데이터 타입

```
import numpy as np

a = np.array([1, 2, 3], dtype=np.int32)  # ①
print(a.dtype)                             └─ 배열 생성 시 타입을 지정

b = np.array([1.0, 2.0, 3.0], dtype=np.float64)  # ②
print(b.dtype)

c = np.array([True, False, True], dtype= np.bool_)  # ③
print(c.dtype)

d = np.array(['apple', 'banana', 'cherry'],
dtype=np.bytes_)  # ④
print(d.dtype)  # ⑤
```

실행결과   X
```
int32
float64
bool
|S6
```

코드 해설

① np.int32 타입으로 32비트 정수 배열을 생성합니다.

② np.float64 타입으로 64비트 부동소수점 배열을 생성합니다.

③ np.bool_ 타입으로 불리언 값(True/False)을 저장하는 배열을 생성합니다.

④ np.bytes_ 타입으로 바이트 문자열을 생성합니다.

⑤ NumPy 배열은 모든 요소가 동일한 데이터 타입을 가집니다. 가장 긴 문자열이 6글자이므로, dtype은 |S6이 되고, 모든 원소가 6바이트로 저장됩니다.

> **Tip**   데이터 타입은 사용자가 제공한 dtype 옵션에 의해 결정됩니다. 만약 dtype을 명시적으로 지정하지 않으면, 라이브러리는 입력된 데이터의 값을 기반으로 자동으로 적절한 데이터 타입을 추론하여 설정합니다. 이 기능은 데이터의 유연한 처리를 가능하게 하며, 숫자, 문자열 등 다양한 데이터 유형을 자연스럽게 다룰 수 있도록 돕습니다.

데이터 타입 변환 – astype( ) 함수

astype( ) 함수는 배열의 데이터 타입을 변경하는 함수이다. 이를 통해 연산에 적합한 데이터 타입으로 배열을 변환할 수 있다.

▼ astype 함수의 주요 특징

특징	설명
새 배열 생성	원본 배열을 변경하지 않고 새로운 배열을 반환
데이터 손실 가능성	정밀도가 낮은 타입으로 변환 시 데이터 손실이 발생할 수 있음
다양한 타입 지원	정수, 부동소수점, 불리언 등 다양한 타입으로 변환 가능
문자열 변환	숫자와 문자열 간의 변환도 지원

```
ndarray.astype(dtype, order='K', casting='unsafe', subok=True, copy=True)
```

매개 변수		설명
dtype		변환할 데이터 타입을 지정하는 옵션
order		메모리 배치 방식을 지정하는 옵션(기본값은 'K')
	'C'	행 우선(row–major)
	'F'	열 우선(column–major)
	'A'	입력 데이터와 동일한 방식
	'K'	기존의 메모리 순서를 유지
casting	'no'	동일한 종류의 데이터 타입 간에만 변환 허용
	'equiv'	비트 패턴이 바뀌지 않는 변환만 허용
	'safe'	정밀도 손실이 없는 변환만 허용
	'same_kind'	같은 종류의 데이터 타입 간 변환 허용
	'unsafe'	모든 변환 허용(주의 필요)
subok	True	서브클래스를 유지
	False	결과를 기본 ndarray로 반환
copy	True	항상 새로운 배열을 생성
	False	가능한 경우 복사 없이 변환(뷰 반환)

astype 함수를 사용하여 데이터 타입을 변환

```python
import numpy as np

x = np.array([1.5, 2.3, 3.7])  # ①
y = x.astype(np.int32)  # ②
print(y)  # ③
```

실행결과   ✕

[1 2 3]

코드 해설

① np.array([1.5, 2.3, 3.7])을 사용하여 실수형 배열을 생성합니다. float64 타입으로 생성됩니다.

② x.astype(np.int32)를 사용하여 배열의 데이터 타입을 float64에서 int32로 변환합니다. (소수점 이하는 버림)

③ int32로 변환된 배열이 출력됩니다.

Tip | 변환하고자 하는 데이터 형태에 맞추어 데이터 값이 유실될 수 있으니 주의해주세요.

#인덱싱 #요소접근 #다차원접근 #음수인덱싱 #팬시인덱싱 #인덱싱방법

2.5 배열의 인덱싱

 ▶ 영상 보러가기

인덱싱은 배열의 특정 요소에 접근하는 방법이다. NumPy 배열에서는 다차원 배열의 인덱스를 사용하여 특정 위치의 값을 선택할 수 있다.

기본 인덱싱

배열의 인덱스는 0부터 시작하며, 각 요소에 접근할 때 인덱스를 사용한다. 1차원 배열에서는 리스트와 동일하게 동작한다.

배열의 길이가 n일 때 인덱스는 다음과 같다.

첫 번째 요소	두 번째 요소	…	뒤에서 두 번째 요소	뒤에서 첫 번째 요소
0	1	…	(n−2)	(n−1)
−n	−(n−1)	…	−2	−1

</> 코드 살펴보기

소스코드 T02_16.py

1차원 배열의 인덱싱

```
import numpy as np

x = np.array([10, 20, 30, 40, 50]) # ①
print(x[0]) # ②
print(x[3]) # ③
```

실행결과   X
```
10
40
```

코드 해설

① np.array([10, 20, 30, 40, 50])을 사용하여 1차원 정수 배열을 생성합니다.
② x[0]은 배열의 첫 번째(인덱스 0) 요소에 접근합니다.
③ x[3]은 배열의 네 번째(인덱스 3) 요소에 접근합니다.

다차원 배열 인덱싱

다차원 배열에서는 각 차원의 인덱스를 쉼표(,)로 구분하여 지정한다.

</> 코드 살펴보기
소스코드 T02_17.py

2차원 배열의 인덱싱

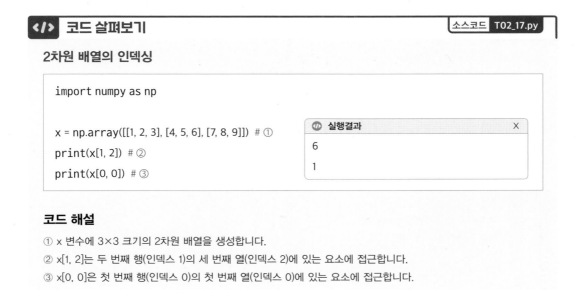

```
import numpy as np

x = np.array([[1, 2, 3], [4, 5, 6], [7, 8, 9]])  # ①
print(x[1, 2])  # ②
print(x[0, 0])  # ③
```

실행결과
```
6
1
```

코드 해설

① x 변수에 3×3 크기의 2차원 배열을 생성합니다.
② x[1, 2]는 두 번째 행(인덱스 1)의 세 번째 열(인덱스 2)에 있는 요소에 접근합니다.
③ x[0, 0]은 첫 번째 행(인덱스 0)의 첫 번째 열(인덱스 0)에 있는 요소에 접근합니다.

음수 인덱싱

리스트와 마찬가지로 음수 인덱스를 사용해 배열의 끝에서부터 요소에 접근할 수 있다.

</> 코드 살펴보기
소스코드 T02_18.py

1차원 배열의 음수 인덱싱

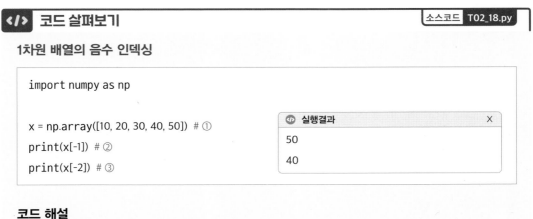

```
import numpy as np

x = np.array([10, 20, 30, 40, 50])  # ①
print(x[-1])  # ②
print(x[-2])  # ③
```

실행결과
```
50
40
```

코드 해설

① np.array([10, 20, 30, 40, 50])을 사용하여 5개의 요소를 가진 1차원 배열을 생성합니다.
② x[-1]은 배열의 마지막 요소에 접근합니다.
③ x[-2]는 배열의 마지막에서 두 번째 요소에 접근합니다.

다차원 배열에서의 음수 인덱싱

다차원 배열에서도 각 차원에서 음수 인덱스를 사용할 수 있다.

소스코드 T02_19.py

</> 코드 살펴보기

2차원 배열의 음수 인덱싱

```
import numpy as np

x = np.array([[1, 2, 3], [4, 5, 6], [7, 8, 9]])  # ①
print(x[-1, -1])  # ②
```

```
</> 실행결과                            X
9
```

코드 해설

① x 변수에 3×3 2차원 배열인 np.array([[1, 2, 3], [4, 5, 6], [7, 8, 9]])를 생성합니다.
② x[-1, -1]은 배열의 마지막 행(인덱스 -1)의 마지막 열(인덱스 -1)에 있는 요소에 접근합니다.

Boolean 인덱싱

Boolean 인덱싱은 조건을 사용하여 배열의 특정 요소를 선택할 수 있는 기능이다. 조건에 맞는 요소들은 True 값을 갖고, 그렇지 않은 요소들은 False 값을 가진다.

소스코드 T02_20.py

</> 코드 살펴보기

Boolean 인덱싱

```
import numpy as np

x = np.array([10, 20, 30, 40, 50])  # ①
y = x > 30  # ②
print(x[y])  # ③
```

```
</> 실행결과                            X
[40 50]
```

코드 해설

① x 변수에 5개의 요소를 가진 1차원 배열을 생성합니다.
② x > 30은 x 배열의 각 요소에 대해 x > 30이 True인지 False인지 판단하여 결과를 배열로 만들어줍니다. 결과는 [False, False, False, True, True]와 같은 불리언 배열입니다.
③ Boolean 마스크를 사용하여 원본 배열에서 조건을 만족하는 요소만 선택합니다.

팬시 인덱싱 — Fancy Indexing

팬시 인덱싱은 배열의 특정 인덱스를 리스트나 배열로 지정하여 여러 요소를 한 번에 선택하는 기능이다.

코드 살펴보기 — 소스코드 T02_21.py

팬시 인덱싱

```python
import numpy as np

x = np.array([10, 20, 30, 40, 50])  # ①
y = [0, 2, 4]  # ②
print(x[y])  # ③
```

실행결과
```
[10 30 50]
```

코드 해설

① x 변수에 5개의 요소를 가진 1차원 배열 np.array([10, 20, 30, 40, 50])을 생성합니다.
② y [0, 2, 4]라는 리스트를 생성하여 선택하고자 하는 요소들의 인덱스를 지정합니다.
③ arr[indices]는 indices에 지정된 인덱스 위치의 요소들을 선택합니다.

다중 팬시 인덱싱

특정 패턴을 가진 데이터를 추출할 때 매우 유용

다중 팬시 인덱싱은 여러 차원의 배열에 대해 팬시 인덱싱을 사용하여 특정 요소들을 선택할 수 있는 기능이다.

코드 살펴보기 — 소스코드 T02_22.py

다차원 배열에서 특정 요소들을 동시에 선택

```python
import numpy as np

x = np.array([[1, 2, 3], [4, 5, 6], [7, 8, 9]])  # ①
print(x[[0, 2], [1, 0]])  # ②
```

실행결과
```
[2 7]
```

코드 해설

① x 변수에 3×3 크기의 2차원 배열을 생성합니다.
② x[[0, 2], [1, 0]]은 2개의 인덱스 배열을 사용해 각각의 위치에 있는 요소를 선택합니다.
　이때, 각 배열은 같은 인덱스끼리 짝을 지어 좌표를 만듭니다.
　첫 번째 쌍: (0, 1) → 첫 번째 행(인덱스 0), 두 번째 열(인덱스 1) → 2
　두 번째 쌍: (2, 0) → 세 번째 행(인덱스 2), 첫 번째 열(인덱스 0) → 7

#부분배열 #추출 #인덱싱 #슬라이싱방법

2.6 배열의 슬라이싱

▶ 영상 보러가기

슬라이싱은 배열의 일부를 선택하여 부분 배열을 추출하는 방법이다.

기본 슬라이싱

1차원 배열에서는 리스트와 동일하게 동작한다.

```
list[start : stop : step]
```

start는 슬라이싱이 시작되는 인덱스이며, stop은 슬라이싱이 끝나는 인덱스이고, step은 몇 칸씩 건너뛸지에 대한 값이다.

start 인덱스를 생략하면 0번지부터 슬라이싱하고, stop 인덱스를 생략하면 문자열의 끝까지 슬라이싱한다. step을 생략하면 기본적으로 1씩 증가하며 슬라이싱한다.

start는 포함되지만, stop은 포함되지 않는다. 기본값은 start=0, stop은 배열의 길이, step=1이다.

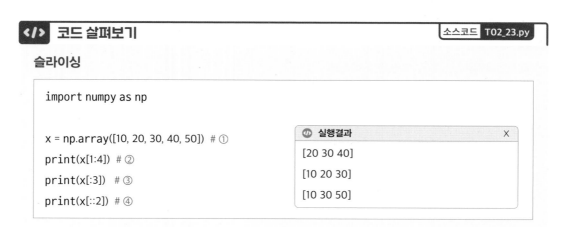

</> 코드 살펴보기   소스코드 T02_23.py

슬라이싱

```
import numpy as np

x = np.array([10, 20, 30, 40, 50])  # ①
print(x[1:4])  # ②
print(x[:3])   # ③
print(x[::2])  # ④
```

</> 실행결과   X

```
[20 30 40]
[10 20 30]
[10 30 50]
```

코드 해설

① np.array([10, 20, 30, 40, 50])을 사용하여 5개의 요소를 가진 1차원 배열을 생성합니다.

② x[1:4]는 인덱스 1부터 4 미만까지의 요소를 선택합니다. (인덱스 1, 2, 3의 요소)

③ x[:3]은 처음부터 3 미만까지의 요소를 선택합니다. (인덱스 0, 1, 2의 요소)

④ x[::2]는 배열의 모든 요소를 대상으로 2칸 간격으로 요소를 선택합니다. (인덱스 0, 2, 4의 요소)

다차원 배열 슬라이싱

다차원 배열에서는 차원마다 슬라이싱을 쉼표(,)를 사용하여 별도로 지정할 수 있다.

':' 연산자를 사용하여 전체 범위를 지정할 수도 있다.

</> 코드 살펴보기 소스코드 T02_24.py

NumPy의 슬라이싱 기능을 사용하여 2차원 배열에서 특정 행과 열의 서브 배열 선택

```
import numpy as np

x = np.array([[1, 2, 3], [4, 5, 6], [7, 8, 9]]) # ①
print(x[0:2, 1:3]) # ②
```

</> 실행결과 X
```
[[2 3]
 [5 6]]
```

코드 해설

① x 변수에 3×3 크기의 2차원 배열을 생성합니다.

② 0:2는 첫 번째 행(인덱스 0)부터 세 번째 행(인덱스2) 미만까지 선택하고, 1:3은 두 번째 열(인덱스 1)부터 네 번째 열(인덱스 3) 미만까지 선택합니다.

슬라이싱을 이용한 행/열 선택

슬라이싱을 이용하여 특정 행이나 열을 선택할 수 있다.

코드 살펴보기

NumPy 배열에서 특정 열과 행 선택

```python
import numpy as np

x = np.array([[1, 2, 3], [4, 5, 6], [7, 8, 9]])  # ①

y = x[:, 1]  # ②
print(y)

z = x[1, :]  # ③
print(z)
```

실행결과
```
[2 5 8]
[4 5 6]
```

코드 해설

① x 변수에 3×3 크기의 2차원 배열을 생성합니다.
② 모든 행(:)의 두 번째 열(인덱스 1) 요소를 선택합니다.
③ 두 번째 행(인덱스 1)의 모든 열(:)을 선택합니다.

음수 슬라이싱

음수 인덱스를 사용하여 배열의 끝에서부터 요소를 선택할 수 있다.

```
list[start : stop : step]
```

start는 슬라이싱이 시작되는 인덱스이고, stop은 슬라이싱이 끝나는 인덱스이고, step은 몇 칸씩 건너뛸지에 대한 값이다.

step 값이 음수일 경우, start 인덱스를 생략하면 문자열의 마지막 인덱스부터 슬라이싱하고, stop 인덱스를 생략하면 문자열의 0번 인덱스까지 슬라이싱된다.

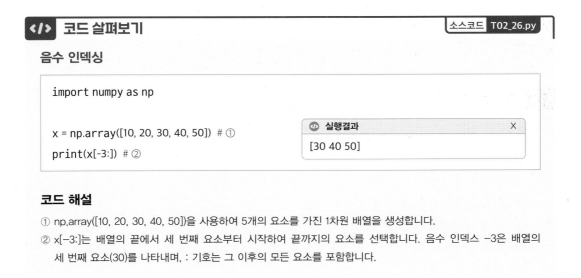

</>> 코드 살펴보기   소스코드 T02_26.py

음수 인덱싱

```
import numpy as np

x = np.array([10, 20, 30, 40, 50]) # ①
print(x[-3:]) # ②
```

</> 실행결과   X
```
[30 40 50]
```

코드 해설

① np.array([10, 20, 30, 40, 50])을 사용하여 5개의 요소를 가진 1차원 배열을 생성합니다.

② x[-3:]는 배열의 끝에서 세 번째 요소부터 시작하여 끝까지의 요소를 선택합니다. 음수 인덱스 -3은 배열의 세 번째 요소(30)를 나타내며, : 기호는 그 이후의 모든 요소를 포함합니다.

Boolean 배열을 사용한 슬라이싱

Boolean 배열을 사용하여 조건에 맞는 요소들로 구성된 부분 배열을 선택할 수 있다.

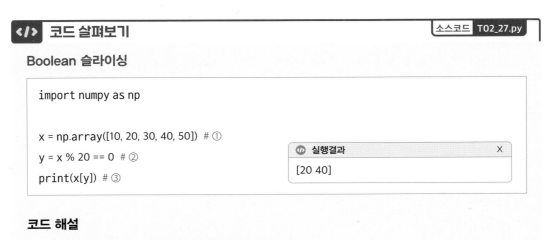

</>> 코드 살펴보기   소스코드 T02_27.py

Boolean 슬라이싱

```
import numpy as np

x = np.array([10, 20, 30, 40, 50]) # ①
y = x % 20 == 0 # ②
print(x[y]) # ③
```

</> 실행결과   X
```
[20 40]
```

코드 해설

① x 변수에 5개의 요소를 가진 1차원 배열을 생성합니다.

② 배열의 각 요소가 x % 20 == 0 조건을 만족하는지 확인합니다. 20, 40일 때 x % 20 == 0이 참이므로 [False, True, False, True, False]가 됩니다.

③ Boolean 배열을 사용하여 원본 배열에서 조건을 만족하는 요소만 선택합니다.

배열을 사용한 슬라이싱

배열의 인덱스를 다른 배열로 지정하여 다중 슬라이싱을 수행할 수 있다.

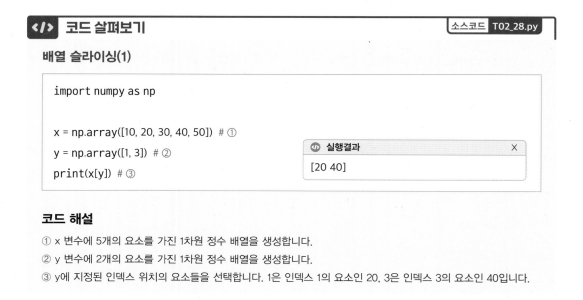

코드 해설

① x 변수에 5개의 요소를 가진 1차원 정수 배열을 생성합니다.
② y 변수에 2개의 요소를 가진 1차원 정수 배열을 생성합니다.
③ y에 지정된 인덱스 위치의 요소들을 선택합니다. 1은 인덱스 1의 요소인 20, 3은 인덱스 3의 요소인 40입니다.

NumPy에서 배열을 슬라이싱할 때, 슬라이스된 배열은 원본 배열의 뷰(View)를 반환한다. 이는 슬라이스된 배열이 원본 배열과 메모리를 공유하고 있다는 것을 의미한다. 따라서 슬라이싱된 배열의 내용을 변경하면 원본 배열에 영향을 미칠 수 있고, 반대로, 원본 배열의 내용을 변경하면 슬라이스된 배열에도 그 변화가 반영된다.

배열 슬라이싱(2)

```python
import numpy as np

x = np.array([1, 2, 3, 4, 5])  # ①

y = x[1:4]  # ②
          슬라이스된 배열은 원본 배열의 뷰(View)를 반환
print(y)

y[0] = 99  # ③
print(y)

print(x)  # ④
```

실행결과

```
[2 3 4]
[99  3  4]
[ 1 99  3  4  5]
```

코드 해설

① x 변수에 1차원 배열 array([1, 2, 3, 4, 5])를 생성합니다.

② 인덱스 1부터 4 미만까지의 요소를 선택하여 y 배열(원본 배열의 뷰)을 만듭니다.

③ y[0] = 99를 통해 y의 인덱스 0번의 요소를 99로 변경합니다. 뷰 배열은 원본 배열과 메모리를 공유하므로, 변경된 내용은 원본 배열에도 영향을 미칩니다.

④ x 배열은 [1, 99, 3, 4, 5]로 변경되어, 슬라이스된 배열의 변경이 반영되었음을 확인할 수 있습니다.

Tip　원본 배열을 유지하려면 .copy( )를 사용하여 복사본을 생성하는 것이 좋습니다.

#요소별연산 #기본산술연산 #선형대수연산 #집계함수 #논리연산

2.7 배열의 연산

▶ 영상 보러가기

NumPy는 배열 간의 기본 산술 연산(덧셈, 뺄셈, 곱셈, 나눗셈 등)을 지원하며, 이러한 연산은 요소별(element-wise)로 수행된다. 또한 배열 간의 선형 대수 연산, 집계 함수, 논리 연산 등을 지원한다.

▼ NumPy 배열 연산의 주요 특징

특징	설명
브로드캐스팅	두 배열의 크기가 같을 때, 요소별 연산을 자동으로 수행
벡터화	• NumPy는 배열 간의 연산을 벡터화하여 빠르고 효율적으로 처리 • 반복문을 수행하지 않고도 대규모 데이터의 빠른 연산이 가능
유연한 연산	배열의 덧셈, 뺄셈, 곱셈, 나눗셈 외에도 다양한 수학적 연산을 지원
데이터 타입	NumPy 배열은 동일한 데이터 타입을 가지므로, 연산 결과도 같은 타입으로 반환됨

> **Tip** 브로드캐스팅은 서로 다른 크기의 배열 간에 연산을 가능하게 해주는 기능입니다.
> 브로드캐스팅 규칙에 따라 작은 배열의 크기가 자동으로 확장되어 큰 배열과의 연산이 이루어집니다. 또한 브로드캐스팅을 잘 활용하면, 복잡한 배열 연산을 간단하게 표현할 수 있습니다.

산술 연산

배열 간의 연산은 각 요소마다 개별적으로 수행된다. 두 배열의 크기가 같아야 하며, 그렇지 않으면 브로드캐스팅이 적용된다.

배열의 산술 연산은 벡터화(vectorization)를 통해 반복문 없이 배열 전체에 대해 연산을 수행하므로, 파이썬의 기본 반복문보다 훨씬 빠르게 처리할 수 있다.

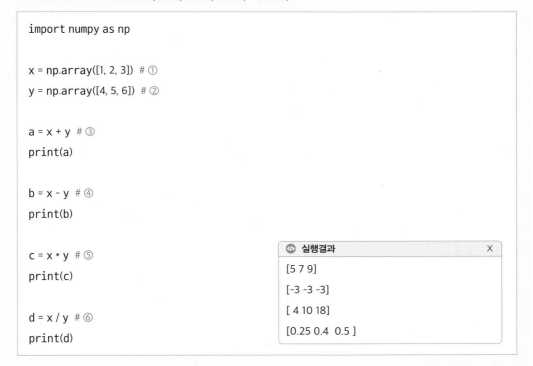

</> 코드 살펴보기

소스코드 T02_30.py

두 배열 간의 요소별 연산(덧셈, 뺄셈, 곱셈, 나눗셈)

```python
import numpy as np

x = np.array([1, 2, 3]) # ①
y = np.array([4, 5, 6]) # ②

a = x + y # ③
print(a)

b = x - y # ④
print(b)

c = x * y # ⑤
print(c)

d = x / y # ⑥
print(d)
```

```
</> 실행결과                        X
[5 7 9]
[-3 -3 -3]
[ 4 10 18]
[0.25 0.4  0.5 ]
```

코드 해설

① x 변수에 1차원 배열 array([1, 2, 3])을 생성합니다.
② y 변수에 1차원 배열 array([4, 5, 6])을 생성합니다.
③ 두 배열의 각 요소를 더합니다. ──── 동일한 인덱스에 위치한 요소
④ 두 배열의 각 요소를 뺍니다.
⑤ 두 배열의 각 요소를 곱합니다.
⑥ 두 배열의 각 요소를 나눕니다.

지수 연산

배열의 각 요소에 대해 지수 연산(**)을 수행할 수 있다.
└ 거듭제곱을 계산하는 연산

지수 연산

```
import numpy as np

x = np.array([1, 4, 9]) # ①

a = x ** 2 # ②
print(a)
```

</> **실행결과**   X

```
[ 1 16 81]
```

코드 해설

① x 변수에 1차원 배열 array([1, 4, 9])를 생성합니다.
② 배열의 각 요소를 제곱합니다.

배열의 비교 연산

배열 간의 요소별 비교 연산을 수행할 수 있다. 비교 연산의 결과는 Boolean 배열을 반환한다.

배열 간의 요소별 비교

```
import numpy as np

x = np.array([1, 2, 3])  # ①
y = np.array([3, 2, 1])  # ②


print(x > y) # ③
print(x == y) # ④
```

</> **실행결과**   X

```
[False False True]
[False True False]
```

코드 해설

① x 변수에 1차원 배열 array([1, 2, 3])을 생성합니다.
② y 변수에 1차원 배열 array([3, 2, 1])을 생성합니다.
③ x의 각 요소가 y의 각 요소보다 큰지를 비교합니다.
④ x의 각 요소가 y의 각 요소와 같은지를 비교합니다.

배열과 스칼라 연산

배열과 스칼라(단일 값)의 연산도 요소별로 수행된다.

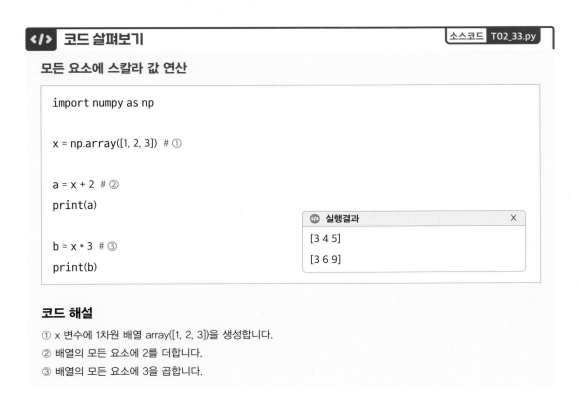

</> 코드 살펴보기   소스코드 T02_33.py

모든 요소에 스칼라 값 연산

```
import numpy as np

x = np.array([1, 2, 3])  # ①

a = x + 2  # ②
print(a)

b = x * 3  # ③
print(b)
```

</> 실행결과   X
[3 4 5]
[3 6 9]

코드 해설

① x 변수에 1차원 배열 array([1, 2, 3])을 생성합니다.
② 배열의 모든 요소에 2를 더합니다.
③ 배열의 모든 요소에 3을 곱합니다.

논리 연산

배열 간의 AND, OR, NOT 등의 논리 연산을 수행할 수 있다.

코드 살펴보기

소스코드 TO2_34.py

논리 연산(AND, OR, NOT)

```python
import numpy as np

x = np.array([True, False, True]) # ①
y = np.array([False, False, True]) # ②

a = np.logical_and(x, y) # ③
print(a)

b = np.logical_or(x, y) # ④
print(b)

c= np.logical_not(x) # ⑤
print(c)
```

실행결과

```
[False False True]
[ True False True]
[False  True False]
```

코드 해설

① [True, False, True]인 x 배열을 생성합니다.
② [False, False, True]인 y 배열을 생성합니다.
③ x, y 배열의 각 요소에 대해 AND 연산을 수행합니다.
④ x, y 배열의 각 요소에 대해 OR 연산을 수행합니다.
⑤ x 배열의 각 요소에 대해 NOT 연산을 수행합니다.

제곱근

배열의 각 요소에 대해 제곱근(np.sqrt( )) 연산을 수행할 수 있다.

```
numpy.sqrt(x, /, out=None, *, where=True, casting='same_kind', order='K', dtype=None,
subok=True[, signature]) = <ufunc 'sqrt'>
```

매개 변수	설명
x	입력 배열 또는 스칼라 값
out	결과를 저장할 배열
where	연산을 수행할 요소를 지정하는 불리언 배열
dtype	출력 배열의 데이터 타입

</> 코드 살펴보기
소스코드 T02_35.py

NumPy 배열에서의 제곱근 연산

```
import numpy as np

x = np.array([1, 4, 9])  # ①

a = np.sqrt(x)  # ②
print(a)
```

실행결과 ×
[1. 2. 3.]

코드 해설

① x 변수에 array([1, 4, 9])를 생성합니다.
② 배열의 각 요소에 대해 제곱근을 계산합니다.

2.8 배열 비교

▶ 영상 보러가기

NumPy에서 배열 비교는 배열의 요소를 특정 조건에 따라 비교하거나, 배열 간의 요소별 비교를 수행하는 작업을 말한다. 배열을 요소별 비교, 배열 간 비교, 복합 조건 생성 등 다양한 방식으로 데이터를 조작하고 필터링한다. 이러한 기능들을 잘 활용하면 배열의 조건부 처리 및 데이터 분석을 효율적으로 수행할 수 있다.

요소별 비교

요소별 비교는 배열과 스칼라(단일 값)과 배열의 각 요소를 개별적으로 비교하여 Boolean 배열로 반환한다.
└ (True/False)

</> 코드 살펴보기
소스코드 T02_36.py

배열의 각 요소 비교

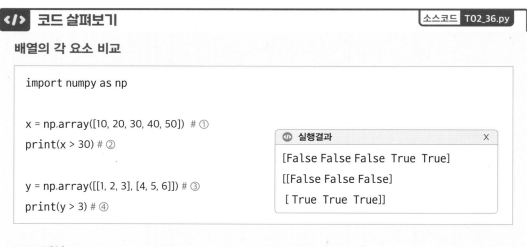

```python
import numpy as np

x = np.array([10, 20, 30, 40, 50]) # ①
print(x > 30) # ②


y = np.array([[1, 2, 3], [4, 5, 6]]) # ③
print(y > 3) # ④
```

```
💬 실행결과                              X
[False False False  True  True]
[[False False False]
 [ True  True  True]]
```

코드 해설

① x 변수에 1차원 배열 array([10, 20, 30, 40, 50])을 생성합니다.
② 각 요소가 30보다 큰지를 평가합니다.
③ y 변수에 2차원 배열 array([[1, 2, 3], [4, 5, 6]])을 생성합니다.
④ 각 요소가 3보다 큰지를 평가합니다.

배열 간 비교

배열 간 비교는 두 배열을 요소별로 비교하여 각 요소가 조건을 만족하는지 검사하는 기능이다. 배열의 크기와 모양이 동일해야 하며, 그렇지 않으면 브로드캐스팅 규칙이 적용된다.

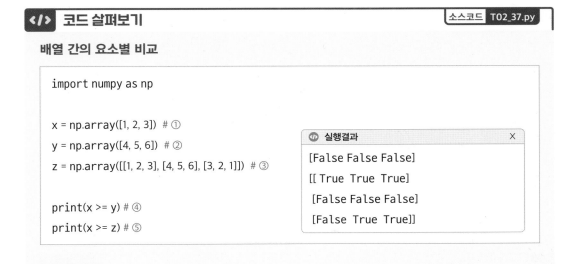

코드 해설

① x 변수에 1차원 배열 array([1, 2, 3])을 생성합니다.

② y 변수에 1차원 배열 array([4, 5, 6])을 생성합니다.

③ z 변수에 3×3 크기의 2차원 배열 array([[1, 2, 3], [4, 5, 6], [3, 2, 1]])을 생성합니다.

④ x의 각 요소가 y의 대응하는 요소보다 크거나 같은지를 평가합니다.

⑤ x의 각 요소와 z 배열의 각 행을 비교합니다. NumPy는 브로드캐스팅을 사용하여 x를 각 행과 비교합니다. 첫 번째 행은 값이 같기 때문에 [True, True, True]이고, 두 번째 행은 1, 2, 3이 각각 4, 5, 6보다 작기 때문에 [False, False, False], 세 번째 행은 첫 번째 값만 작으므로 [False, True, True]를 반환합니다.

np.all( )

np.all( ) 함수는 모든 요소가 True인지 평가하여 배열의 논리적 AND 연산 결과를 제공하는 함수이다. Boolean 배열을 활용한 조건 평가에 사용된다.

```
numpy.all(a, axis=None, out=None, keepdims=False)
```

매개 변수	설명	
a	평가할 입력 배열	
axis	조건을 평가할 축을 지정	
	None	배열을 평탄화하여 모든 요소에 대해 평가
	특정 축을 지정	해당 축을 따라 모든 요소가 True인지 평가
out	결과를 저장할 배열	
keepdims	• True인 경우, 결과 배열의 차원 수를 유지 • False인 경우, 축이 제거	

np.any( )

np.any( ) 함수는 하나 이상의 요소가 True인지 평가하여 배열의 논리적 OR 연산 결과를 제공하는 함수이다. Boolean 배열을 활용한 조건 평가에 사용된다.

```
numpy.any(a, axis=None, out=None, keepdims=<no value>)
```

매개 변수	설명
a	평가할 입력 배열
axis	• 조건을 평가할 축을 지정 • None인 경우, 배열을 평탄화하여 모든 요소에 대해 평가 • 특정 축을 지정하면 해당 축을 따라 하나라도 True인 요소가 있는지 평가
out	결과를 저장할 배열
keepdims	• True인 경우, 결과 배열의 차원 수를 유지 • False인 경우, 축이 제거됨

</> **코드 살펴보기**   소스코드 T02_38.py

np.all( )과 np.any( ) 함수

```python
import numpy as np

x = np.array([True, False, True]) # ①

print(np.all(x)) # ②
print(np.any(x)) # ③
```

실행결과 X
```
False
True
```

코드 해설

① 1차원 배열 array([True, False, True])를 생성합니다.
② 배열의 모든 요소가 True인지 평가합니다.
③ 배열의 요소 중 하나라도 True인지 평가합니다.

np.array_equal( )

np.array_equal( ) 함수는 두 배열이 완전히 동일한지 확인하는 함수이다.
배열의 크기와 요소 값이 모두 동일해야 한다.

```
numpy.array_equal(a1, a2)
```

매개 변수	설명
a1	첫 번째 배열
a2	두 번째 배열

</> 코드 살펴보기 　　　　　　　　　　　　　　　소스코드 T02_39.py

np.array_equal( ) 함수

```
import numpy as np

x = np.array([1, 2, 3])  # ①
y = np.array([1, 2, 3])  # ②
z = np.array([1, 2, 4])  # ③

print(np.array_equal(x, y))  # ④
print(np.array_equal(x, z))  # ⑤
```

```
</> 실행결과                              ✕
True
False
```

코드 해설

① x 변수에 1차원 배열 array([1, 2, 3])을 생성합니다.
② y 변수에 1차원 배열 array([1, 2, 3])을 생성합니다.
③ z 변수에 1차원 배열 array([1, 2, 4])를 생성합니다.
④ 두 배열의 요소와 형상이 모두 동일하므로 결과는 True입니다.
⑤ 두 배열이 동일한지 확인합니다. x의 마지막 요소(3)와 z의 마지막 요소(4)가 다르기 때문에 결과는 False입니다.

2.9 # 배열 병합

 ▶ 영상 보러가기

배열 병합(merge)은 배열 결합을 통해 데이터를 효과적으로 조작하는 데 중요한 기능이다. 이 기능들은 데이터 전처리, 데이터 조작, 배열 구조 변경 등 다양한 작업에서 자주 사용된다.

NumPy는 다양한 병합 방법을 제공하며, 차원에 따라 배열을 결합하는 방식이 달라진다. np.concatenate( ) 함수는 여러 배열을 특정 차원을 기준으로 연결하여 하나의 배열로 만드는 함수이다.

```
numpy.concatenate((a1, a2, ...), axis=0, out=None, dtype=None, casting="same_kind")
```

매개 변수	설명
(a1, a2, ...)	연결할 배열들의 시퀀스
axis	연결할 축 — 방향을 잘못 설정하면 형상이 맞지 않아 오류 발생 가능
out	결과를 저장할 대체 출력 배열
dtype	출력 배열의 데이터 타입
casting	데이터 타입 변환 규칙

</> **코드 살펴보기**   소스코드 **T02_40.py**

concatenate( ) 함수

```
import numpy as np

x = np.array([[1, 2], [3, 4]])  # ①
y = np.array([[5, 6], [7, 8]])  # ②

print(np.concatenate((x, y), axis=0)) # ③
print(np.concatenate((x, y), axis=1)) # ④
```

실행결과
```
[[1 2]
 [3 4]
 [5 6]
 [7 8]]
[[1 2 5 6]
 [3 4 7 8]]
```

코드 해설

① x 변수에 2×2 크기의 2차원 배열 array([[1, 2], [3, 4]])를 생성합니다.

② y 변수에 2×2 크기의 2차원 배열 array([[5, 6], [7, 8]])을 생성합니다.

③ 행을 기준으로 병합(두 배열을 수직으로 병합)하여 결과는 4×2 크기의 배열이 됩니다.

④ 열을 기준으로 병합(두 배열을 수평으로 병합)하여 결과는 2×4 크기의 배열이 됩니다.

2.10 배열 정렬

▶ 영상보러가기

배열 정렬(Sorting Arrays)은 배열의 요소를 특정 순서(오름차순 또는 내림차순)로 배치하는 작업이다. 배열 정렬은 데이터 분석과 전처리에서 필수적인 작업으로, NumPy는 단순한 정렬부터 다중 조건 정렬까지 다양한 정렬 방법을 제공한다. 이러한 정렬 기법들은 데이터 처리 및 분석에서 중요한 역할을 하며, 정렬 알고리즘 선택, 인덱스 기반 정렬, 부분 정렬 등 다양한 상황에 맞는 정렬 방법을 적절히 사용하면 효율적으로 데이터를 조작할 수 있다.

np.sort( ) 함수는 배열의 요소를 오름차순으로 정렬하는 기본적인 방법을 제공한다. 이 함수는 배열의 사본을 생성하여 정렬된 결과를 반환하며, 원본 배열은 변경되지 않는다.

```
numpy.sort(a, axis=-1, kind=None, order=None)
```

매개 변수	설명	
a	정렬할 입력 배열	
axis	정렬을 수행할 축을 지정	
	−1	마지막 축
	None	배열을 평탄화하여 1차원으로 정렬
kind	정렬 알고리즘의 종류를 지정	
	'quicksort'	퀵 정렬 — 기본값 (빠르지만 안정적이지 않음)
	'mergesort'	병합 정렬 — 느리지만 안정적 (정렬 전 순서 유지)
	'heapsort'	힙 정렬 — 힙 정렬 (메모리 사용량 적음)
order	구조화된 배열을 정렬할 때 사용(정렬 기준이 될 필드 이름을 지정)	

1차원 배열 정렬

기본적으로 배열의 모든 요소를 오름차순으로 정렬한다.

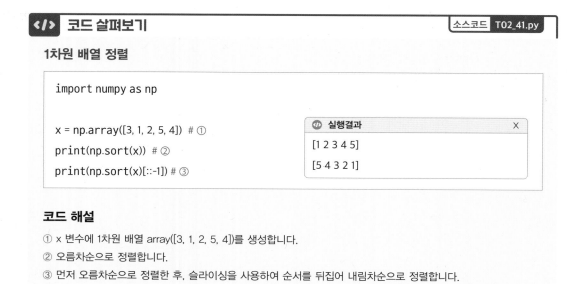

코드 해설

① x 변수에 1차원 배열 array([3, 1, 2, 5, 4])를 생성합니다.

② 오름차순으로 정렬합니다.

③ 먼저 오름차순으로 정렬한 후, 슬라이싱을 사용하여 순서를 뒤집어 내림차순으로 정렬합니다.

다차원 배열 정렬

다차원 배열에서는 특정 축(axis)을 기준으로 배열을 정렬할 수 있다.

값	설명
axis=0	각 열을 기준으로 정렬(행 방향으로 정렬)
axis=1	각 행을 기준으로 정렬(열 방향으로 정렬)

</> 코드 살펴보기
소스코드 T02_42.py

2차원 배열 정렬

```python
import numpy as np

a = np.array([[3, 1, 2], [9, 8, 7]])  # ①
print(a)


b = np.sort(a, axis=0)  # ②
print(b)


c = np.sort(a, axis=1)  # ③
print(c)


d = np.sort(a, axis=None)  # ④
print(d)
```

실행결과 ✕

```
[[3 1 2]
 [9 8 7]]
[[3 1 2]
 [9 8 7]]
[[1 2 3]
 [7 8 9]]
[1 2 3 7 8 9]
```

코드 해설

① np.array([[3, 1, 2], [9, 8, 7]])을 사용하여 2×3 크기의 2차원 배열을 생성합니다.

② 각 열 내에서 요소들이 정렬됩니다.

③ 각 행 내에서 요소들이 정렬됩니다.

④ 배열을 1차원으로 평탄화한 후 정렬합니다.

내림차순 정렬

NumPy의 np.sort( )는 오름차순으로만 정렬한다. 내림차순으로 정렬하려면 슬라이싱을 사용하여 순서를 반대로 뒤집어야 한다.

</> 코드 살펴보기　　　　　　　　　　　소스코드 T02_43.py

1차원 및 2차원 배열을 내림차순으로 정렬

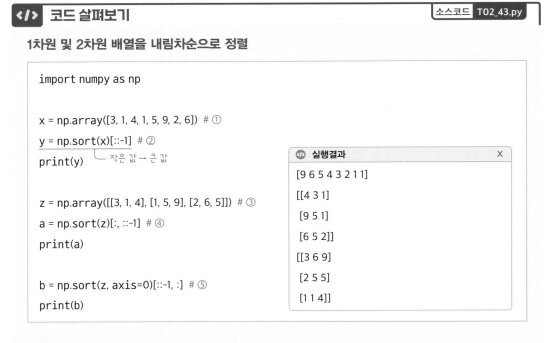

```
import numpy as np

x = np.array([3, 1, 4, 1, 5, 9, 2, 6])  # ①
y = np.sort(x)[::-1]  # ②
print(y)        작은 값 → 큰 값

z = np.array([[3, 1, 4], [1, 5, 9], [2, 6, 5]])  # ③
a = np.sort(z)[:, ::-1]  # ④
print(a)

b = np.sort(z, axis=0)[::-1, :]  # ⑤
print(b)
```

실행결과

```
[9 6 5 4 3 2 1 1]
[[4 3 1]
 [9 5 1]
 [6 5 2]]
[[3 6 9]
 [2 5 5]
 [1 1 4]]
```

코드 해설

① x 변수에 1차원 배열 array([3, 1, 4, 1, 5, 9, 2, 6])을 생성합니다.

② 1차원 배열을 내림차순으로 정렬하고, [::-1]을 이용하여 정렬된 배열을 역순으로 뒤집습니다.

③ y 변수에 2차원 배열 array([[3, 1, 4], [1, 5, 9], [2, 6, 5]])를 생성합니다.

④ 2차원 배열을 행 기준으로 내림차순 정렬합니다. 먼저 열을 기준으로 오름차순 정렬한 후, 전체 결과를 역순으로 뒤집습니다.

⑤ 2차원 배열을 열 기준으로 내림차순 정렬합니다. 먼저 열을 기준으로 오름차순 정렬한 후, 전체 결과를 역순으로 뒤집습니다.

원본 배열 정렬 – ndarray.sort( )

ndarray 객체의 sort( ) 함수는 원본 배열을 직접 정렬한다. np.sort( )와 달리 원본 배열이 변경된다는 점에 유의한다.

sort( ) 함수

```
import numpy as np

x = np.array([3, 1, 2, 5, 4])  # ①
x.sort( )  # ②
print(x)
x = x[::-1]  # ③
print(x)

y = np.array([[3, 1, 4], [1, 5, 9]])  # ④
y.sort(axis=1)  # ⑤
print(y)
y.sort(axis=0)  # ⑥
print(y)
```

</> 실행결과   X

```
[1 2 3 4 5]
[5 4 3 2 1]
[[1 3 4]
 [1 5 9]]
[[1 3 4]
 [1 5 9]]
```

코드 해설

① x 변수에 1차원 배열 array([3, 1, 2, 5, 4])를 생성합니다.
② 원본 배열을 직접 오름차순으로 정렬합니다.
③ 오름차순으로 정렬된 배열을 역순으로 뒤집어서 내림차순으로 정렬합니다.
④ y 변수에 2차원 배열 array([[3, 1, 4], [1, 5, 9]])를 생성합니다.
⑤ y 변수에 대해 각 행을 기준으로 오름차순 정렬합니다.
⑥ y 변수에 대해 각 열을 기준으로 오름차순 정렬합니다.

Tip   ndarray.sort( ) 함수는 배열을 직접 정렬하여 복사본을 생성하지 않으므로, 대규모 배열을 처리할 때 메모리 효율성과 속도가 더 우수합니다.

다중 조건 정렬 – np.lexsort( )

np.lexsort( ) 함수는 다차원 배열에서 여러 열을 기준으로 데이터를 정렬하는 함수이다.

```
numpy.lexsort(keys, axis=-1)
```

매개 변수	설명
keys	• 정렬할 키 배열들의 시퀀스 • 마지막 키가 가장 높은 우선순위를 가짐
axis	정렬을 수행할 축을 지정(기본값은 마지막 축)

소스코드 TO2_45.py

</> 코드 살펴보기

np.lexsort( ) 함수

```python
import numpy as np

x = np.array([25, 30, 22, 24])  # ①
y = np.array(["철수", "영희", "민수", "영희"])  # ②
z = np.lexsort((x, y))  # ③

print(x[z])  # ④
print(y[z])  # ⑤
```

</> 실행결과   X
```
[22 24 30 25]
['민수' '영희' '영희' '철수']
```

코드 해설

① x 변수에 배열 array([25, 30, 22, 24])를 생성합니다.

② y 변수에 배열 array(["철수", "영희", "민수", "영희"])를 생성합니다.

③ x과 y를 기준으로 정렬합니다. 두 번째 배열(y)을 우선적으로 정렬하고, 동일한 값에 대해서는 첫 번째 배열(x)로 정렬합니다. 결과로 정렬된 인덱스를 z 변수에 저장합니다.

④ z를 인덱스로 사용해 x 배열을 정렬된 순서로 출력합니다.

⑤ z를 인덱스로 사용해 y 배열을 정렬된 순서로 출력합니다.

2.11 배열 필터링

▶ 영상 보러가기

NumPy의 배열 필터링 기능은 단순한 조건 기반 추출부터 마스크 배열을 이용한 복잡한 데이터 조작까지 다양한 상황에서 사용할 수 있다. 이를 통해 데이터를 추출하거나 수정할 수 있다. 이러한 필터링 기법들을 활용하면 데이터 분석과 전처리에서 효율적으로 데이터를 다룰 수 있다.

기본 필터링

Boolean 배열을 사용하여 조건에 맞는 배열의 요소들을 선택할 수 있다. 조건식을 사용하여 배열의 각 요소가 조건을 만족하면 True, 그렇지 않으면 False가 반환된다. 그런 다음, 이 Boolean 배열을 사용해 원본 배열에서 필터링을 수행할 수 있다.

</> 코드 살펴보기

소스코드 T02_46.py

조건을 기반으로 요소를 필터링

```
import numpy as np

x = np.array([10, 20, 30, 40, 50]) # ①
print(x > 30) # ②
print(x[x > 30]) # ③
```

</> 실행결과   ✕

```
[False False False  True  True]
[40 50]
```

코드 해설

① x 변수에 배열 array([10, 20, 30, 40, 50])을 생성합니다.
② x의 각 요소가 30보다 큰지를 확인하고, 그 결과를 출력합니다.
③ x의 각 요소가 30보다 큰 값만 출력합니다.

다차원 배열 필터링

다차원 배열에서도 Boolean 배열을 사용하여 특정 조건에 맞는 요소들을 선택할 수 있다. 필터링 결과는 1차원 배열로 반환되며, 조건을 만족하는 모든 요소가 선택된다.

</> 코드 살펴보기   소스코드 T02_47.py

다차원 배열에서 조건을 기반으로 요소를 필터링

```
import numpy as np

x = np.array([[1, 2, 3], [4, 5, 6], [7, 8, 9]]) # ①
print(x[x > 5]) # ②
```

</> 실행결과   X

[6 7 8 9]

코드 해설

① 3×3 크기의 2차원 배열 array([[1, 2, 3], [4, 5, 6], [7, 8, 9]])를 생성합니다.
② 배열에서 5보다 큰 요소를 필터링합니다.

> **Tip** 필터링 결과는 항상 새로운 배열로 반환되며, 원본 배열은 변경되지 않습니다. 따라서 필터링된 데이터를 수정하려면 새 배열에 결과를 저장해야 합니다.

np.where( )를 사용한 필터링

np.where( ) 함수는 조건을 만족하는 요소의 인덱스를 반환하거나, 조건에 따라 값을 반환하는 함수이다.

> 만족하는 경우 x,
> 만족하지 않는 경우 y

```
numpy.where(condition, [x, y])
```

매개 변수	설명
condition	• 조건을 나타내는 배열 • 각 요소가 True 또는 False인 불리언 배열이어야 함
x	• 조건이 True인 경우 반환할 값 • condition이 True인 인덱스에서 선택됨
y	• 조건이 False인 경우 반환할 값 • condition이 False인 인덱스에서 선택됨

np.where( ) 함수

```python
import numpy as np

x1 = np.array([10, 20, 30, 40, 50]) # ①
y1 = np.where(x1 > 25 , x1, -1) # ②
print(y1)

x2 = np.array([[1, 2, 3], [4, 5, 6], [7, 8, 9]]) # ③
y2 = np.where(x2 % 2 == 0, x2, -1) # ④
print(y2)

print(np.where(x1 < 30)) # ⑤
```

```
실행결과                                    ✕
[-1 -1 30 40 50]
[[-1  2 -1]
 [ 4 -1  6]
 [-1  8 -1]]
(array([0, 1]),)
```

코드 해설

① x1 변수에 배열 array([10, 20, 30, 40, 50])을 생성합니다.

② 각 요소가 25보다 큰지를 평가하고, 조건이 True인 경우 배열의 원래 값을 선택하고, False인 경우 −1을 반환합니다.

③ x2 변수에 3×3 크기의 2차원 배열 array([[1, 2, 3], [4, 5, 6], [7, 8, 9]])를 생성합니다.

④ 각 요소가 짝수인지 평가하고, 짝수인 경우 원래 값을, 홀수인 경우 −1을 반환하여 새로운 배열을 생성합니다.

⑤ 30보다 작은 값의 인덱스를 반환합니다. x1 변수에서 10, 20만 해당하므로 각 값의 인덱스인 0, 1이 (array([0, 1]),) 형식으로 반환됩니다.

마스크 배열을 이용한 필터링 – ma.array( )

ma.array( ) 함수는 특정 조건에 맞지 않는 값을 마스킹(masking)하여 데이터 분석에서 결측치 또는 불필요한 값을 제외하거나 숨길 수 있게 해주는 함수이다.

└─ 누락된 데이터, 즉 값이 존재하지 않을 때 사용하는 값

```
numpy.ma.array(data, mask=None, dtype=None, copy=True, order=None, subok=False, ndmin=0)
```

매개 변수	설명
data	생성할 마스크 배열의 초기 데이터
mask	• 마스크 배열 • data와 동일한 형태를 가지며, 각 요소가 True인 경우 해당 요소를 무시

dtype	• 배열의 데이터 타입을 지정 • 이 매개 변수를 통해 배열의 요소 타입을 강제로 설정할 수 있음		
copy	True	데이터의 복사본을 생성	
	False	입력 데이터의 뷰를 생성	
order	'C'	행 우선(row-major)	
	'F'	열 우선(column-major)	
	'A'	입력 데이터와 동일한 방식	
subok	True	입력 배열의 서브클래스를 유지	
	False	기본 마스크 배열 클래스가 생성	
ndmin	• 생성할 배열의 최소 차원을 지정 • 이 값보다 작은 차원의 배열이 생성되면 차원을 추가하여 요구 사항을 충족		

‹/› 코드 살펴보기

소스코드 T02_49.py

ma.array( ) 함수

```python
import numpy as np

x = np.array([1, 2, 3, 4, 5]) # ①

y = x % 2 == 1 # ②
print(y)

z = np.ma.array(x, mask=y) # ③
print(z)

print(np.ma.sum(z)) # ④
```

‹/› 실행결과	X
[True False True False True] [-- 2 -- 4 --] 6	

코드 해설

① x 변수에 배열 array([1, 2, 3, 4, 5])를 생성합니다.

② y 변수에 x % 2 == 1의 결과를 저장합니다.

③ 원본 데이터와 마스크 정보를 포함한 마스크 배열을 생성합니다. 마스크된 요소는 --로 표시되며, 홀수인 1, 3, 5가 무시됩니다.

④ 마스크된 배열의 합계를 계산합니다. 홀수인 요소는 계산에서 제외되며, 짝수인 2와 4의 합계가 됩니다.

복합 조건을 사용한 필터링

여러 조건을 결합하여 배열을 필터링할 수 있다. 논리 연산자 &(AND), |(OR), ~(NOT)를 사용해 복합 조건을 적용할 수 있다.

〈/〉 코드 살펴보기 　　　　　　　　　　　　　　　　　　　　소스코드 **T02_50.py**

NumPy 배열을 사용하여 여러 조건을 결합하여 필터링하는 방법

```python
import numpy as np

x = np.array([10, 20, 30, 40, 50, 60, 70, 80]) # ①
y = np.array([15, 22, 35, 45, 55, 65, 75, 85]) # ②

condition1 = x > 30 # ③
print(condition1)

condition2 = y < 50 # ④
print(condition2)

print(x[condition1 & condition2]) # ⑤
print(x[condition1 | condition2]) # ⑥
print(x[~condition2]) # ⑦
```

⟨/⟩ 실행결과 　　　　　　　　　　　　　　×
```
[False False False True True True True True]
[ True True True True False False False False]
[40]
[10 20 30 40 50 60 70 80]
[50 60 70 80]
```

코드 해설

① x 배열을 생성합니다.

② y 배열을 생성합니다.

③ x의 각 요소가 30보다 큰지를 평가하여 불리언 배열을 생성합니다.

④ y의 각 요소가 50보다 작은지를 평가하여 불리언 배열을 생성합니다.

⑤ x, y 배열의 두 조건이 모두 True인 경우(같은 인덱스에서 x에서 30보다 크고, y에서 50보다 작은 경우)의 x값을 선택합니다. 각 불리언 배열의 네 번째 값(인덱스 3)만이 모두 True이므로, x의 네 번째 값인 40이 선택합니다.

⑥ 두 조건 중 하나라도 True인 경우(같은 인덱스에서 x에서 30보다 크거나, y에서 50보다 작은 경우)의 x값을 선택합니다.

⑦ y가 50 이상인 경우(50보다 작다의 부정인 경우)의 x값을 선택합니다. ~는 부정 연산자로, condition2의 True 값을 False로, False 값을 True로 바꿉니다.

np.extract( )를 사용한 조건 기반 추출

np.extract( ) 함수는 주어진 조건을 만족하는 배열의 요소들을 추출하는 함수이다.

```
numpy.extract(condition, arr)
```

매개 변수	설명
condition	• 선택할 요소를 결정하는 불리언 배열 • True인 위치의 요소가 선택
arr	선택할 원본 배열

</> 코드 살펴보기 소스코드 T02_51.py

np.extract( ) 함수

```python
import numpy as np

x = np.array([10, 20, 30, 40, 50])  # ①
print(np.extract(x > 25, x))  # ②
```

실행결과   X

[30 40 50]

코드 해설

① x 변수에 배열 array([10, 20, 30, 40, 50])을 생성합니다.

② x > 25의 결과는 [False, False, True, True, True]이고, 조건이 True인 위치에 해당하는 x의 요소만 추출됩니다.

Tip Boolean 필터링은 배열 인덱싱 방식이고, np.extract( )는 새로운 배열을 반환하는 함수입니다.

2.12 배열의 통계

▶ 영상 보러가기

배열의 통계는 데이터 분석과 수치 연산에서 필수적인 작업이다. 이러한 통계량들은 데이터의 분포를 이해하고 분석하는 데 중요한 정보를 제공한다. 평균, 중위수, 분산, 표준편차와 같은 통계량을 잘 활용하면 데이터의 특성과 분포를 보다 깊이 이해할 수 있다.

NumPy의 통계 함수를 활용하면 배열의 중심 경향과 분산을 쉽게 계산할 수 있다. 평균 (mean), 중위수(median), 분산(variance), 표준편차(standard deviation)를 계산하는 다양한 함수를 제공하며, 이들 간의 차이와 계산 방법을 잘 이해하는 것이 중요하다.

최솟값 – np.min( )

배열에서 가장 작은 값을 반환한다. np.min( ) 함수를 사용하며, 특정 축을 기준으로 최솟값을 찾을 수도 있다.

```
numpy.min(a, axis=None, out=None, keepdims=False, initial=<no value>, where=True)
```

매개 변수	설명
a	최솟값을 찾을 입력 배열
axis	최솟값을 계산할 축으로, None이면 전체 배열에서 최솟값을 찾음
out	결과를 저장할 배열
keepdims	True이면 결과 배열의 차원을 입력 배열과 동일하게 유지
initial	최솟값 비교의 시작 값
where	True인 요소만 고려

</> 코드 살펴보기

배열의 최솟값

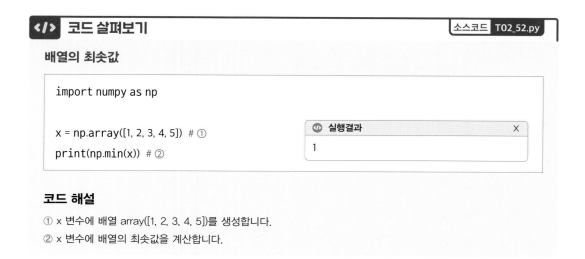

```
import numpy as np

x = np.array([1, 2, 3, 4, 5]) # ①
print(np.min(x)) # ②
```

실행결과

```
1
```

코드 해설

① x 변수에 배열 array([1, 2, 3, 4, 5])를 생성합니다.
② x 변수에 배열의 최솟값을 계산합니다.

최댓값 – np.max( )

배열에서 가장 큰 값을 반환한다. np.max( ) 함수를 사용하며, 특정 축을 기준으로 최댓값을 찾을 수도 있다.

```
numpy.max(a, axis=None, out=None, keepdims=False, initial=<no value>, where=True)
```

매개 변수	설명
a	최댓값을 찾을 입력 배열
axis	최댓값을 계산할 축, None이면 전체 배열에서 최솟값을 찾음
out	결과를 저장할 배열
keepdims	True이면 결과 배열의 차원을 입력 배열과 동일하게 유지
initial	최댓값 비교의 시작 값
where	True인 요소만 고려

</> 코드 살펴보기

배열의 최댓값

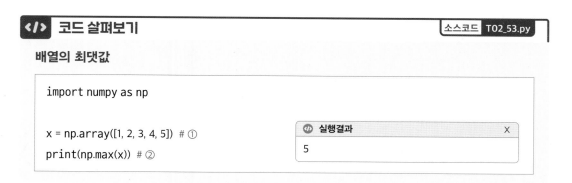

```
import numpy as np

x = np.array([1, 2, 3, 4, 5]) # ①
print(np.max(x)) # ②
```

실행결과

```
5
```

데이터 범위 – np.ptp( )

배열에서 데이터의 범위(peak to peak)는 최댓값과 최솟값의 차이이다. np.ptp( ) 함수를 사용하며, 특정 축을 기준으로 데이터의 범위를 찾을 수 있다.

```
numpy.ptp(a, axis=None, out=None, keepdims=<no value>)
```

매개 변수	설명
a	데이터 범위를 찾을 입력 배열
axis	• 데이터 범위를 계산할 축 • None이면 전체 배열에서 최댓값을 찾음
out	결과를 저장할 배열
keepdims	True이면 결과 배열의 차원을 입력 배열과 동일하게 유지

</> 코드 살펴보기　　　　　　　　　　소스코드 T02_54.py

배열의 데이터 범위

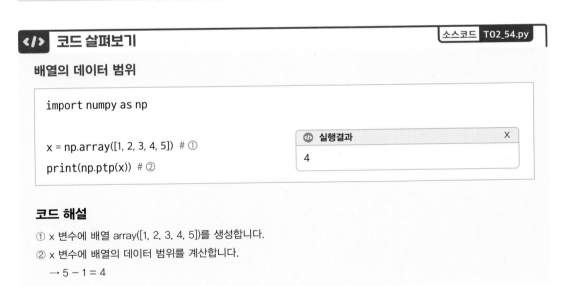

```
import numpy as np


x = np.array([1, 2, 3, 4, 5]) # ①
print(np.ptp(x)) # ②
```

실행결과
```
4
```

코드 해설

① x 변수에 배열 array([1, 2, 3, 4, 5])를 생성합니다.

② x 변수에 배열의 데이터 범위를 계산합니다.

　→ 5 – 1 = 4

합계(Sum) – np.sum( )

np.sum( ) 함수는 배열의 요소에 대한 합을 구하는 함수이다.

> numpy.sum(a, axis=None, dtype=None, out=None, keepdims=<no value>, initial=<no value>,
> where=<no value>)

매개 변수	설명
a	합계를 계산할 입력 배열
axis	연산을 수행할 축
out	결과를 저장할 배열
keepdims	True이면 결과 배열의 차원을 입력 배열과 동일하게 유지
initial	합계에 더할 시작 값
where	True인 요소만 고려

</> 코드 살펴보기   소스코드 T02_55.py

배열의 합계

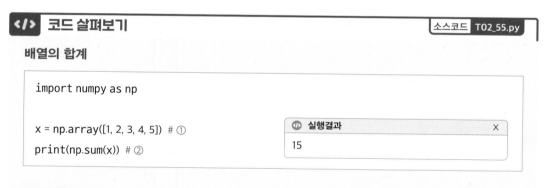

```
import numpy as np

x = np.array([1, 2, 3, 4, 5])  # ①
print(np.sum(x))  # ②
```

실행결과
```
15
```

코드 해설

① x 변수에 배열 array([1, 2, 3, 4, 5])를 생성합니다.
② 배열의 모든 요소를 더하여 합계를 계산합니다.
→ 1 + 2 + 3 + 4 + 5 = 15

평균(Mean) – np.mean( )

평균은 모든 요소의 합을 요소의 개수로 나누어 계산한 값이다. np.mean( ) 함수를 사용한다.

```
numpy.mean(a, axis=None, dtype=None, out=None, keepdims=False)
```

매개 변수	설명	
a	평균을 계산할 입력 배열	
axis axis=0 → 열 방향(세로) 기준 axis=1 → 행 방향(가로) 기준	평균을 계산할 축을 지정하는 매개 변수	
	None	배열을 평탄화하여 전체 요소의 평균을 계산
	특정 축	지정하면 해당 축을 따라 평균을 계산
dtype	• 결과의 데이터 타입을 지정하는 매개 변수 • 기본적으로 입력 배열의 데이터 타입을 사용하며, 특정 데이터 타입으로 강제할 수 있음	
out	결과를 저장할 배열	
keepdims	True일 경우, 결과 배열의 차원 수를 유지하는 매개 변수	

</> 코드 살펴보기

소스코드 T02_56.py

1차원 및 2차원 배열의 평균 계산

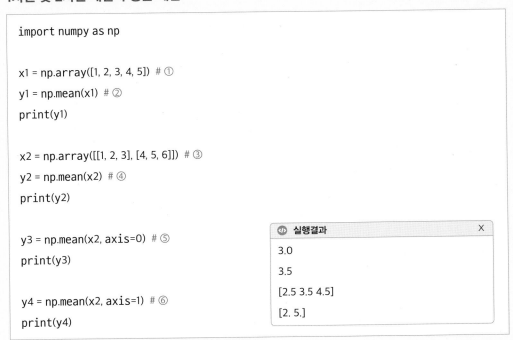

```
import numpy as np

x1 = np.array([1, 2, 3, 4, 5])  # ①
y1 = np.mean(x1)  # ②
print(y1)

x2 = np.array([[1, 2, 3], [4, 5, 6]])  # ③
y2 = np.mean(x2)  # ④
print(y2)

y3 = np.mean(x2, axis=0)  # ⑤
print(y3)

y4 = np.mean(x2, axis=1)  # ⑥
print(y4)
```

```
실행결과                                          X
3.0
3.5
[2.5 3.5 4.5]
[2. 5.]
```

코드 해설

① x1 변수에 1차원 배열 array([1, 2, 3, 4, 5])를 생성합니다.

② x1 변수의 평균을 계산합니다.

③ x2 변수에 2차원 배열 array([[1, 2, 3], [4, 5, 6]])을 생성합니다.

④ x2 배열의 모든 요소에 대한 평균을 계산합니다.

⑤ x2 배열의 각 열(column) 평균을 계산합니다.

→ 첫 번째 열: (1 + 4) / 2 = 2.5, 두 번째 열: (2 + 5) / 2 = 3.5, 세 번째 열: (3 + 6) / 2 = 4.5

⑥ x2 배열의 각 행(row) 평균을 계산합니다.

→ 첫 번째 행: (1 + 2 + 3) / 3 = 2.0, 두 번째 행: (4 + 5 + 6) / 3 = 5.0

중위수(Median) – np.median( )

중위수는 데이터를 정렬했을 때 가운데 위치하는 값으로, 데이터의 순서에 따라 중심을 나타낸다.

중위수는 극단적인 값의 영향을 받지 않기 때문에 데이터의 분포가 비대칭일 때 더 안정적인 중심 경향성을 나타낸다. np.median( ) 함수를 사용하여 중위수를 계산할 수 있다.

```
numpy.median(a, axis=None, out=None, overwrite_input=False, keepdims=False)
```

매개 변수	설명	
a	중위수를 계산할 입력 배열	
axis	중위수를 계산할 축을 지정하는 매개 변수	
	None	배열을 평탄화하여 전체 요소의 중위수를 계산
	특정 축	지정하면 해당 축을 따라 중위수를 계산
out	결과를 저장할 배열	
overwrite_input	True일 경우, 입력 배열을 덮어쓰고 메모리를 절약할 수 있음	
keepdims	• True일 경우, 결과 배열의 차원 수를 유지 • False인 경우, 축이 제거	

중위수 계산

```python
import numpy as np

x1 = np.array([1, 2, 3, 4, 9])  # ①
y1 = np.median(x1)  # ②
print(y1)


x2 = np.array([[1, 2, 3], [4, 5, 9]])  # ③
y2 = np.median(x2)  # ④
print(y2)


y3 = np.median(x2, axis=0)  # ⑤
print(y3)


y4 = np.median(x2, axis=1)  # ⑥
print(y4)
```

```
</> 실행결과                                            X
3.0
3.5
[2.5 3.5 6. ]
[2. 5.]
```

코드 해설

① x1 변수에 1차원 배열 array([1, 2, 3, 4, 9])를 생성합니다.

② x1 변수의 중위수를 계산합니다.

③ x2 변수에 2차원 배열 array([[1, 2, 3], [4, 5, 9]])를 생성합니다.

④ x2 배열의 모든 요소에 대한 중위수를 계산합니다.
  → [1, 2, 3, 4, 5, 9]에 대해 중위수(가운데 두 수 3과 4의 평균)를 계산하여 3.5를 반환

⑤ x2 배열의 각 열에 대한 중위수를 계산합니다.
  → 각 열: [1, 4], [2, 5], [3, 9] → 중위수: [2.5, 3.5, 6.0]

⑥ x2 배열의 각 행에 대한 중위수를 계산합니다.
  → 각 행: [1, 2, 3] → 2.0, [4, 5, 9] → 5.0

Tip
중위수는 데이터를 정렬했을 때 중앙에 위치한 값으로, 이상치의 영향을 거의 받지 않습니다. 반면, 평균은 모든 데이터의
합을 기준으로 계산되기 때문에 이상치에 민감하게 반응합니다.
앞서 살펴본 코드 예제 T02_56과 T02_57에서는 동일한 데이터를 사용하여 각각 평균과 중위수를 계산해 보았습니다. 그
결과, 평균과 중위수의 값이 서로 다름을 확인할 수 있습니다.

분산(Variance) – np.var( )

분산은 데이터가 평균으로부터 얼마나 퍼져 있는지를 나타내는 값으로, 각 요소와 평균 간의 제곱된 차이의 평균이다. np.var( ) 함수를 사용하여 분산을 계산할 수 있다.

```
numpy.var(a, axis=None, dtype=None, out=None, ddof=0, keepdims=False)
```

매개 변수	설명	
a	분산을 계산할 입력 배열	
axis	분산을 계산할 축을 지정하는 매개 변수(기본값은 None)	
	None	배열을 평탄화하여 전체 요소의 분산을 계산
	특정 축	지정하면 해당 축을 따라 분산을 계산
dtype	결과의 데이터 타입을 지정하는 매개 변수	
out	• 결과를 저장할 배열 • 이 배열은 a와 동일한 형태를 가져야 하며, 축이 줄어들 수 있음	
ddof	분산을 계산할 때 사용할 자유도 조정값(기본값은 0)	
	0	모집단의 분산을 계산
	1	표본집단의 분산을 계산
keepdims	• True일 경우, 결과 배열의 차원 수를 유지 • False인 경우, 축이 제거	

모집단이 아닌 일부 데이터로 분산을 추정하는 경우 사용

배열의 분산

```python
import numpy as np

x1 = np.array([1, 2, 3, 4, 9])  # ①
y1 = np.var(x1)  # ②
print(y1)


x2 = np.array([[1, 2, 3], [4, 5, 9]])  # ③
y2 = np.var(x2)  # ④
print(y2)


y3 = np.var(x2, axis=0)  # ⑤
print(y3)


y4 = np.var(x2, axis=1)  # ⑥
print(y4)
```

```
</> 실행결과                                        X
7.760000000000001
6.666666666666667
[2.25 2.25 9.  ]
[0.66666667 4.66666667]
```

코드 해설

① x1 변수에 1차원 배열 array([1, 2, 3, 4, 9])를 생성합니다.

② x1 변수의 분산을 계산합니다.

　→ 평균: 3.8, 분산: 평균으로부터의 거리의 제곱값 평균인 7.76

③ x2 변수에 2차원 배열 array([[1, 2, 3], [4, 5, 9]])를 생성합니다.

④ x2 배열의 모든 요소에 대한 분산을 계산합니다.

　→ 평균: 4.0 → 분산: 6.67

⑤ x2 배열의 각 열에 대한 분산을 계산합니다.

　→ 각 열: [1, 4], [2, 5], [3, 9] → 분산: [2.25, 2.25, 9.0]

⑥ x2 배열의 각 행에 대한 분산을 계산합니다.

　→ 각 행: [1, 2, 3] → 평균: 2.0 → 분산: 0.67

　　　　　[4, 5, 9] → 평균: 6.0 → 분산: 4.67

표준편차(Standard Deviation) – np.std( )

표준편차는 분산의 제곱근으로, 데이터의 퍼짐 정도를 원래의 단위로 표현한다. np.std( ) 함수를 사용하여 표준편차를 계산할 수 있다.

```
numpy.std(a, axis=None, dtype=None, out=None, ddof=0, keepdims=False)
```

매개 변수	설명	
a	표준 편차를 계산할 입력 배열	
axis	표준 편차를 계산할 축을 지정하는 매개 변수(기본값이 None)	
	None	배열을 평탄화하여 전체 요소의 표준 편차를 계산
	특정 축	지정하면 해당 축을 따라 표준 편차를 계산
dtype	• 결과의 데이터 타입을 지정하는 매개 변수 • 기본적으로 입력 배열의 데이터 타입을 사용 • 특정 데이터 타입으로 강제할 수 있음	
out	• 결과를 저장할 배열 • 이 배열은 a와 동일한 형태를 가져야 하며, 축이 줄어들 수 있음	
ddof	표준 편차를 계산할 때 사용할 자유도 조정값(기본값은 0)	
	0	모집단의 분산을 계산
	1	표본집단의 분산을 계산
keepdims	True일 경우, 결과 배열의 차원 수를 유지 False인 경우, 축이 제거	

> **Tip**
>
> 표준 편차 계산 공식
>
> $$\sigma = \sqrt{\frac{1}{N}\sum_{i=1}^{N}(x_i - \overline{x})^2}$$
>
> • x_i : 데이터의 각 요소
> • $\overline{x}$: 데이터의 평균값
> • N : 데이터 개수

배열의 표준 편차

```python
import numpy as np

x1 = np.array([1, 2, 3, 4, 9])  # ①
y1 = np.std(x1)  # ②
print(y1)

x2 = np.array([[1, 2, 3], [4, 5, 9]])  # ③
y2 = np.std(x2)  # ④
print(y2)

y3 = np.std(x2, axis=0)  # ⑤
print(y3)

y4 = np.std(x2, axis=1)  # ⑥
print(y4)
```

실행결과   ✕

```
2.785677655436824
2.581988897471611
[1.5 1.5 3. ]
[0.81649658 2.1602469 ]
```

코드 해설

① x1 변수에 1차원 배열 array([1, 2, 3, 4, 9])를 생성합니다.

② x1 변수의 분산을 계산합니다.

    → 분산: 7.76 → 표준 편차: $\sqrt{7.76} \approx 2.7857$

③ x2 변수에 2차원 배열 array([[1, 2, 3], [4, 5, 9]])를 생성합니다.

④ x2 배열의 모든 요소에 대한 분산을 계산합니다.

    → 데이터: [1, 2, 3, 4, 5, 9], 평균: 4.0 → 표준 편차: 2.582

⑤ x2 배열의 각 열에 대한 분산을 계산합니다.

    → 각 열: [1, 4], [2, 5], [3, 9] → 표준 편차: [1.5, 1.5, 3.0]

⑥ x2 배열의 각 행에 대한 분산을 계산합니다.

    → 첫 행: [1, 2, 3] → 표준 편차 ≈ 0.8165

    → 둘째 행: [4, 5, 9] → 표준 편차 ≈ 2.1602

사분위수(Quantiles) – np.percentile( )

사분위수는 데이터를 네 부분으로 나누는 값들을 말한다. 데이터를 크기 순으로 정렬했을 때, 전체 데이터를 4등분하는 3개의 값으로, 데이터를 25%, 50%, 75% 지점에서 나눈다. 25%, 50%, 75% 백분위수는 각각 1사분위수(Q1), 중위수(Q2), 3사분위수(Q3)에 해당한다. 이는 데이터의 분포와 퍼짐을 이해하는데 유용한 통계적 개념이다.

백분위수는 데이터를 100등분하는 99개의 값으로, 사분위수는 백분위수의 특별한 경우로 볼 수 있다. NumPy에서는 백분위수를 계산하는 함수를 제공하고 있다. np.percentile( ) 함수를 사용하여 사분위수를 계산할 수 있다.

```
numpy.percentile(a, q, axis=None, out=None, overwrite_input=False, interpolation='linear',
keepdims=False)
```

매개 변수		설명
a		백분위수를 계산할 입력 배열
q		• 계산할 백분위수 값 혹은 배열 • 0에서 100 사이의 값이어야 함
axis		• 백분위수를 계산할 축(기본값은 None) • 배열을 평탄화하여 계산
out		결과를 저장할 배열
overwrite_input		True이면 입력 배열을 정렬하여 메모리를 절약할 수 있음(기본값 False)
interpolation └ 데이터 수가 적을 경우 중위수가 직접 포함되지 않을 수 있으니 주의가 필요		백분위수 값이 두 샘플 사이에 있을 때 사용할 보관 방법(기본값은 'linear')
	'linear'	• 두 인접한 데이터 포인트 사이에서 선형 보간(linear interpolation)을 수행 • 백분위수의 정확한 위치에 비례하여 두 값 사이의 가중 평균을 계산
	'lower'	백분위수보다 작거나 같은 값 중 가장 큰 값을 선택
	'higher'	백분위수보다 크거나 같은 값 중 가장 작은 값을 선택
	'midpoint'	• 'lower'와 'higher' 방법으로 얻은 두 값의 평균을 계산 • 두 인접한 데이터 포인트의 중위수를 사용
	'nearest'	• 백분위수와 가장 가까운 데이터 포인트의 값을 선택 • 실제 데이터 포인트 중 하나를 결과로 반환
keepdims		True이면 결과 배열의 차원을 입력 배열과 동일하게 유지(기본값은 False)

배열의 사분위수

```python
import numpy as np

x = np.array([10, 20, 30, 40, 50])  # ①

q1 = np.percentile(x, 25)  # ②
q3 = np.percentile(x, 75)  # ③

print("1사분위수(Q1):", q1)
print("3사분위수(Q3):", q3)

median = np.percentile(x, 50)  # ④
print("중위수(Q2):", median)

iqr = q3 - q1  # ⑤
print("사분위수 범위(IQR):", iqr)
```

```
● 실행결과                                    ✕

1사분위수(Q1): 20.0
3사분위수(Q3): 40.0
중위수(Q2): 30.0
사분위수 범위(IQR): 20.0
```

코드 해설

① np.array([10, 20, 30, 40, 50])을 사용하여 1차원 배열 x를 생성합니다.

② np.percentile(x, 25)를 사용하여 25% 백분위수(1사분위수)를 계산합니다.

③ np.percentile(x, 75)를 사용하여 75% 백분위수(3사분위수)를 계산합니다.

④ np.percentile(x, 50)을 사용하여 50% 백분위수(중위수)를 계산합니다.

⑤ q3 − q1을 계산하여 사분위수 범위를 구합니다.

Tip　배열의 통계 확인은 데이터 분석을 시작할 때 구조 파악을 위해 가장 먼저 필수적으로 수행되는 작업입니다.

01 리스트 [5, 10, 15]를 NumPy 배열로 변환해보자.

```
<>  실행결과                                                              X
[ 5 10 15]
```

02 배열 [[1, 2, 3], [4, 5, 6], [7, 8, 9]]의 차원을 확인해보자.

```
<>  실행결과                                                              X
2
```

03 모든 값이 1로 채워진 3x3 크기의 배열을 생성해보자.

```
<>  실행결과                                                              X
[[1. 1. 1.]
 [1. 1. 1.]
 [1. 1. 1.]]
```

04 배열 [2, 4, 6, 8, 10]에서 5보다 큰 값을 선택해보자.

```
<>  실행결과                                                              X
[ 6  8 10]
```

05 두 배열 [1, 2, 3]과 [4, 5, 6]을 더해보자.

```
실행결과                                                    X
[5 7 9]
```

06 1차원 배열 [1, 2, 3, 4, 5, 6]을 2x3 형태의 2차원 배열로 변경해보자.

```
실행결과                                                    X
[[1 2 3]
 [4 5 6]]
```

07 배열 [10, 20, 30, 40, 50]에서 20의 배수만 선택해보자.

```
실행결과                                                    X
[20 40]
```

08 2차원 배열 [[3, 2, 1], [6, 5, 4]]를 열 기준과 행 기준 각각에 대하여 오름차순으로
정렬해보자.

```
실행결과                                                    X
[[3 2 1]
 [6 5 4]]
[[1 2 3]
 [4 5 6]]
```

01 소스코드 Q02_01.py

```
import numpy as np
arr = np.array([5, 10, 15])
print(arr)
```

02 소스코드 Q02_02.py

```
import numpy as np
arr = np.array([[1, 2, 3], [4, 5, 6], [7, 8, 9]])
print(arr.ndim)
```

03 소스코드 Q02_03.py

```
import numpy as np
arr = np.ones((3, 3))
print(arr)
```

04 소스코드 Q02_04.py

```
import numpy as np
arr = np.array([2, 4, 6, 8, 10])
print(arr[arr > 5])
```

05 소스코드 Q02_05.py

```
import numpy as np
a = np.array([1, 2, 3])
b = np.array([4, 5, 6])
print(a + b)
```

06 소스코드 Q02_06.py

```python
import numpy as np
arr = np.array([1, 2, 3, 4, 5, 6])
reshaped = arr.reshape(2, 3)
print(reshaped)
```

07 소스코드 Q02_07.py

```python
import numpy as np
arr = np.array([10, 20, 30, 40, 50])
mask = arr % 20 == 0
print(arr[mask])
```

08 소스코드 Q02_08.py

```python
import numpy as np
arr = np.array([[3, 2, 1], [6, 5, 4]])
col_sorted = np.sort(arr, axis=0)
print(col_sorted)
row_sorted = np.sort(arr, axis=1)
print(row_sorted)
```

3장

Pandas

Pandas는 Series와 DataFrame이라는 강력한 데이터 구조를 제공하여 테이블 형태의 데이터를 쉽게 조작하고 분석할 수 있는 필수적인 도구입니다. Pandas를 사용하면 데이터 필터링, 그룹화, 통계 계산 등 다양한 작업을 직관적이고 효율적으로 수행할 수 있습니다.

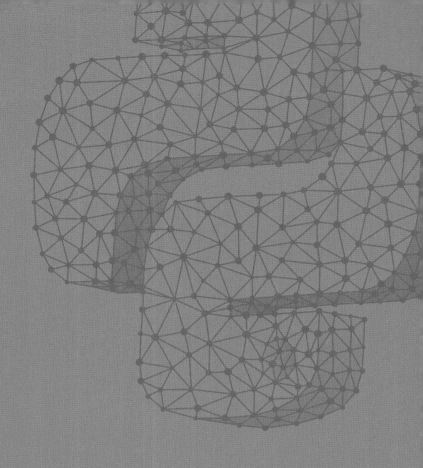

무엇을 배워볼까요?

이 장에서는 데이터 분석에 필수적인 파이썬 라이브러리인 Pandas를
학습합니다. Pandas는 테이블 형태의 데이터를 손쉽게 조작하고 분
석할 수 있는 강력한 도구로, Series와 DataFrame 구조를 이해하고
활용하는 데 중점을 둡니다. DataFrame 생성, 열과 행 선택(loc, iloc),
기본 통계 함수(sum, mean, max, min), 그룹화 및 집계 기법 등 주요
기능을 익혀 데이터를 효과적으로 처리하고 분석해 보겠습니다. 이 과
정을 통해 데이터를 구조적으로 다루고 분석하는 기본기를 탄탄히 쌓
을 수 있습니다.

3.1 Pandas 개요

Pandas 개념

Pandas는 Python Data Analysis Library의 약자로, 데이터 조작과 분석을 위한 강력한 오픈소스 라이브러리이다. 주로 데이터 과학과 분석, 머신러닝, 통계학 등의 분야에서 널리 사용된다. Pandas는 표 형식의 데이터를 다루기 위한 두 가지 주요 데이터 구조인 Series(1차원 데이터용)와 DataFrame(2차원 테이블 데이터용)을 제공한다. 이들 데이터 구조는 데이터의 형식과 구조에 따라 효율적으로 데이터를 처리하고 분석하는 데 최적화되어 있다.

Pandas는 데이터 분석을 보다 직관적이고 효율적으로 수행할 수 있도록 설계되었으며, 다양한 기능을 통해 데이터의 전처리, 정리, 변환, 시각화 등을 쉽게 수행할 수 있다. 데이터의 집계, 그룹화, 필터링, 결합 및 변환 기능을 통해 사용자는 복잡한 데이터 분석을 간편하게 할 수 있다.

Pandas는 전 세계의 개발자와 데이터 과학자들이 기여로 활발하게 개발되고 있다. 이런 커뮤니티의 지원 덕분에 Pandas는 지속적으로 업데이트되고 개선되며, 새로운 기능이 추가되고 있다.

현재 Pandas는 데이터 분석의 표준 도구로 자리 잡았다. 많은 데이터 과학 및 분석 프로젝트에서 Pandas는 기본적인 데이터 처리 및 분석 라이브러리로 사용되며, 이는 데이터 시각화 라이브러리인 matplotlib, Seaborn, 그리고 머신러닝 라이브러리인 Scikit-learn과 함께 연계하여 사용된다.

금융 분석에서 시작하여 현재는 다양한 분야에서 널리 사용되는 이 라이브러리는 데이터 과학자와 분석가들에게 없어서는 안 될 자원이다. 앞으로도 Pandas는 지속적으로 발전하며, 데이터 분석의 효율성을 높이는 데 기여할 것이다.

> **Tip** Pandas는 데이터를 직관적으로 다룰 수 있다는 점에서 강점이 있습니다. 데이터가 구조화되어 있고 가공이 필요한 경우 Pandas를 사용하는 것이 적합합니다.

Pandas 특징

Pandas는 데이터 과학 및 분석 분야에서 널리 사용되며, 복잡한 데이터셋을 다루는 데 매우 유용한 도구로 자리 잡고 있다.

특징	설명	
강력한 데이터 구조	강력한 데이터 구조인 Series와 DataFrame이 있음	
	Series	• 1차원 배열로, 인덱스를 사용하여 데이터에 빠르게 접근할 수 있음 • 다양한 데이터 타입을 지원하며, 데이터의 라벨을 통해 인덱싱할 수 있음
	DataFrame	• 2차원 배열로, 행과 열로 구성된 데이터 구조 • 다양한 데이터 타입을 포함할 수 있으며, SQL 테이블과 유사한 형식으로 데이터를 다룰 수 있음
데이터 조작 및 변환	• 데이터의 필터링, 정렬, 그룹화, 집계, 변환 등 다양한 데이터 조작 기능을 제공 • 복잡한 데이터셋을 간단하게 조작할 수 있음	
데이터 입출력	• CSV, Excel, SQL 데이터베이스, JSON 등 여러 형식의 데이터 파일을 쉽게 읽고 쓸 수 있는 기능을 제공 • 다양한 소스의 데이터를 손쉽게 가져오고 저장할 수 있음	
유연한 데이터 처리	• 결측치 처리, 데이터 타입 변환, 중복 데이터 제거 등 데이터 전처리 과정에서 필요한 다양한 기능을 지원 • 이로 인해 데이터 품질을 높이고 분석의 정확성을 향상시킬 수 있음	
고성능 계산 지원	• NumPy를 기반으로 구축되어 있어, 대규모 데이터셋을 효율적으로 처리하고 빠른 속도로 연산할 수 있음 • 벡터화 연산과 병렬 처리 기능을 통해 성능을 극대화할 수 있음	
강력한 통계 기능	기본적인 통계 분석 기능을 제공하여, 평균, 중위수, 분산, 표준 편차 등 다양한 통계량을 쉽게 계산할 수 있음	
시계열 데이터 처리	• Pandas는 날짜 및 시간 정보를 효과적으로 처리할 수 있는 기능을 제공 • 시계열 데이터의 인덱싱, 리샘플링, 이동 평균 등을 쉽게 수행할 수 있어 금융 데이터 분석에 특히 유용	
풍부한 시각화 지원	• Pandas는 Matplotlib과 함께 사용하여 데이터 시각화를 간편하게 수행할 수 있음 • DataFrame과 Series에서 직접 시각화를 위한 함수를 제공하여 데이터 분석 결과를 쉽게 시각적으로 표현할 수 있음	

Pandas 확인

구글 코랩은 Pandas 라이브러리를 기본으로 제공하고 있어 별도의 설치 없이 바로 사용할 수 있다.

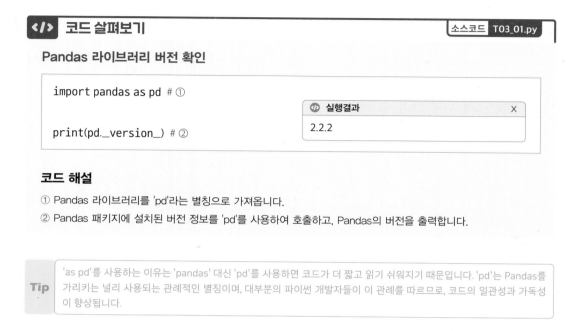

코드 해설

① Pandas 라이브러리를 'pd'라는 별칭으로 가져옵니다.
② Pandas 패키지에 설치된 버전 정보를 'pd'를 사용하여 호출하고, Pandas의 버전을 출력합니다.

> **Tip** 'as pd'를 사용하는 이유는 'pandas' 대신 'pd'를 사용하면 코드가 더 짧고 읽기 쉬워지기 때문입니다. 'pd'는 Pandas를 가리키는 널리 사용되는 관례적인 별칭이며, 대부분의 파이썬 개발자들이 이 관례를 따르므로, 코드의 일관성과 가독성이 향상됩니다.

NumPy와 Pandas

Pandas가 NumPy를 기반으로 만들어졌지만, 두 라이브러리가 각각 특화된 역할을 가지고 있어 데이터 분석에서 Pandas만으로는 해결하기 어려운 경우가 종종 발생한다. Pandas는 구조적 데이터 처리에 강점을 두고 있으며, NumPy는 대규모 수치 연산에서 고속 성능을 제공한다. 따라서, 데이터의 성격과 작업 목적에 따라 두 라이브러리를 함께 사용하는 것이 일반적이다.

> **Tip** 데이터 구조와 각 라이브러리의 장단점을 정확히 파악하고 있으면, .values 속성 활용과 같은 변환 기능을 이용하여 효율적인 작업이 가능합니다.

3.2 Series

▶ 영상보러가기

Series 개념

Pandas의 Series는 데이터 분석에 유용한 1차원 배열 구조로, 다양한 데이터 타입을 저장하고 인덱스를 통해 데이터에 접근할 수 있게 한다.

Series는 NumPy의 배열을 기반으로 하며, 고급 데이터 조작과 분석 기능을 제공한다.

Series 특징

특징	설명
1차원 데이터	Series는 1차원 배열로, 여러 개의 값을 순서대로 저장할 수 있음
인덱스	• 각 데이터 요소에 대한 인덱스가 존재하여, 기본적으로 0부터 시작하는 정수형 인덱스를 제공 • 사용자 정의 인덱스를 설정할 수도 있음
데이터 타입	다양한 데이터 타입(정수, 부동소수점, 문자열 등)을 혼합하여 저장할 수 있음
기능성	Series는 데이터 분석에 필요한 다양한 함수와 속성을 제공한다. 예를 들어, 통계적 계산, 데이터 필터링, 연산 등이 가능

Series와 리스트의 차이점

Pandas의 Series는 데이터 분석 및 처리를 위해 설계된 1차원 데이터 구조이며, 인덱스를 통해 데이터에 쉽게 접근하고 조작할 수 있는 기능을 제공한다. 리스트와 비교했을 때, Series는 더 많은 기능성과 효율성을 제공하며, 특히 데이터 분석에 적합하다.

항목	Series	리스트
구조적 차이	Pandas의 1차원 데이터 구조로, 데이터와 인덱스를 함께 관리하며, 고급 데이터 분석 기능을 지원	• 파이썬의 기본 데이터 구조로, 순서가 있는 컬렉션 • 다양한 데이터 타입을 혼합하여 저장할 수 있으며, 인덱스는 0부터 시작
데이터 접근 방식	기본 인덱스(0부터 시작) 또는 사용자 정의 인덱스를 사용하여 데이터에 접근할 수 있음	인덱스를 사용하여 요소에 접근할 수 있으며, 인덱스는 기본적으로 0부터 시작

데이터 조작 기능	통계적 연산 및 데이터 분석을 위한 다양한 함수(mean, sum, sort_values, filter 등)를 제공	기본적인 리스트 함수(append, remove, sort 등)를 제공하지만, 데이터 분석 기능은 제한적
성능 및 용도	데이터 분석에 최적화된 구조로, 대규모 데이터를 효율적으로 처리할 수 있으며, 통계적 연산을 지원	단순한 데이터 저장 및 관리에 적합하며, 성능은 좋지만, 대규모 데이터 분석에는 비효율적

Series 생성 방법

리스트 사용

가장 기본적인 방법으로 리스트나 배열을 사용하여 Series를 생성할 수 있다. Pandas의 Series( ) 함수를 호출하여 쉽게 만들 수 있다.

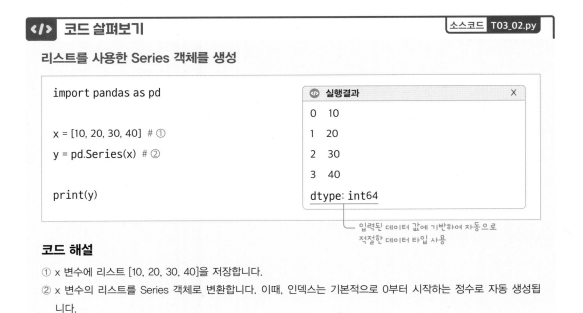

</> 코드 살펴보기　　　소스코드 T03_02.py

리스트를 사용한 Series 객체를 생성

```
import pandas as pd

x = [10, 20, 30, 40]  # ①
y = pd.Series(x)  # ②

print(y)
```

실행결과
```
0    10
1    20
2    30
3    40
dtype: int64
```
입력된 데이터 값에 기반하여 자동으로
적절한 데이터 타입 사용

코드 해설

① x 변수에 리스트 [10, 20, 30, 40]을 저장합니다.
② x 변수의 리스트를 Series 객체로 변환합니다. 이때, 인덱스는 기본적으로 0부터 시작하는 정수로 자동 생성됩니다.

사용자 정의 인덱스 사용

Series를 생성할 때 사용자 정의 인덱스를 지정할 수 있다. 이를 통해 데이터의 의미를 더욱 명확하게 전달할 수 있다.

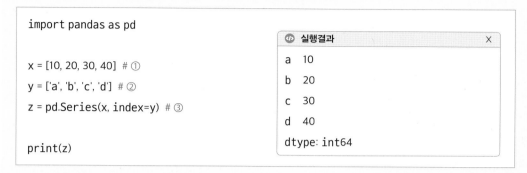

코드 살펴보기

사용자 정의 인덱스를 사용하여 Pandas Series 객체를 생성

```python
import pandas as pd

x = [10, 20, 30, 40]  # ①
y = ['a', 'b', 'c', 'd']  # ②
z = pd.Series(x, index=y)  # ③

print(z)
```

실행결과

```
a    10
b    20
c    30
d    40
dtype: int64
```

코드 해설

① x 변수에 리스트 [10, 20, 30, 40]을 저장합니다.

② y 변수에 리스트 ['a', 'b', 'c', 'd']를 저장합니다.

③ x 변수의 값을 데이터로, y 변수의 값을 인덱스로 사용하여 Series 객체를 생성합니다. 이때, 각 데이터값은 지정
된 인덱스와 연결됩니다.

사전(Dictionary) 사용

사전(Dictionary)을 사용하여 Series를 생성할 수도 있다. 이 경우, 사전(Dictionary)의 키는
인덱스가 되고, 값은 데이터가 된다.

코드 살펴보기

사전(Dictionary)을 사용하여 Pandas Series 객체를 생성

```python
import pandas as pd

x = {'apple': 1, 'banana': 2, 'cherry': 3}  # ①
y = pd.Series(x)  # ②

print(y)
```

실행결과

```
apple     1
banana    2
cherry    3
dtype: int64
```

코드 해설

① x 변수에 사전(Dictionary) {'apple': 1, 'banana': 2, 'cherry': 3}을 저장합니다.

② 사전(Dictionary) 데이터를 저장하고 있는 x 변수를 Pandas Series 객체로 변환합니다. 이때, 사전(Dictionary)의
키는 Series의 인덱스로, 값은 Series의 데이터로 사용됩니다.

Series 구조 확인

Series는 1차원 배열에 인덱스가 포함된 구조로, 데이터 타입(dtype), 인덱스(index), 값
(values) 속성 등으로 구성된다.

dtype 속성

dtype 속성은 Series의 각 요소가 가진 데이터 타입을 나타내는 속성이다. Series는 모든 요
소가 동일한 데이터 타입을 가지므로, dtype을 확인하면 Series 내의 데이터 타입이 무엇인
지 알 수 있다.

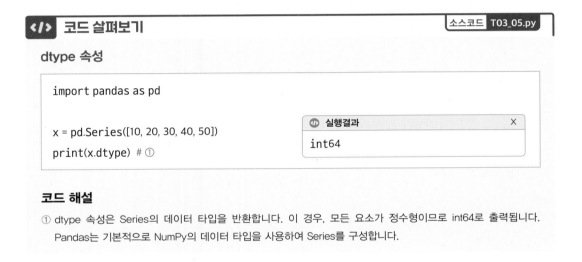

코드 살펴보기 소스코드 T03_05.py

dtype 속성

```
import pandas as pd

x = pd.Series([10, 20, 30, 40, 50])
print(x.dtype) # ①
```

실행결과 ×

```
int64
```

코드 해설

① dtype 속성은 Series의 데이터 타입을 반환합니다. 이 경우, 모든 요소가 정수형이므로 int64로 출력됩니다.
Pandas는 기본적으로 NumPy의 데이터 타입을 사용하여 Series를 구성합니다.

index 속성

index 속성은 Series의 각 요소에 접근할 수 있는 인덱스 값의 범위와 타입을 확인할 수 있
는 속성이다. Series 인덱스는 데이터를 쉽게 참조하고 조회하는 데 유용하며, 이를 통해
데이터의 고유성을 부여할 수 있다.

코드 해설

① index 속성은 Series의 인덱스를 반환합니다. 기본적으로 Pandas는 0부터 시작하는 정수 인덱스를 자동으로 생성합니다. 이 경우, RangeIndex(start=0, stop=5, step=1)은 0에서 4까지의 값을 가지며, 각 요소에 대해 1씩 증가함을 나타냅니다.

values 속성

values 속성은 Series의 값 자체를 NumPy 배열로 반환해주는 속성이다. 인덱스 정보는 포함되지 않고 오직 데이터 값만 반환된다. 이를 통해 Series 데이터를 배열 형태로 확인하거나 특정 연산에 활용할 수 있다.

코드 해설

① values 속성은 Series의 값을 NumPy 배열 형태로 반환합니다. 이 경우, [10, 20, 30, 40, 50]이라는 값들이 포함된 배열이 출력됩니다. Pandas는 내부적으로 NumPy 배열을 사용하여 데이터를 저장하므로, values 속성을 통해 쉽게 접근할 수 있습니다.

> **Tip** values를 직접 수정해도 원본 Series에는 영향을 주지 않으므로, 데이터 변경이 필요하다면 Series 자체를 수정하거나 새로운 Series를 생성해야 합니다.

데이터 조회

head( ) 함수

head( ) 함수는 Series의 상위 n개 데이터를 출력하는 함수이다. 매개 변수를 지정하지 않으면 기본적으로 상위 5개의 데이터를 출력한다.

소스코드 T03_08.py

</> 코드 살펴보기

head( ) 함수

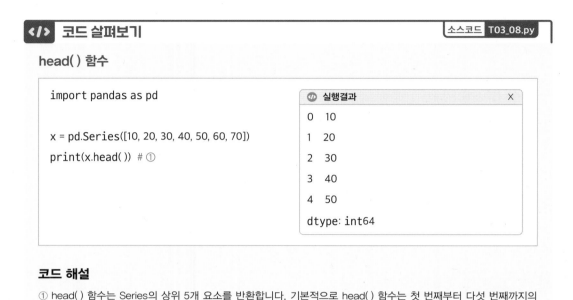

```
import pandas as pd

x = pd.Series([10, 20, 30, 40, 50, 60, 70])
print(x.head())  # ①
```

실행결과

```
0   10
1   20
2   30
3   40
4   50
dtype: int64
```

코드 해설

① head( ) 함수는 Series의 상위 5개 요소를 반환합니다. 기본적으로 head( ) 함수는 첫 번째부터 다섯 번째까지의 요소를 출력하며, 이를 통해 데이터의 초기 상태를 빠르게 확인할 수 있습니다.

tail( ) 함수

tail( ) 함수는 Series의 하위 n개 데이터를 출력하는 함수이다. head( ) 함수와 마찬가지로 기본값은 5개이다.

소스코드 T03_09.py

</> 코드 살펴보기

tail( ) 함수

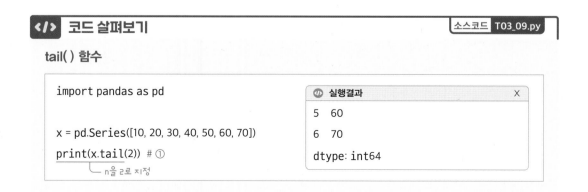

```
import pandas as pd

x = pd.Series([10, 20, 30, 40, 50, 60, 70])
print(x.tail(2))  # ①
        └ n을 2로 지정
```

실행결과

```
5   60
6   70
dtype: int64
```

코드 해설

① tail(2)는 Series의 하위 2개 요소를 반환합니다. 이 함수는 마지막 2개의 값을 출력하여 데이터의 끝부분을 확인할 수 있게 해줍니다.

> **Tip** head( )와 tail( ) 함수는 데이터의 일부만 가져오기 때문에 대용량 데이터셋을 다룰 때 메모리를 절약하면서도 데이터를 빠르게 파악할 수 있습니다. 특히, 데이터 전처리 후 tail( )로 마지막 몇 줄을 확인하면 작업이 제대로 적용되었는지 검증하는 데 유용합니다.

인덱싱 및 슬라이싱

Series는 1차원 데이터 구조이므로, .iloc[ ]과 .loc[ ]를 사용해 인덱스를 기준으로 데이터를 선택할 수 있다.

위치 기반 인덱싱

.iloc[ ]는 정수 위치(인덱스)를 기준으로 데이터를 선택한다.

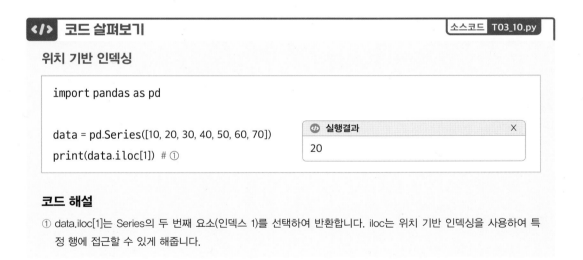

</> 코드 살펴보기 소스코드 T03_10.py

위치 기반 인덱싱

```
import pandas as pd

data = pd.Series([10, 20, 30, 40, 50, 60, 70])
print(data.iloc[1])  # ①
```

</> 실행결과 ✕
```
20
```

코드 해설

① data.iloc[1]는 Series의 두 번째 요소(인덱스 1)를 선택하여 반환합니다. iloc는 위치 기반 인덱싱을 사용하여 특정 행에 접근할 수 있게 해줍니다.

위치 기반 슬라이싱

.iloc[ ]으로 슬라이싱도 가능하여 특정 범위의 데이터를 선택할 수 있다.

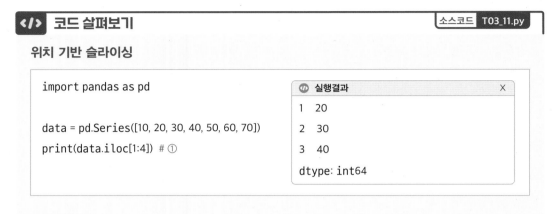

코드 해설

① data.iloc[1:4]는 Series의 인덱스 1부터 3까지의 요소를 선택하여 반환합니다. iloc는 위치 기반 인덱싱을 사용하므로, 슬라이싱을 통해 지정한 범위의 데이터를 쉽게 선택할 수 있습니다.

레이블 기반 인덱싱

.loc[ ]는 인덱스 레이블을 기준으로 데이터를 선택한다.

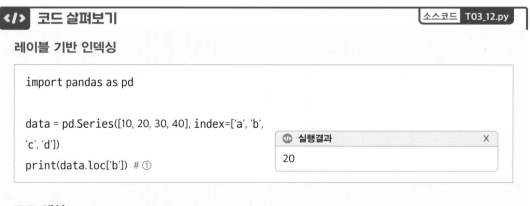

코드 해설

① data.loc['b']는 Series에서 인덱스가 'b'인 요소를 선택하여 반환합니다. loc는 레이블 기반 인덱싱을 사용하므로, 지정된 인덱스에 해당하는 값을 조회할 수 있습니다.

레이블 기반 슬라이싱

.iloc[ ]으로 슬라이싱도 가능하여 특정 레이블 범위의 데이터를 선택할 수 있다.

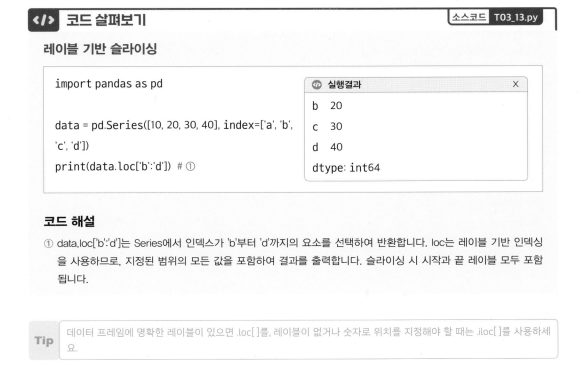

코드 살펴보기 　　　　소스코드 T03_13.py

레이블 기반 슬라이싱

```
import pandas as pd

data = pd.Series([10, 20, 30, 40], index=['a', 'b',
'c', 'd'])
print(data.loc['b':'d']) # ①
```

실행결과
```
b    20
c    30
d    40
dtype: int64
```

코드 해설

① data.loc['b':'d']는 Series에서 인덱스가 'b'부터 'd'까지의 요소를 선택하여 반환합니다. loc는 레이블 기반 인덱싱
을 사용하므로, 지정된 범위의 모든 값을 포함하여 결과를 출력합니다. 슬라이싱 시 시작과 끝 레이블 모두 포함
됩니다.

Tip 데이터 프레임에 명확한 레이블이 있으면 .loc[ ]를, 레이블이 없거나 숫자로 위치를 지정해야 할 때는 .iloc[ ]를 사용하세요.

데이터 추가

Series에서는 concat( ) 함수와 할당 연산을 통해 데이터를 추가할 수 있다.

concat( ) 함수를 사용한 데이터 추가

concat( ) 함수는 Series에 새로운 Series를 합치는 방식으로 데이터를 추가하는 함수이다.

코드 살펴보기

Series의 concat( ) 함수

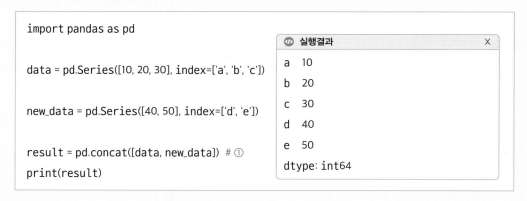

```
import pandas as pd

data = pd.Series([10, 20, 30], index=['a', 'b', 'c'])

new_data = pd.Series([40, 50], index=['d', 'e'])

result = pd.concat([data, new_data])  # ①
print(result)
```

실행결과
```
a    10
b    20
c    30
d    40
e    50
dtype: int64
```

코드 해설

① pd.concat([data, new_data])는 기존의 data Series와 new_data Series를 연결하여 새로운 Series를 생성합니다. concat( ) 함수는 리스트 형태로 전달된 여러 Series를 하나로 합치는 데 사용됩니다.

할당 연산을 사용한 데이터 추가

할당 연산을 사용하면 새로운 인덱스에 값을 지정하여 데이터를 추가할 수 있다.

코드 살펴보기

할당 연산을 사용한 데이터 추가

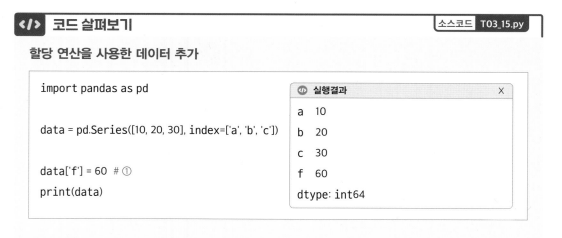

```
import pandas as pd

data = pd.Series([10, 20, 30], index=['a', 'b', 'c'])

data['f'] = 60  # ①
print(data)
```

실행결과
```
a    10
b    20
c    30
f    60
dtype: int64
```

코드 해설

① data['f'] = 60은 Series에 인덱스 'f'를 추가하고 그 값으로 60을 설정합니다. Pandas Series는 동적으로 인덱스를 추가할 수 있으며, 존재하지 않는 인덱스를 지정하면 새로운 요소가 생성됩니다.

Series 값 수정

Series는 특정 인덱스의 값을 할당 연산을 통해 수정할 수 있다.

인덱스 기반 값 수정

Series에서 조건 없이 값을 수정할 때는 특정 인덱스를 지정하여 새로운 값을 할당하면 된다. 이는 지정된 인덱스의 값만 변경할 때 사용된다.

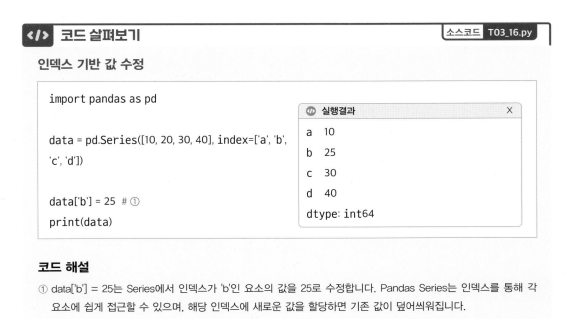

코드 살펴보기　　　　　　　　　　　　소스코드 T03_16.py

인덱스 기반 값 수정

```python
import pandas as pd

data = pd.Series([10, 20, 30, 40], index=['a', 'b',
'c', 'd'])

data['b'] = 25  # ①
print(data)
```

실행결과
```
a    10
b    25
c    30
d    40
dtype: int64
```

코드 해설

① data['b'] = 25는 Series에서 인덱스가 'b'인 요소의 값을 25로 수정합니다. Pandas Series는 인덱스를 통해 각 요소에 쉽게 접근할 수 있으며, 해당 인덱스에 새로운 값을 할당하면 기존 값이 덮어씌워집니다.

여러 값 수정

여러 값을 동시에 수정할 수도 있으며, 리스트와 같은 반복 가능한 객체를 사용해 한 번에 값을 할당할 수 있다.

코드 살펴보기 소스코드 T03_17.py

여러 값 수정

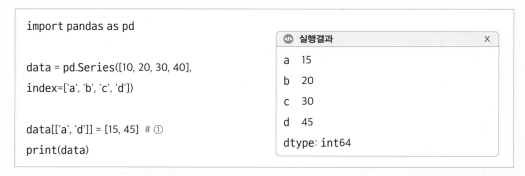

```
import pandas as pd

data = pd.Series([10, 20, 30, 40],
index=['a', 'b', 'c', 'd'])

data[['a', 'd']] = [15, 45]  # ①
print(data)
```

실행결과
```
a   15
b   20
c   30
d   45
dtype: int64
```

코드 해설

① data[['a', 'd']] = [15, 45]는 Series에서 인덱스가 'a'와 'd'인 요소의 값을 각각 15와 45로 수정합니다. 리스트를 사용하여 여러 인덱스의 값을 동시에 변경할 수 있습니다.

조건부 수정

Series의 값을 수정할 때 특정 조건을 만족하는 요소에 대해 값을 변경할 수 있다. 조건부 수정을 사용하면 원하는 조건에 맞는 값을 찾아 효율적으로 업데이트할 수 있다.

코드 살펴보기 소스코드 T03_18.py

Series에서 조건부로 값을 수정

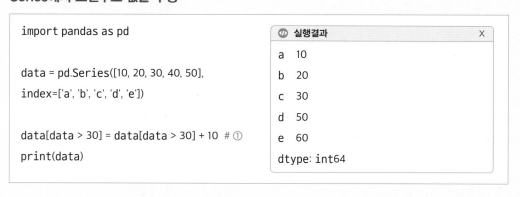

```
import pandas as pd

data = pd.Series([10, 20, 30, 40, 50],
index=['a', 'b', 'c', 'd', 'e'])

data[data > 30] = data[data > 30] + 10  # ①
print(data)
```

실행결과
```
a   10
b   20
c   30
d   50
e   60
dtype: int64
```

코드 해설

① data[data > 30] = data[data > 30] + 10은 Series에서 조건을 만족하는 요소(즉, 값이 30보다 큰 요소)에 대해 수정 작업을 수행합니다. 조건에 해당하는 요소에만 10을 더하여 새로운 값을 할당합니다.

인덱스 이름 변경 – rename( )

데이터를 보다 효율적으로 관리하기 위해 인덱스의 이름을 변경할 수 있으며, 이를 위해 rename( ) 함수를 사용한다.

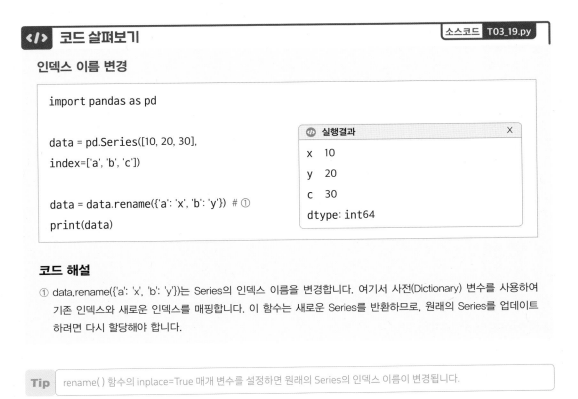

코드 살펴보기　소스코드 T03_19.py

인덱스 이름 변경

```
import pandas as pd

data = pd.Series([10, 20, 30],
index=['a', 'b', 'c'])

data = data.rename({'a': 'x', 'b': 'y'}) # ①
print(data)
```

실행결과
```
x   10
y   20
c   30
dtype: int64
```

코드 해설

① data.rename({'a': 'x', 'b': 'y'})는 Series의 인덱스 이름을 변경합니다. 여기서 사전(Dictionary) 변수를 사용하여 기존 인덱스와 새로운 인덱스를 매핑합니다. 이 함수는 새로운 Series를 반환하므로, 원래의 Series를 업데이트 하려면 다시 할당해야 합니다.

> **Tip**　rename( ) 함수의 inplace=True 매개 변수를 설정하면 원래의 Series의 인덱스 이름이 변경됩니다.

데이터 통계 및 요약

Series는 기본적으로 평균(mean), 합계(sum), 중위수(median), 최댓값(max), 최솟값(min) 등 다양한 통곗값을 구할 수 있는 함수를 제공한다. 이러한 통계 함수들은 수치형 데이터의 특성을 빠르게 파악하는 데 유용하다.

평균(mean)과 합계(sum)

Series의 mean( ) 함수는 평균값을 계산하고, sum( ) 함수는 전체 요소의 합계를 계산한다.

Series 평균과 합계

```
import pandas as pd

data = pd.Series([10, 20, 30, 40, 50])

average = data.mean( ) # ①
print(average)

total = data.sum( ) # ②
print(total)
```

실행결과   X

30.0

150

코드 해설

① data.mean( )은 Series의 평균을 계산하여 average 변수에 저장합니다. Pandas는 내부적으로 NumPy를 사용
하여 효율적으로 계산합니다.

② data.sum( )은 Series의 모든 요소의 합계를 계산하여 total 변수에 저장합니다.

중위수(median), 최댓값(max), 최솟값(min)

median( ) 함수는 중위수를, max( )와 min( ) 함수는 각각 최댓값과 최솟값을 반환한다.

Series에서 중위수, 최댓값, 최솟값을 계산

```
import pandas as pd

data = pd.Series([10, 20, 30, 40, 50])

median_value = data.median( ) # ①
max_value = data.max( )      # ②
min_value = data.min( )      # ③

print("중위수:", median_value)
print("최댓값:", max_value)
print("최솟값:", min_value)
```

실행결과   X

중위수: 30.0

최댓값: 50

최솟값: 10

코드 해설

① data.median( )은 Series의 중위수를 계산하여 median_value 변수에 저장합니다. 중위수는 데이터의 중위수를 나타냅니다.

② data.max( )는 Series의 최댓값을 계산하여 max_value 변수에 저장합니다.

③ data.min( )은 Series의 최솟값을 계산하여 min_value 변수에 저장합니다.

분산(var)과 표준편차(std)

var( ) 함수는 분산을, std( ) 함수는 표준편차를 계산한다. 이는 데이터의 산포도를 파악하는 데 유용하다.

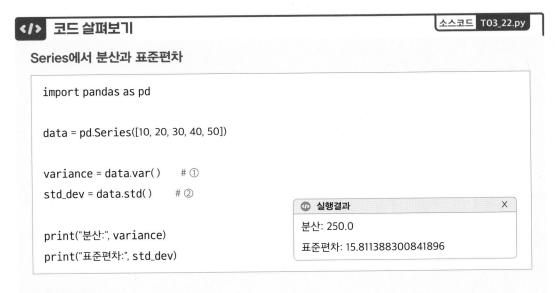

</> 코드 살펴보기　　　　　　　　　　　소스코드 T03_22.py

Series에서 분산과 표준편차

```python
import pandas as pd

data = pd.Series([10, 20, 30, 40, 50])

variance = data.var()      # ①
std_dev = data.std()        # ②

print("분산:", variance)
print("표준편차:", std_dev)
```

실행결과　　　　　　　　　　　　　X

분산: 250.0
표준편차: 15.811388300841896

코드 해설

① data.var( )는 Series의 분산을 계산하여 variance 변수에 저장합니다. 분산은 데이터가 평균으로부터 얼마나 퍼져 있는지를 나타내는 지표입니다.

② data.std( )는 Series의 표준편차를 계산하여 std_dev 변수에 저장합니다. 표준편차는 분산의 제곱근으로, 데이터의 변동성을 나타냅니다.

고윳값 확인

빈도수 확인 – value_counts( ) 함수

Series의 고윳값은 데이터가 어떤 값들로 구성되어 있으며, 각 값이 몇 번씩 등장하는지를 보여준다. value_counts( ) 함수를 사용하여 각 값의 빈도를 확인하는 함수이다.

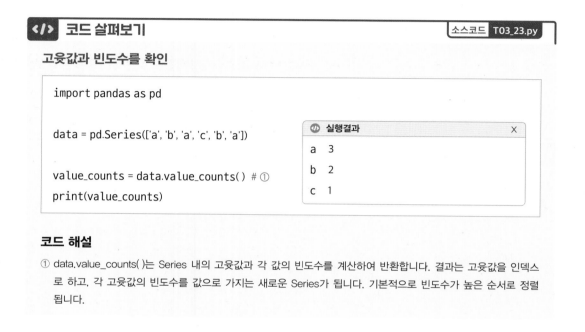

코드 살펴보기 소스코드 T03_23.py

고윳값과 빈도수를 확인

```python
import pandas as pd

data = pd.Series(['a', 'b', 'a', 'c', 'b', 'a'])

value_counts = data.value_counts() # ①
print(value_counts)
```

실행결과
```
a   3
b   2
c   1
```

코드 해설

① data.value_counts( )는 Series 내의 고윳값과 각 값의 빈도수를 계산하여 반환합니다. 결과는 고윳값을 인덱스로 하고, 각 고윳값의 빈도수를 값으로 가지는 새로운 Series가 됩니다. 기본적으로 빈도수가 높은 순서로 정렬됩니다.

고윳값 비율 확인

value_counts( ) 함수에서 normalize=True 매개 변수를 사용하면 비율로 출력할 수도 있다.

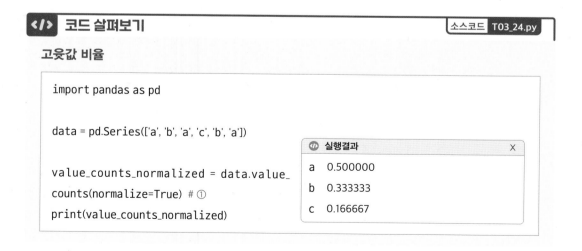

코드 살펴보기 소스코드 T03_24.py

고윳값 비율

```python
import pandas as pd

data = pd.Series(['a', 'b', 'a', 'c', 'b', 'a'])

value_counts_normalized = data.value_counts(normalize=True) # ①
print(value_counts_normalized)
```

실행결과
```
a   0.500000
b   0.333333
c   0.166667
```

코드 해설

① data.value_counts(normalize=True)는 Series 내의 고윳값과 각 고윳값의 비율을 계산하여 반환합니다. 결과는
고윳값을 인덱스로 하고, 각 고윳값의 비율을 값으로 가지는 새로운 Series가 됩니다. 비율은 전체 개수에 대한
각 고윳값 개수의 비율로 계산됩니다.

데이터 필터링 및 조건 선택

단일 조건 필터링

Series에서 단일 조건을 기반으로 데이터를 필터링할 때는 불리언 인덱싱을 사용한다. 조건식을 사용하여 True/False 값을 가진 Series를 생성하고, True에 해당하는 값만 추출할 수 있다.

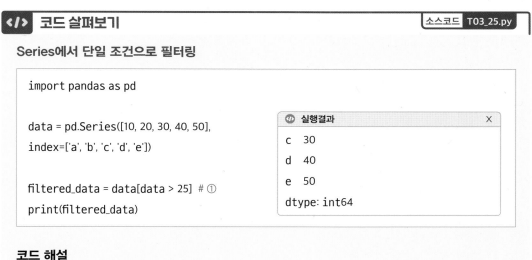

코드 살펴보기 소스코드 T03_25.py

Series에서 단일 조건으로 필터링

```python
import pandas as pd

data = pd.Series([10, 20, 30, 40, 50],
index=['a', 'b', 'c', 'd', 'e'])

filtered_data = data[data > 25]  # ①
print(filtered_data)
```

실행결과 ✕

```
c   30
d   40
e   50
dtype: int64
```

코드 해설

① data[data > 25]는 Series에서 값이 25보다 큰 요소만 선택하여 새로운 Series를 생성합니다. 조건에 맞는 요소
는 유지되고, 조건에 맞지 않는 요소는 제외됩니다.

다중 조건 필터링

Series에서 다중 조건을 사용하여 데이터를 필터링할 때는 &(AND)와 |(OR) 연산자를 활용한다. &는 모든 조건을 만족하는 값을 선택하고, |는 하나라도 조건을 만족하는 값을 선택한다. 이때 각 조건은 괄호로 감싸야 한다.

</> 코드 살펴보기

소스코드 T03_26.py

다중 조건 필터링

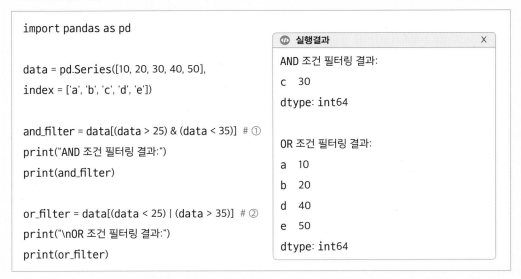

```python
import pandas as pd

data = pd.Series([10, 20, 30, 40, 50],
index = ['a', 'b', 'c', 'd', 'e'])

and_filter = data[(data > 25) & (data < 35)]   # ①
print("AND 조건 필터링 결과:")
print(and_filter)

or_filter = data[(data < 25) | (data > 35)]   # ②
print("\nOR 조건 필터링 결과:")
print(or_filter)
```

```
⟨/⟩ 실행결과                              X

AND 조건 필터링 결과:

c   30

dtype: int64


OR 조건 필터링 결과:

a   10

b   20

d   40

e   50

dtype: int64
```

코드 해설

① and_filter = data[(data > 25) & (data < 35)]는 Series에서 값이 25보다 크고 동시에 35보다 작은 요소를 선택하여 새로운 Series를 생성합니다. & 연산자는 두 조건이 모두 참일 때만 해당하는 요소를 선택합니다. 이 경우, 'c' 인덱스의 요소가 선택됩니다.

② or_filter = data[(data < 25) | (data > 35)]는 값이 25보다 작거나 또는 35보다 큰 요소를 선택하여 새로운 Series를 생성합니다. | 연산자는 두 조건 중 하나라도 참일 때 해당하는 요소를 선택합니다. 이 경우, 'a', 'b', 'd', 'e' 인덱스의 요소가 선택됩니다.

Series의 데이터 연결 – concat( )

Series에서 concat( ) 함수를 사용하여 기존 Series에 새 Series를 연결할 수 있다. 이 함수는 두 Series를 결합하여 새로운 Series를 반환한다.

</> 코드 살펴보기　　　　　　　　　　　　　　소스코드 T03_27.py

Series에서 concat( ) 함수를 사용하여 2개의 Series를 연결

```python
import pandas as pd

series1 = pd.Series([1, 2, 3], index=['a', 'b', 'c'])
series2 = pd.Series([4, 5], index=['d', 'e'])

appended_series = pd.concat([series1, series2])  # ①
print("연결된 Series:")
print(appended_series)
```

실행결과　　　　　　　　　　　　　　　　　　　　　　　　　X

```
연결된 Series:
a    1
b    2
c    3
d    4
e    5
dtype: int64
```

코드 해설

① pd.concat([series1, series2])는 2개의 Series series1과 series2를 연결합니다. 기본적으로 인덱스를 유지하며, 결과는 두 Series의 모든 요소가 포함된 새로운 Series입니다.

데이터 정렬

sort_values( )를 사용한 값 기준 정렬

sort_values( ) 함수는 Series의 값을 오름차순 또는 내림차순으로 정렬한다. 기본 설정은 오름차순이며, ascending=False로 내림차순 정렬을 할 수 있다.

</> 코드 살펴보기 소스코드 **T03_28.py**

Series에서 값을 기준으로 오름차순 및 내림차순으로 정렬

```python
import pandas as pd

data = pd.Series([20, 10, 40, 30], index=['a', 'b', 'c', 'd'])

x = data.sort_values() # ①
print("오름차순 정렬 결과:")
print(x)

y = data.sort_values(ascending=False) # ②
print("\n내림차순 정렬 결과:")
print(y)
```

</> 실행결과   X

오름차순 정렬 결과:		내림차순 정렬 결과:	
b	10	c	40
a	20	d	30
d	30	a	20
c	40	b	10
dtype: int64		dtype: int64	

코드 해설

① data.sort_values( )는 Series의 값을 기준으로 오름차순으로 정렬합니다. 기본적으로 인덱스가 유지되며, 정렬된 값에 해당하는 인덱스와 함께 결과를 반환합니다.

② data.sort_values(ascending=False)는 Series의 값을 기준으로 내림차순으로 정렬합니다. ascending=False 매개 변수를 사용하여 내림차순을 지정합니다.

sort_index( )를 사용한 인덱스 기준 정렬

sort_index( ) 함수는 Series의 인덱스를 기준으로 오름차순 또는 내림차순으로 정렬한다. 마찬가지로 ascending=False 옵션을 사용하여 내림차순으로 정렬할 수 있다.

</> 코드 살펴보기 소스코드 T03_29.py

Series에서 인덱스를 기준으로 오름차순 및 내림차순으로 정렬

```python
import pandas as pd

data = pd.Series([20, 10, 40, 30], index=['a', 'b', 'c', 'd'])

x = data.sort_index( ) # ①
print("인덱스 기준 오름차순 정렬 결과:")
print(x)

y = data.sort_index(ascending=False) # ②
print("\n인덱스 기준 내림차순 정렬 결과:")
print(y)
```

실행결과   X

인덱스 기준 오름차순 정렬 결과: 인덱스 기준 내림차순 정렬 결과:

```
a  20                              d  30
b  10                              c  40
c  40                              b  10
d  30                              a  20
dtype: int64                      dtype: int64
```

코드 해설

① data.sort_index( )는 Series의 인덱스를 기준으로 오름차순으로 정렬합니다. 기본적으로 인덱스가 유지되며, 정렬된 인덱스에 해당하는 값과 함께 결과를 반환합니다.

② data.sort_index(ascending=False)는 Series의 인덱스를 기준으로 내림차순으로 정렬합니다. ascending=False 매개 변수를 사용하여 내림차순을 지정합니다.

데이터 그룹화 및 집계

Series에서 groupby( ) 함수를 사용하면, 각 요소를 특정 기준에 따라 그룹화하고, 그룹별로 다양한 집계 함수를 적용하여 데이터를 요약할 수 있다. 단일 열이나 인덱스를 기준으로 그룹화하여 통곗값을 계산할 수 있다.

그룹화와 집계 – groupby( )

Series의 groupby( ) 함수는 특정 기준에 따라 데이터를 그룹화한다. 그룹화는 주로 동일한 카테고리를 가진 데이터를 묶고, 그 후에 각 그룹에 대해 평균, 합계, 개수 등의 집계 연산을 수행할 때 유용하다.

</> 코드 살펴보기　　　　　　　　　　　　　　　　　　　소스코드 **T03_30.py**

Series에서 인덱스를 기준으로 그룹화하여 합계와 평균 구하기

```python
import pandas as pd

data = pd.Series([10, 20, 30, 10, 20, 30], index=['a', 'b', 'a', 'b', 'a', 'b'])

x = data.groupby(level=0).sum( ) # ①
print("그룹화 후 합계:")
print(x)


y = data.groupby(level=0).mean( ) # ②
print("\n그룹화 후 평균:")
print(y)
```

```
⟨/⟩ 실행결과                                          X

그룹화 후 합계:              그룹화 후 평균:
a   60                    a   20.0
b   60                    b   20.0
dtype: int64             dtype: float64
```

코드 해설

① data.groupby(level=0).sum( )은 Series를 인덱스의 첫 번째 레벨(여기서는 'a'와 'b')을 기준으로 그룹화하고 각 그룹의 합계를 계산합니다. 결과적으로 'a'와 'b' 각각의 합계가 반환됩니다.

② data.groupby(level=0).mean( )은 같은 방식으로 그룹화한 후 각 그룹의 평균을 계산합니다. 결과적으로 'a'와 'b' 각각의 평균이 반환됩니다.

여러 집계 함수 적용 – agg( )

agg( ) 함수를 사용하면, 여러 집계 함수를 동시에 적용할 수 있다. sum, mean, count 등의 함수를 한 번에 계산하여 결과를 요약할 수 있다.

Series에서 인덱스를 기준으로 그룹화하고 여러 집계 함수 적용

```python
import pandas as pd

data = pd.Series([10, 20, 30, 10, 20, 30], index=['a', 'b', 'a', 'b', 'a', 'b'])

grouped_agg = data.groupby(level=0).agg(['sum', 'mean', 'count']) # ①
print("그룹화 후 여러 집계 함수 결과:")
print(grouped_agg) # ②
```

⏺ 실행결과　　　　　　　　　　　　　　　　　　　　　　　　　　　　　　X

```
그룹화 후 여러 집계 함수 결과:
   sum   mean   count
a   60   20.0       3
b   60   20.0       3
```

코드 해설

① data.groupby(level=0).agg(['sum', 'mean', 'count'])는 Series를 인덱스의 첫 번째 레벨(여기서는 'a'와 'b')을 기준으로 그룹화한 후, 각 그룹에 대해 합계(sum), 평균(mean), 개수(count)를 계산합니다.

② 인덱스 'a'에 대한 값은 [10, 30, 20]이므로 합계는 60, 평균은 20, 개수는 3이고, 인덱스 'b'에 대한 값은 [20, 10, 30]이므로 합계는 60, 평균은 20, 개수는 3입니다.

3.3 DataFrame

▶ 영상 보러가기

DataFrame 개념

DataFrame은 Pandas 라이브러리에서 제공하는 2차원 배열 구조로, 데이터를 테이블 형식으로 저장할 수 있게 해준다.

각 열은 Series로 구성되어 있으며, 서로 다른 데이터 타입(정수, 부동소수점, 문자열 등)을 포함할 수 있다.

DataFrame은 엑셀 스프레드시트나 데이터베이스의 테이블과 유사한 형태로, 데이터를 직관적으로 시각화하고 조작할 수 있는 강력한 도구이다.

▼ DataFrame의 주요 특징

특징	설명
2차원 데이터	• 데이터가 행과 열로 구성 • 행은 레코드, 열은 변수 또는 속성을 나타냄
인덱스 └ 사용자 지정 가능	• 기본적으로 0부터 시작하는 행 인덱스와 열 이름(헤더)이 존재 • 데이터를 쉽게 식별하고 접근할 수 있음
다양한 데이터 타입	• 각 열은 서로 다른 데이터 타입을 가질 수 있음 • 숫자, 문자열, 날짜 등 다양한 형식의 데이터를 동시에 저장할 수 있음
고급 기능	데이터 필터링, 그룹화, 집계, 정렬 등 다양한 데이터 조작 기능을 제공하여, 데이터 분석과 처리를 쉽게 함

DataFrame과 리스트의 차이점

Pandas의 DataFrame은 2차원 데이터 구조로, 데이터를 행과 열로 구성하여 직관적으로 분석하고 조작할 수 있는 기능을 제공한다. 리스트와 비교했을 때, DataFrame은 더 복잡하고 강력한 데이터 처리 및 분석 기능을 지원하여, 특히 데이터 분석에 최적화된 자료형이다.

항목	DataFrame	리스트
구조적 차이	• Pandas의 2차원 데이터 구조, 데이터가 행과 열로 구성되어 있으며, 각 열은 Series로 구성 • 데이터를 더 복잡하게 구성하고 관리할 수 있는 기능을 제공	• 파이썬의 내장 데이터 구조로, 순서가 있는 여러 값을 저장할 수 있는 1차원 배열 • 여러 데이터 타입을 혼합하여 저장할 수 있으며, 인덱스는 0부터 시작
데이터 접근 방식	행 인덱스와 열 이름을 사용하여 데이터에 접근할 수 있으며, 다양한 방식으로 데이터를 선택하고 필터링할 수 있음	인덱스를 사용하여 요소에 접근할 수 있으며, 인덱스는 기본적으로 0부터 시작
데이터 조작 기능	데이터 분석을 위한 다양한 함수(groupby, merge, pivot, apply, agg 등)를 제공하여 복잡한 데이터 조작을 가능하게 함	기본적인 리스트 함수(append, remove, sort 등)를 제공하지만, 데이터 분석 기능은 제한적
성능 및 용도	데이터 분석에 최적화된 구조로, 대규모 데이터를 효율적으로 처리할 수 있으며, 데이터 시각화 및 통계 분석에 매우 유용	단순한 데이터 저장 및 관리에 적합하며, 속도가 빠르지만, 대규모 데이터 분석에는 비효율적

> **Tip**
>
> **DataFrame은 언제 쓰면 좋을까?**
> • 다양한 컬럼(열)을 가진 데이터를 테이블처럼 관리하고 싶을 때
> • 데이터 필터링, 집계, 통계, 시각화 등 분석 작업이 필요할 때
> • 엑셀처럼 행과 열을 기준으로 데이터를 처리하고 싶을 때
> • 머신러닝, 통계 분석, 데이터 전처리 등 실무에서 활용할 때

DataFrame 생성 방법

DataFrame은 다양한 방법으로 생성할 수 있다.

리스트 사용

리스트를 사용하여 DataFrame을 생성할 수 있으며, 이 경우 열 이름을 따로 지정할 수 있다.

</> 코드 살펴보기   소스코드 T03_32.py

리스트를 사용하여 Pandas DataFrame을 생성

```python
import pandas as pd

x = [
    ['Ant', 25, 'Seoul'],
    ['Bee', 30, 'Busan'],
    ['Cat', 35, 'Incheon']
] # ①

df = pd.DataFrame(x, columns=['Name', 'Age', 'City']) # ②
print(df)
```

</> 실행결과   X

```
    Name    Age         City
0    Ant     25        Seoul
1    Bee     30        Busan
2    Cat     35      Incheon
```

코드 해설

① x 변수에 2차원 리스트를 저장합니다.

② x 변수를 DataFrame으로 변환합니다. columns 매개 변수를 통해 각 열의 이름을 지정합니다.

사전(Dictionary) 사용

직관적이고 코드가 간결하여 실무에서는 사전(Dictionary) 사용 빈도가 높음

데이터와 열 이름을 키-값 쌍으로 포함하는 사전(Dictionary)을 사용하여 DataFrame을 생성할 수 있다.

사전(Dictionary)을 사용하여 DataFrame을 생성

```python
import pandas as pd

x = {
    'Name': ['Ant', 'Bee', 'Cat'],
    'Age': [25, 30, 35],
    'City': ['Seoul', 'Busan', 'Incheon']
} # ①


df = pd.DataFrame(x) # ②
print(df)
```

```
</> 실행결과                                                                      X

       Name         Age           City
0      Ant          25           Seoul
1      Bee          30           Busan
2      Cat          35           Incheon
```

코드 해설

① x 변수에 사전(Dictionary) 데이터를 저장합니다.

② 사전(Dictionary) 데이터를 DataFrame으로 변환합니다. 사전(Dictionary)의 키는 DataFrame의 열 이름이 되고, 각 리스트는 해당 열의 데이터가 됩니다.

NumPy 배열 사용

NumPy 배열을 사용하여 DataFrame을 생성할 수 있다.

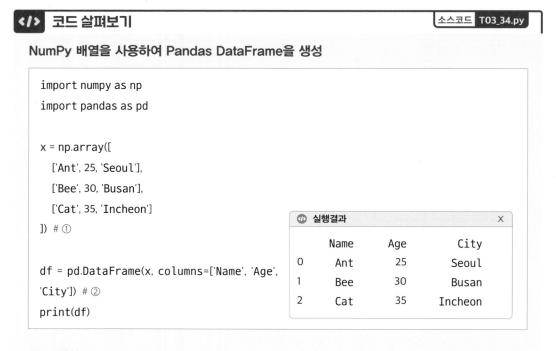

코드 살펴보기 [소스코드 T03_34.py]

NumPy 배열을 사용하여 Pandas DataFrame을 생성

```python
import numpy as np
import pandas as pd

x = np.array([
    ['Ant', 25, 'Seoul'],
    ['Bee', 30, 'Busan'],
    ['Cat', 35, 'Incheon']
]) # ①

df = pd.DataFrame(x, columns=['Name', 'Age', 'City']) # ②
print(df)
```

실행결과

```
     Name   Age      City
0     Ant    25     Seoul
1     Bee    30     Busan
2     Cat    35   Incheon
```

코드 해설

① x 변수에 NumPy 배열을 저장합니다.
② x 변수에 저장된 NumPy 배열을 DataFrame으로 변환합니다. columns 매개 변수를 통해 각 열의 이름을 지정합니다.

DataFrame 구조 확인

DataFrame은 2차원 구조로, 행과 열의 형태로 데이터를 저장한다. DataFrame의 구조를 파악하기 위해 모양(shape), 정보(info( )), 열(columns), 인덱스(index)를 확인할 수 있다.

shape 속성

shape 속성은 DataFrame의 행과 열의 개수를 튜플 형태로 나타내는 속성이다. 이를 통해 데이터의 규모를 빠르게 파악할 수 있다.

</> 코드 살펴보기 　　　　소스코드 T03_35.py

shape 속성

```python
import pandas as pd

data = pd.DataFrame({
    'Name': ['Ant', 'Bee', 'Cat', 'Dog'],
    'Age': [24, 27, 22, 32],
    'City': ['Seoul', 'Busan', 'Incheon', 'Daejeon']
})
print(data.shape) # ①
```

</> 실행결과　　　　　　　　　　　　　　　　　X

(4, 3)

코드 해설

① data.shape는 DataFrame의 형태를 나타내는 튜플을 반환합니다. (4, 3)은 DataFrame이 4개의 행(row)과 3개의 열(column)을 가지고 있음을 의미합니다.

columns 속성

columns 속성은 DataFrame의 열 이름을 반환하는 함수이다.

</> 코드 살펴보기 　　　　소스코드 T03_36.py

columns 속성

```python
import pandas as pd

data = pd.DataFrame({
    'Name': ['Ant', 'Bee', 'Cat', 'Dog'],
    'Age': [24, 27, 22, 32],
    'City': ['Seoul', 'Busan', 'Incheon', 'Daejeon']
})


print(data.columns) # ①
```

</> 실행결과　　　　　　　　　　　　　　　　　X

Index(['Name', 'Age', 'City'], dtype='object')

코드 해설

① data.columns는 DataFrame의 열 이름을 반환합니다. 출력 결과는 Index 객체로, 각 열의 이름이 포함되어 있으며, 데이터 타입은 object입니다. 이 경우, DataFrame은 'Name', 'Age', 'City'라는 3개의 열을 가지고 있습니다.

index 속성

index 속성은 DataFrame의 행 인덱스 정보를 제공하는 함수이다.

기본적으로 RangeIndex로 설정된다. 인덱스는 데이터 탐색이나 행 단위 접근에 유용하다.

```python
import pandas as pd

data = pd.DataFrame({
    'Name': ['Ant', 'Bee', 'Cat', 'Dog'],
    'Age': [24, 27, 22, 32],
    'City': ['Seoul', 'Busan', 'Incheon', 'Daejeon']
})

print(data.index) # ①
```

실행결과
```
RangeIndex(start=0, stop=4, step=1)
```

코드 해설

① data.index는 DataFrame의 인덱스를 반환합니다. 기본적으로 Pandas는 0부터 시작하는 정수 인덱스를 자동으로 생성합니다. 출력 결과인 RangeIndex(start=0, stop=4, step=1)는 0에서 3까지의 값을 가지며, 각 요소에 대해 1씩 증가함을 나타냅니다.

info( ) 함수

info( ) 함수는 DataFrame의 전체적인 구조 정보를 제공하는 함수이다. 각 열의 데이터 타입, 결측값 여부, 메모리 사용량 등을 확인할 수 있어 데이터 탐색에 유용하다.

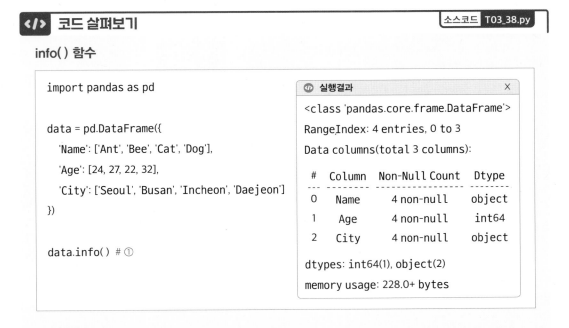

</> 코드 살펴보기

소스코드 T03_38.py

info( ) 함수

```python
import pandas as pd

data = pd.DataFrame({
    'Name': ['Ant', 'Bee', 'Cat', 'Dog'],
    'Age': [24, 27, 22, 32],
    'City': ['Seoul', 'Busan', 'Incheon', 'Daejeon']
})

data.info( )  # ①
```

실행결과

```
<class 'pandas.core.frame.DataFrame'>
RangeIndex: 4 entries, 0 to 3
Data columns(total 3 columns):

 #   Column   Non-Null Count   Dtype
---  ------   --------------   -----
 0   Name     4 non-null       object
 1   Age      4 non-null       int64
 2   City     4 non-null       object

dtypes: int64(1), object(2)
memory usage: 228.0+ bytes
```

코드 해설

① data.info( )는 DataFrame의 구조와 정보를 요약하여 출력합니다. 이 함수는 각 열의 데이터 타입, 비어 있지 않은 값의 수, 메모리 사용량 등을 보여줍니다.

데이터 조회

head( ) 함수

head( ) 함수는 기본적으로 상위 5개 행을 출력하는 함수이다. 데이터의 첫 부분을 확인해, 열별 데이터의 분포를 파악할 수 있다.

소스코드 T03_39.py

코드 살펴보기

head( ) 함수

```
import pandas as pd

x = pd.DataFrame({
    'Name': ['Ant', 'Bee', 'Cat', 'Dog', 'Eagle'],
    'Age': [24, 27, 22, 32, 28],
    'City': ['Seoul', 'Busan', 'Incheon', 'Daejeon',
'Gwangju']
})
print(x.head()) # ①
```

실행결과			X
	Name	Age	City
0	Ant	24	Seoul
1	Bee	27	Busan
2	Cat	22	Incheon
3	Dog	32	Daejeon
4	Eagle	28	Gwangju

코드 해설

① head( ) 함수는 DataFrame의 상위 5개 행을 반환합니다. 기본적으로 head( ) 함수는 첫 번째부터 다섯 번째까지의 데이터를 출력하여 데이터의 초기 상태를 빠르게 확인할 수 있게 해줍니다.

tail( ) 함수

tail( ) 함수는 하위 데이터를 조회하는 함수이다.

마지막 5개의 데이터를 기본값으로 출력한다. head( ) 함수와 마찬가지로 기본값은 5개이다.

소스코드 T03_40.py

코드 살펴보기

DataFrame의 tail( ) 함수

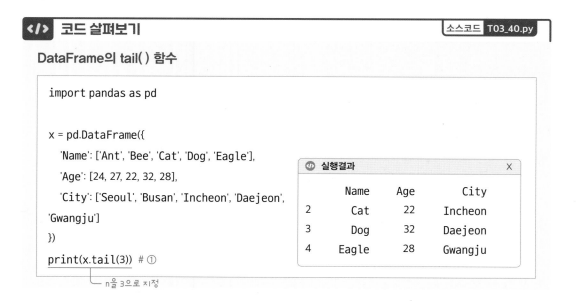

```
import pandas as pd

x = pd.DataFrame({
    'Name': ['Ant', 'Bee', 'Cat', 'Dog', 'Eagle'],
    'Age': [24, 27, 22, 32, 28],
    'City': ['Seoul', 'Busan', 'Incheon', 'Daejeon',
'Gwangju']
})
print(x.tail(3)) # ①
       └─ n을 3으로 지정
```

실행결과			X
	Name	Age	City
2	Cat	22	Incheon
3	Dog	32	Daejeon
4	Eagle	28	Gwangju

코드 해설

① tail(3)은 DataFrame의 하위 3개 행을 반환합니다. 이 함수는 마지막 3개의 데이터를 출력하여 데이터의 끝부분을 확인할 수 있게 해줍니다.

인덱싱 및 슬라이싱

DataFrame은 2차원 데이터 구조이므로, 행과 열을 동시에 지정하여 데이터에 접근할 수 있다.

위치 기반 인덱싱

.iloc[ ]는 행과 열 모두 정수 위치를 기준으로 데이터를 선택한다.

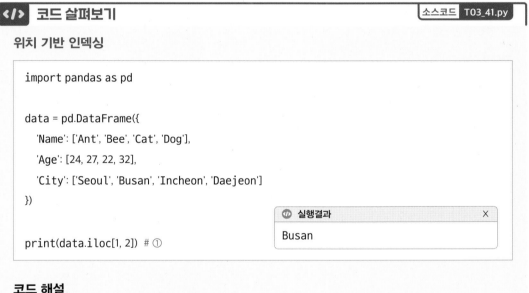

```
import pandas as pd

data = pd.DataFrame({
    'Name': ['Ant', 'Bee', 'Cat', 'Dog'],
    'Age': [24, 27, 22, 32],
    'City': ['Seoul', 'Busan', 'Incheon', 'Daejeon']
})

print(data.iloc[1, 2]) # ①
```

실행결과
```
Busan
```

코드 해설

① data.iloc[1, 2]는 DataFrame의 두 번째 행(인덱스 1)과 세 번째 열(인덱스 2)에 해당하는 데이터를 선택하여 반환합니다. iloc는 정수 기반 인덱싱을 사용하므로, 행과 열의 위치를 나타내는 숫자를 사용하여 데이터를 선택합니다.

위치 기반 슬라이싱

.iloc[ ]으로 행과 열 모두 슬라이싱이 가능하다.

</> 코드 살펴보기

소스코드 T03_42.py

위치 기반 슬라이싱

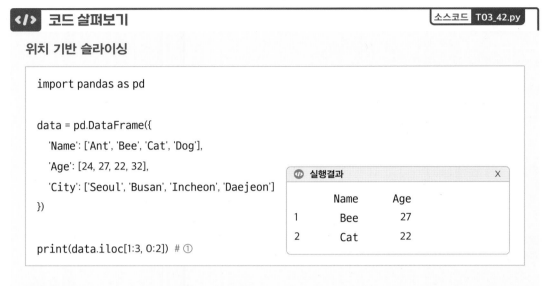

```
import pandas as pd

data = pd.DataFrame({
    'Name': ['Ant', 'Bee', 'Cat', 'Dog'],
    'Age': [24, 27, 22, 32],
    'City': ['Seoul', 'Busan', 'Incheon', 'Daejeon']
})

print(data.iloc[1:3, 0:2]) # ①
```

실행결과

	Name	Age
1	Bee	27
2	Cat	22

코드 해설

① data.iloc[1:3, 0:2]는 DataFrame의 두 번째와 세 번째 행(인덱스 1과 2), 첫 번째 및 두 번째 열(인덱스 0과 1)을 선택하여 반환합니다. iloc는 정수 기반 인덱싱을 사용하므로, 슬라이싱을 통해 원하는 범위의 데이터를 쉽게 선택할 수 있습니다.

레이블 기반 인덱싱

.loc[ ]는 행과 열의 레이블을 기준으로 데이터를 선택한다.

코드 해설

① data.loc['A', 'City']는 DataFrame에서 인덱스가 'A'인 행의 'City' 열 값을 선택하여 반환합니다. loc는 레이블 기반 인덱싱을 사용하므로, 지정된 인덱스에 해당하는 값을 쉽게 조회할 수 있습니다.

레이블 기반 슬라이싱

.loc[ ]으로 레이블 범위를 지정하여 데이터 선택도 가능하다.

└─ 시작 레이블부터 종료 레이블까지 포함

레이블 기반 슬라이싱

```python
import pandas as pd

data = pd.DataFrame({
    'Name': ['Ant', 'Bee', 'Cat'],
    'Age': [24, 27, 22],
    'City': ['Seoul', 'Busan', 'Incheon']
}, index=['A', 'B', 'C'])

print(data.loc['A':'B', 'Name':'Age'])  # ①
```

실행결과   X

	Name	Age
A	Ant	24
B	Bee	27

코드 해설

① data.loc['A':'B', 'Name':'Age']는 DataFrame에서 인덱스가 'A'부터 'B'까지의 행과 'Name'부터 'Age'까지의 열을 선택하여 반환합니다. loc는 레이블 기반 인덱싱을 사용하므로, 지정된 범위의 모든 값을 포함하여 결과를 출력합니다. 슬라이싱 시 시작과 끝 레이블 모두 포함됩니다.

└─ .loc[]은 양 끝 인덱스 모두 포함
.iloc[]은 끝 인덱스를 제외

데이터 추가

DataFrame에서는 새로운 열을 추가하거나 기존 열을 수정할 때 assign( ) 함수와 열 할당 연산을 사용할 수 있다.

assign( ) 함수를 사용한 열 추가

assign( ) 함수는 새로운 열을 추가하거나 기존 열을 수정하여 새로운 DataFrame을 반환하는 함수이다.

</> 코드 살펴보기　　　　　　　　　　　　　　　　　　소스코드 **T03_45.py**

DataFrame에 새로운 열을 추가

```
import pandas as pd

data = pd.DataFrame({
    'Name': ['Ant', 'Bee', 'Cat'],
    'Age': [24, 27, 22]
})
data = data.assign(City=['Seoul', 'Busan', 'Incheon']) # ①
print(data)
```

<//> 실행결과　　　　　　　　　　　　　　　　　　　　　　　　　　X

```
    Name     Age        City
0    Ant      24       Seoul
1    Bee      27       Busan
2    Cat      22     Incheon
```

코드 해설

① data.assign(City=['Seoul', 'Busan', 'Incheon'])은 기존 DataFrame에 새로운 열 'City'를 추가합니다. assign( ) 함수는 새로운 열을 추가하고, 원래 DataFrame을 변경하지 않고 새로운 DataFrame을 반환합니다. 따라서 결과를 다시 data에 할당해야 합니다.

열 할당 연산을 사용한 열 추가 및 수정

열 할당 연산은 DataFrame[열 이름] = 값 형식으로 새로운 열을 추가하거나 기존 열의 값을 수정할 수 있다.

코드 해설

① data['Score'] = [85, 90, 95]는 DataFrame에 새로운 열 'Score'를 추가합니다. 각 행에 대해 지정된 값을 할당하여 새로운 열이 생성됩니다.

② data['Age'] = [25, 28, 23]은 기존의 'Age' 열을 수정합니다. 새로운 값으로 기존의 데이터를 대체하여 업데이트됩니다.

DataFrame 값 수정

DataFrame은 행과 열을 지정하여 조건 없이 값을 수정할 수 있으며, 여러 값도 동시에 수정 가능하다.

레이블 기반 값 수정

.loc[ ]는 행과 열의 레이블을 사용해 특정 위치의 값을 직접 수정할 수 있다.

코드 살펴보기　　소스코드 **T03_47.py**

레이블 기반 값 수정

```python
import pandas as pd

data = pd.DataFrame({
    'Name': ['Ant', 'Bee', 'Cat'],
    'Score': [85, 90, 95]
})

data.loc[1, 'Score'] = 88  # ①
print(data)
```

실행결과

```
     Name    Score
0    Ant     85
1    Bee     88
2    Cat     95
```

코드 해설

① data.loc[1, 'Score'] = 88은 DataFrame에서 인덱스가 1인 행의 'Score' 열 값을 88로 수정합니다. loc[ ]은 레이블 기반 인덱싱을 사용하여 특정 행과 열에 접근할 수 있게 해줍니다.

위치 기반 값 수정

.iloc[ ]는 정수 위치 인덱스를 사용해 행과 열의 위치를 지정하여 값을 수정할 수 있다.

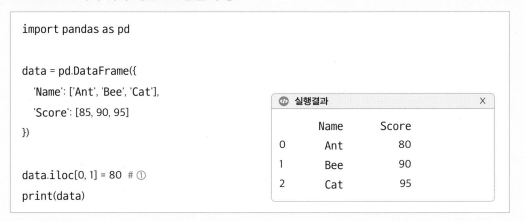

코드 살펴보기　　소스코드 **T03_48.py**

DataFrame에서 위치 기반으로 값을 수정

```python
import pandas as pd

data = pd.DataFrame({
    'Name': ['Ant', 'Bee', 'Cat'],
    'Score': [85, 90, 95]
})

data.iloc[0, 1] = 80  # ①
print(data)
```

실행결과

```
     Name    Score
0    Ant     80
1    Bee     90
2    Cat     95
```

코드 해설

① data.iloc[0, 1] = 80은 DataFrame에서 첫 번째 행(인덱스 0)과 두 번째 열(인덱스 1)의 값을 80으로 수정합니다. iloc는 정수 기반 인덱싱을 사용하여 특정 위치에 있는 데이터에 쉽게 접근하고 수정할 수 있게 해줍니다.

여러 값 수정

여러 위치의 값을 동시에 수정하려면 슬라이싱 또는 인덱스 리스트를 사용하여 여러 위치를 선택한 후 값을 할당할 수 있다.

</> 코드 살펴보기 소스코드 T03_49.py

여러 값 수정

```python
import pandas as pd

data = pd.DataFrame({
    'Name': ['Ant', 'Bee', 'Cat'],
    'Score': [85, 90, 95]
})

data.loc[[0, 2], 'Score'] = [75, 85]  # ①
print(data)
```

</> 실행결과   X

```
     Name      Score
0    Ant          75
1    Bee          90
2    Cat          85
```

코드 해설

① data.loc[[0, 2], 'Score'] = [75, 85]는 DataFrame에서 인덱스가 0과 2인 행의 'Score' 열 값을 각각 75와 85로 수정합니다. loc는 레이블 기반 인덱싱을 사용하여 여러 행과 특정 열을 동시에 선택하고 수정할 수 있습니다.

단일 조건을 사용한 값 수정

DataFrame에서도 특정 조건을 만족하는 요소에 대해 값을 변경할 수 있다. 행과 열을 동시에 조건부로 선택하여 값을 수정할 수 있다.

</> 코드 살펴보기　　　　　　　　　　　　　　소스코드 T03_50.py

단일 조건을 사용한 값 수정

```python
import pandas as pd

data = pd.DataFrame({
    'Name': ['Ant', 'Bee', 'Cat'],
    'Score': [85, 90, 95],
    'Passed': [True, True, False]
})

data.loc[data['Score'] >= 90, 'Passed'] = True  # ①
print(data)
```

◁▷ 실행결과　　　　　　　　　　　　　　　　　　　　　　　　　X

```
     Name      Score      Passed
0     Ant        85         True
1     Bee        90         True
2     Cat        95         True
```

코드 해설

① data.loc[data['Score'] >= 90, 'Passed'] = True는 DataFrame에서 'Score'가 90 이상인 행의 'Passed' 열 값을 True로 변경합니다. 이때 기존 'Passed' 열에 값이 이미 존재한다면, 조건에 해당하는 행의 기존 값은 True로 덮어쓰게 되며, 조건을 만족하지 않는 나머지 값은 변경되지 않고 그대로 유지됩니다.

다중 조건을 사용한 값 수정

다중 조건을 사용하여 값을 수정할 수 있으며, &(AND)와 |(OR) 연산자를 사용해 복합 조건을 적용할 수 있다.

</> 코드 살펴보기

다중 조건을 사용한 값 수정

```python
import pandas as pd

data = pd.DataFrame({
    'Name': ['Ant', 'Bee', 'Cat'],
    'Score': [85, 90, 95],
    'Passed': [True, True, False]
})


data.loc[(data['Score'] >= 90) & (data['Name'] == 'Bee'), 'Score'] = 100  # ①
print(data)
```

실행결과 ✕

```
    Name    Score    Passed
0    Ant       85      True
1    Bee      100      True
2    Cat       95     False
```

코드 해설

① data.loc[(data['Score'] >= 90) & (data['Name'] == 'Bee'), 'Score'] = 100은 DataFrame에서 두 가지 조건을 동시에 만족하는 행의 'Score' 값을 수정합니다. 여기서 & 연산자는 두 조건이 모두 참일 때만 해당하는 행을 선택합니다. 즉, 'Score'가 90 이상이고 'Name'이 'Bee'인 경우에만 'Score'를 100으로 변경합니다.

열 이름 변경

데이터를 더욱 효율적으로 관리하기 위해 열의 이름을 변경할 수 있으며, 이를 위해 rename( ) 함수를 사용한다.

소스코드 T03_52.py

</> 코드 살펴보기

열 이름을 변경

```python
import pandas as pd

data = pd.DataFrame({
    'Name': ['Ant', 'Bee', 'Cat'],
    'Score': [85, 90, 95],
    'City': ['Seoul', 'Busan', 'Incheon']
})

data = data.rename(columns={'Name': 'Full Name', 'City': 'Location'}) # ①
print(data)
```

</> 실행결과   X

```
   Full Name      Score        Location
0        Ant         85           Seoul
1        Bee         90           Busan
2        Cat         95         Incheon
```

코드 해설

① data.rename(columns={'Name': 'Full Name', 'City': 'Location'})은 DataFrame의 열 이름을 변경합니다. 사전 (Dictionary) 변수를 사용하여 기존 열 이름과 새로운 열 이름을 매핑합니다. 이 함수는 새로운 DataFrame을 반환하므로, 원래의 DataFrame을 업데이트하려면 다시 할당해야 합니다.

데이터 통계 및 요약

DataFrame은 여러 열로 구성된 2차원 구조로, 각 열의 통곗값을 확인할 수 있다. describe( ) 함수를 통해 다양한 요약 통계 정보를 한 번에 확인할 수 있으며, 기본 통계 함수도 개별적으로 사용할 수 있다.

> **Tip** DataFrame은 Series와 달리 다차원 구조로, 여러 열의 통계를 한 번에 계산할 수 있는 점이 NumPy와 큰 차이점입니다.

describe( ) 함수를 통한 요약 통계 확인

describe( ) 함수는 각 열의 개수(count), 평균(mean), 표준편차(std), 최솟값(min), 사분위수, 최댓값(max) 등 주요 통계 정보를 요약하여 제공하는 함수이다.

‹/› 코드 살펴보기   소스코드 T03_53.py

DataFrame에서 요약 통계

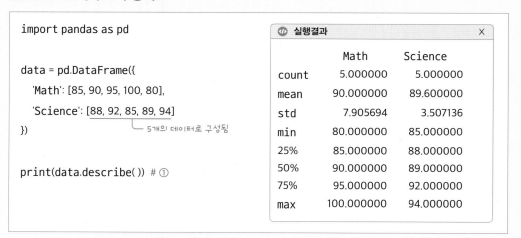

```python
import pandas as pd

data = pd.DataFrame({
    'Math': [85, 90, 95, 100, 80],
    'Science': [88, 92, 85, 89, 94]
})
                      └─ 5개의 데이터로 구성됨

print(data.describe()) # ①
```

실행결과

	Math	Science
count	5.000000	5.000000
mean	90.000000	89.600000
std	7.905694	3.507136
min	80.000000	85.000000
25%	85.000000	88.000000
50%	90.000000	89.000000
75%	95.000000	92.000000
max	100.000000	94.000000

코드 해설

① data.describe( )는 DataFrame의 각 열에 대한 요약 통계를 계산하여 출력합니다. 기본적으로 수치형 데이터에 대한 통계량(개수, 평균, 표준편차, 최솟값, 사분위수, 최댓값)을 제공합니다.

열별 통계 함수 사용

DataFrame에서 각 열에 대해 mean( ), sum( ), median( ), min( ), max( ) 등의 통계 함수를 사용할 수 있다.

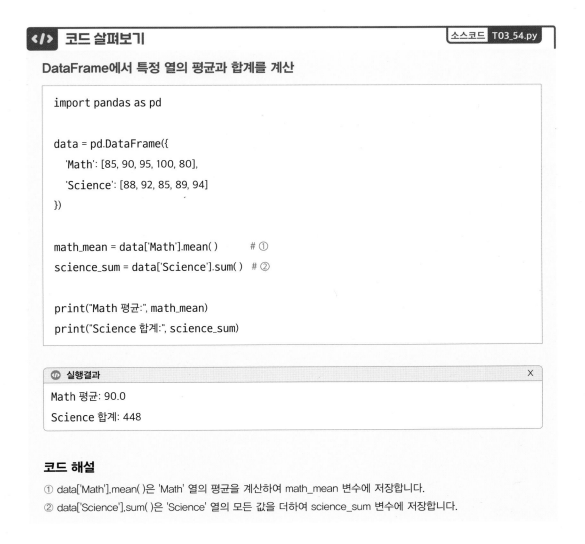

코드 살펴보기　　　　　　　　　　　　　　　　　　　　소스코드 T03_54.py

DataFrame에서 특정 열의 평균과 합계를 계산

```python
import pandas as pd

data = pd.DataFrame({
    'Math': [85, 90, 95, 100, 80],
    'Science': [88, 92, 85, 89, 94]
})

math_mean = data['Math'].mean()        # ①
science_sum = data['Science'].sum()    # ②

print("Math 평균:", math_mean)
print("Science 합계:", science_sum)
```

⟨⟩ 실행결과　　　　　　　　　　　　　　　　　　　　　　　　　　　　　　Ｘ

```
Math 평균: 90.0
Science 합계: 448
```

코드 해설

① data['Math'].mean( )은 'Math' 열의 평균을 계산하여 math_mean 변수에 저장합니다.

② data['Science'].sum( )은 'Science' 열의 모든 값을 더하여 science_sum 변수에 저장합니다.

고윳값 확인

DataFrame에서 고윳값 빈도를 확인하려면 특정 열을 선택해 value_counts( ) 함수를 적용
해야 한다. DataFrame은 2차원 구조이므로, 전체 DataFrame에 바로 value_counts( )를 사
용하면 오류가 발생한다.

_{데이터에서 중복을 제거한 서로 다른 값}

특정 열의 고윳값 확인

DataFrame에서 특정 열의 고윳값과 빈도를 확인하려면, 그 열을 선택한 후 value_
counts( )를 적용한다.

</> 코드 살펴보기   소스코드 T03_55.py

DataFrame에서 특정 열의 고윳값과 빈도수를 확인

```python
import pandas as pd

data = pd.DataFrame({
    'Fruit': ['apple', 'banana', 'apple', 'orange',
'banana', 'apple'],
    'Color': ['red', 'yellow', 'red', 'orange',
'yellow', 'red']
})

fruit_counts = data['Fruit'].value_counts()
# ①
print(fruit_counts)
```

실행결과   X

```
Fruit
apple    3
banana   2
orange   1
Name: count, dtype: int64
```

코드 해설

① data['Fruit'].value_counts( )는 DataFrame의 'Fruit' 열에서 각 고윳값의 빈도수를 계산하여 반환합니다. 결과는
   고윳값을 인덱스로 하고, 각 고윳값의 빈도수를 값으로 가지는 새로운 Series가 됩니다. 기본적으로 빈도수가 높
   은 순서로 정렬됩니다.

여러 열의 고윳값 확인

DataFrame의 여러 열에서 각각의 고윳값 빈도를 확인하고 싶을 때는 apply( ) 함수를 사용하여 여러 열에 value_counts( )를 동시에 적용할 수 있다.

코드 살펴보기   소스코드 **T03_56.py**

DataFrame에서 여러 열의 고윳값을 확인

```python
import pandas as pd

data = pd.DataFrame({
    'Fruit': ['apple', 'banana', 'apple', 'orange', 'banana', 'apple'],
    'Color': ['red', 'yellow', 'red', 'orange', 'yellow', 'red']
})

unique_counts = data.apply(pd.Series.value_counts) # ①
print(unique_counts)
```

실행결과   X

```
        Fruit    Color
apple    3.0      NaN
banana   2.0      NaN
orange   1.0      1.0
red      NaN      3.0
yellow   NaN      2.0
```

코드 해설

① data.apply(pd.Series.value_counts)는 DataFrame의 각 열에 대해 value_counts( )를 적용하여 고윳값과 그 빈도수를 계산합니다. 결과는 각 고윳값이 인덱스로, 해당 고윳값의 빈도수가 값으로 나타나는 새로운 DataFrame입니다. 각 열에 대해 고윳값이 없는 경우 NaN으로 표시됩니다.

반복문을 사용한 고윳값 확인

특정 열들의 고윳값을 반복문을 통해 개별적으로 확인할 수 있다.

</> 코드 살펴보기 소스코드 T03_57.py

DataFrame에서 각 열의 고윳값과 그 빈도수를 개별적으로 확인

```python
import pandas as pd

data = pd.DataFrame({
    'Fruit': ['apple', 'banana', 'apple', 'orange', 'banana', 'apple'],
    'Color': ['red', 'yellow', 'red', 'orange', 'yellow', 'red']
})


for column in data.columns:
    print(f"'{column}' 열의 고윳값 빈도:")
    print(data[column].value_counts(), "\n")  # ①
```

</> 실행결과   X

```
'Fruit' 열의 고윳값 빈도:              'Color' 열의 고윳값 빈도:
Fruit                             Color
apple    3                        red      3
banana   2                        yellow   2
orange   1                        orange   1
Name: count, dtype: int64        Name: count, dtype: int64
```

코드 해설

① data[column].value_counts( )는 각 열에 대해 고윳값과 그 빈도수를 계산하여 출력합니다. for 문을 사용하여 DataFrame의 모든 열을 순회하며 각 열의 고윳값 빈도를 개별적으로 확인할 수 있습니다.

데이터 필터링 및 조건 선택 – 다중 조건 필터링

DataFrame에서도 여러 조건을 결합하여 데이터를 필터링할 수 있다. 여러 열에 조건을 적용할 때는 & 와 | 연산자를 사용하며, 조건마다 괄호로 감싸야 한다.

‹/› 코드 살펴보기

다중 조건 필터링

```python
import pandas as pd

data = pd.DataFrame({
    'Name': ['Ant', 'Bee', 'Cat', 'Dog'],
    'Age': [24, 27, 22, 32],
    'Score': [85, 90, 88, 76]
})

and_filtered_data = data[(data['Age'] > 20) & (data['Score'] > 80)]  # ①
print("Age가 20보다 크고 Score가 80보다 큰 값:")
print(and_filtered_data)


or_filtered_data = data[(data['Age'] > 20) | (data['Score'] > 80)]  # ②
print("\nAge가 20보다 크거나 Score가 80보다 큰 값:")
print(or_filtered_data)
```

◁▷ 실행결과   X

Age가 20보다 크고 Score가 80보다 큰 값: Age가 20보다 크거나 Score가 80보다 큰 값:

	Name	Age	Score			Name	Age	Score
0	Ant	24	85		0	Ant	24	85
1	Bee	27	90		1	Bee	27	90
2	Cat	22	88		2	Cat	22	88
					3	Dog	32	76

코드 해설

① and_filtered_data = data[(data['Age'] > 20) & (data['Score'] > 80)]는 DataFrame에서 'Age'가 20보다 크고 동시에 'Score'가 80보다 큰 행을 선택하여 새로운 DataFrame을 생성합니다. & 연산자는 두 조건이 모두 참일 때만 해당하는 행을 선택합니다.

② or_filtered_data = data[(data['Age'] > 20) | (data['Score'] > 80)]는 'Age'가 20보다 크거나 'Score'가 80보다 큰 행을 선택하여 새로운 DataFrame을 생성합니다. | 연산자는 두 조건 중 하나라도 참일 때 해당하는 행을 선택합니다.

데이터 병합 및 결합

기본 열 기반 병합

두 DataFrame에 공통 열이 있을 때, merge( )를 통해 해당 열을 기준으로 데이터를 결합할 수 있다. how 매개 변수로 결합 방식(inner, outer, left, right)을 지정할 수 있으며, on 매개 변수로 병합의 기준이 되는 공통 열을 지정한다.

</> 코드 살펴보기   소스코드 **T03_59.py**

DataFrame에서 기본 병합(inner join)을 수행

```python
import pandas as pd

df1 = pd.DataFrame({
    'ID': [1, 2, 3],
    'Name': ['Ant', 'Bee', 'Cat']
})

df2 = pd.DataFrame({
    'ID': [2, 3, 4],
    'Score': [88, 92, 85]
})

merged_df = pd.merge(df1, df2, on='ID',
how='inner') # ①
print(merged_df)
```

실행결과   X

```
      ID        Name        Score
0     2         Bee          88
1     3         Cat          92
```

코드 해설

① pd.merge(df1, df2, on='ID', how='inner')는 두 DataFrame df1과 df2를 'ID' 열을 기준으로 inner join 방식으로 병합합니다. on 매개 변수는 병합의 기준이 되는 공통 열을 지정합니다. inner join은 두 DataFrame 모두에 존재하는 키값만 포함된 결과를 반환합니다. 이 경우, ID가 2와 3인 행만 결과에 포함됩니다.

Tip
- inner : 공통 key만 병합(교집합)
- left : 왼쪽을 기준으로 병합, 오른쪽에 없는 값은 NaN
- right : 오른쪽을 기준으로 병합, 왼쪽에 없는 값은 NaN
- outer : 전체 key 기준 병합, 없는 값은 NaN(합집합)

다른 병합 방식

how 매개 변수는 left, right, outer 옵션도 지원하며, 각 옵션은 포함할 데이터의 기준을 다르게 설정한다.

DataFrame에서 왼쪽 기준 병합(left join)을 수행

```python
import pandas as pd

df1 = pd.DataFrame({
    'ID': [1, 2, 3],
    'Name': ['Ant', 'Bee', 'Cat']
})

df2 = pd.DataFrame({
    'ID': [2, 3, 4],
    'Score': [88, 92, 85]
})

merged_df_left = pd.merge(df1, df2, on='ID',
how='left') # ①
print(merged_df_left) # ②
```

실행결과   ✕

```
     ID      Name      Score
0     1      Ant        NaN
1     2      Bee       88.0
2     3      Cat       92.0
```

코드 해설

① pd.merge(df1, df2, on='ID', how='left')는 두 DataFrame df1과 df2를 'ID' 열을 기준으로 왼쪽 기준 병합(left join) 합니다. 이 경우, df1의 모든 행이 결과에 포함되며, df2에 해당하는 값이 없는 경우 NaN으로 채워집니다.

② ID가 1인 Ant는 df2에 해당하는 Score 값이 없으므로 NaN으로 표시되고, ID가 2인 Bee는 Score가 88로 표시되고, ID가 3인 Cat은 Score가 92로 표시됩니다.

행 방향 결합

axis=0(기본값)을 사용하면 두 DataFrame을 행 방향으로 결합하여, 데이터가 한 행렬에 추가된 것처럼 결합된다.

행 방향으로 결합

```python
import pandas as pd

df1 = pd.DataFrame({
    'ID': [1, 2, 3],
    'Score': [90, 80, 85]
})

df2 = pd.DataFrame({
    'ID': [4, 5, 6],
    'Score': [75, 95, 88]
})

concat_df = pd.concat([df1, df2], axis=0)  # ①
print(concat_df)
```

실행결과   X

```
   ID   Score
0   1      90
1   2      80
2   3      85
0   4      75
1   5      95
2   6      88
```

코드 해설

① pd.concat([df1, df2], axis=0)는 두 DataFrame df1와 df2를 행 방향으로 결합합니다. axis=0은 행을 기준으로 결합하겠다는 의미입니다. 결과적으로 두 DataFrame의 모든 행이 포함된 새로운 DataFrame이 생성됩니다. 기본적으로 인덱스가 중복될 수 있으며, 위의 출력에서 볼 수 있듯이 두 DataFrame의 인덱스가 그대로 유지됩니다. 필요에 따라 인덱스를 재설정할 수 있습니다.

열 방향 결합

axis=1로 설정하면 열 방향으로 결합하여 두 DataFrame을 나란히 추가할 수 있다.

</> 코드 살펴보기　　　　　　　　　　　　　　　　　　　　　소스코드 **T03_62.py**

DataFrame에서 열 방향으로 결합

```python
import pandas as pd

df1 = pd.DataFrame({
    'ID': [1, 2, 3],
    'Score': [90, 80, 85]
})

df2 = pd.DataFrame({
    'ID': [4, 5, 6],
    'Score': [75, 95, 88]
})

concat_df_col = pd.concat([df1, df2], axis=1) # ①
print(concat_df_col) # ②
```

⟨/⟩ 실행결과　　　　　　　　　　　　　　　　　　　　　　　　　　　　　　　　　X

```
    ID    Score    ID    Score
0    1      90      4      75
1    2      80      5      95
2    3      85      6      88
```

코드 해설

① pd.concat([df1, df2], axis=1)는 두 DataFrame df1과 df2를 열 방향으로 결합합니다. axis=1은 열을 기준으로 결합하겠다는 의미입니다. 이 경우 두 DataFrame의 행 수가 같아야 하며, 각 DataFrame의 열이 나란히 붙어 새로운 DataFrame을 생성합니다.

② 각 DataFrame의 'ID'와 'Score' 열이 나란히 결합되어 출력됩니다. 그러나 두 DataFrame 모두 'ID'와 'Score'라는 동일한 열 이름을 가지고 있기 때문에 결과 DataFrame에서 열 이름이 중복됩니다.

DataFrame과 Series 결합

DataFrame에 새로운 열로 Series를 추가할 수 있다. DataFrame[새 열 이름] = Series 형태로 추가되며, 행 개수가 같아야 한다.

</> 코드 살펴보기   소스코드 **T03_63.py**

DataFrame에 새로운 Series를 열로 추가

```python
import pandas as pd

data = pd.DataFrame({
    'Name': ['Ant', 'Bee', 'Cat'],
    'Age': [24, 27, 22]
})

new_column = pd.Series([85, 90, 88], index=[0, 1, 2])

data['Score'] = new_column  # ①
print(data)
```

실행결과   ✕

```
     Name      Age      Score
0    Ant       24         85
1    Bee       27         90
2    Cat       22         88
```

코드 해설

① data['Score'] = new_column은 Series new_column의 값을 DataFrame data에 새로운 열 'Score'로 추가합니다. 인덱스가 일치하므로 각 행에 맞는 값이 올바르게 할당됩니다.

데이터 정렬

sort_values( )를 사용한 열 기준 정렬

sort_values( ) 함수는 DataFrame에서 특정 열을 기준으로 오름차순 또는 내림차순 정렬할 수 있다. by 매개 변수에 정렬 기준이 되는 열 이름을 지정한다.

</> 코드 살펴보기 소스코드 T03_64.py

DataFrame에서 특정 열을 기준으로 정렬

```python
import pandas as pd

data = pd.DataFrame({
    'Name': ['Ant', 'Bee', 'Cat', 'Dog'],
    'Age': [24, 27, 22, 32],
    'Score': [88, 95, 85, 90]
})

sorted_df = data.sort_values(by='Age') # ①
print("Age 기준 오름차순 정렬 결과:")
print(sorted_df)

sorted_df_desc = data.sort_values(by='Score', ascending=False) # ②
print("\nScore 기준 내림차순 정렬 결과:")
print(sorted_df_desc)
```

⊕ 실행결과   ✕

Age 기준 오름차순 정렬 결과: Score 기준 내림차순 정렬 결과:

	Name	Age	Score
2	Cat	22	85
0	Ant	24	88
1	Bee	27	95
3	Dog	32	90

	Name	Age	Score
1	Bee	27	95
3	Dog	32	90
0	Ant	24	88
2	Cat	22	85

코드 해설

① data.sort_values(by='Age')는 DataFrame을 'Age' 열을 기준으로 오름차순으로 정렬합니다. 이 경우, 나이가 적은 순서대로 행이 재배치됩니다.

② data.sort_values(by='Score', ascending=False)는 DataFrame을 'Score' 열을 기준으로 내림차순으로 정렬합니다. 이 경우, 점수가 높은 순서대로 행이 재배치됩니다.

다중 열을 기준으로 정렬

sort_values( ) 함수는 여러 열을 기준으로 정렬할 수도 있다. by에 열 이름을 리스트로 전달하고, ascending 옵션도 리스트로 지정하여 각 열의 정렬 순서를 설정할 수 있다.

</> 코드 살펴보기

DataFrame에서 다중 조건으로 정렬

```python
import pandas as pd

data = pd.DataFrame({
    'Name': ['Ant', 'Bee', 'Cat', 'Dog'],
    'Age': [27, 27, 22, 32],
    'Score': [88, 95, 85, 90]
})

sorted_df_multi = data.sort_values(by=['Age', 'Score'], ascending=[True, False]) # ①
print("Age 오름차순, Score 내림차순 정렬 결과:")
print(sorted_df_multi)
```

실행결과   X

```
Age 오름차순, Score 내림차순 정렬 결과:

      Name     Age    Score
2     Cat      22       85
0     Bee      27       95
1     Ant      27       88
3     Dog      32       90
```

코드 해설

① data.sort_values(by=['Age', 'Score'], ascending=[True, False])는 DataFrame을 다중 조건으로 정렬합니다. 'Age' 열을 기준으로 오름차순으로 정렬하고, 같은 나이에 대해서는 'Score' 열을 기준으로 내림차순으로 정렬합니다. 결과적으로 나이가 적은 순서대로 정렬되며, 같은 나이의 경우 점수가 높은 사람이 먼저 오도록 정렬됩니다. 이 데이터에서 Ant와 Bee는 'Age'가 27로 같지만, 'Score'가 더 높은 Bee가 Ant보다 위에 정렬된 것을 확인할 수 있습니다.

sort_index( )를 사용한 인덱스 기준 정렬

DataFrame의 sort_index( ) 함수는 행 인덱스나 열 이름을 기준으로 정렬할 수 있다. 기본 설정은 오름차순이며, ascending=False로 내림차순 정렬을 할 수 있다.

</> 코드 살펴보기
소스코드 T03_66.py

DataFrame에서 행 인덱스와 열 인덱스를 기준으로 정렬

```python
import pandas as pd

data = pd.DataFrame({
    'Name': ['Ant', 'Bee', 'Cat', 'Dog'],
    'Age': [24, 27, 22, 32],
    'Score': [88, 95, 85, 90]
})

sorted_index_df = data.sort_index( ) # ①
print("행 인덱스 기준 오름차순 정렬 결과:")
print(sorted_index_df)

sorted_columns_df = data.sort_index(axis=1, ascending=False) # ②
print("\n열 인덱스 기준 내림차순 정렬 결과:")
print(sorted_columns_df)
```

실행결과   X

행 인덱스 기준 오름차순 정렬 결과: 열 인덱스 기준 내림차순 정렬 결과:

	Name	Age	Score			Score	Name	Age
0	Ant	24	88		0	88	Ant	24
1	Bee	27	95		1	95	Bee	27
2	Cat	22	85		2	85	Cat	22
3	Dog	32	90		3	90	Dog	32

코드 해설

① data.sort_index( )는 DataFrame의 행 인덱스를 기준으로 오름차순으로 정렬합니다. 기본적으로 인덱스가 정렬 되며, 결과는 원래의 데이터 순서를 유지합니다.

② data.sort_index(axis=1, ascending=False)는 열 인덱스를 기준으로 내림차순으로 정렬합니다. axis=1을 지정하 여 열 방향으로 정렬하며, ascending=False를 사용하여 내림차순으로 설정합니다.

데이터 그룹화 및 집계

DataFrame의 groupby( ) 함수는 하나 이상의 열을 기준으로 DataFrame을 그룹화하고, 각 그룹에 대해 집계 함수를 적용하여 데이터를 요약할 수 있다. 여러 열을 동시에 그룹화하거나, 특정 열에만 집계 연산을 적용할 수 있어, 데이터 분석에 매우 유용하다.

단일 열을 기준으로 그룹화와 집계

단일 열을 기준으로 그룹화하고, 각 그룹에 대해 집계 연산을 수행할 수 있다.

</> 코드 살펴보기　　　　　　　　　　　　　　　　　　　　　소스코드 **T03_67.py**

DataFrame에서 단일 열을 기준으로 그룹화하여 합계를 계산

```python
import pandas as pd

data = pd.DataFrame({
    'Category': ['A', 'B', 'A', 'B', 'A', 'B'],
    'Values': [10, 20, 30, 40, 50, 60]
})

grouped_sum = data.groupby('Category')['Values'].sum( )  # ①
print("그룹화 후 합계:")
print(grouped_sum)
```

◈ 실행결과　　　　　　　　　　　　　　　　　　　　　　　　　　　　　　✕

```
그룹화 후 합계:
Category
A   90
B   120
Name: Values, dtype: int64
```

코드 해설

① data.groupby('Category')['Values'].sum( )은 DataFrame을 'Category' 열을 기준으로 그룹화한 후, 각 그룹의 'Values' 열에 대한 합계를 계산합니다. 결과적으로 각 카테고리(A와 B)의 값들의 합이 반환됩니다.

다중 열을 기준으로 그룹화와 집계

DataFrame의 groupby( )는 여러 열을 동시에 기준으로 그룹화할 수 있다. 이를 통해 두 개 이상의 기준에 맞춰 데이터를 그룹화하고 집계할 수 있다.

</> 코드 살펴보기　　　　　　　　　　　　　　　　　　　소스코드 **T03_68.py**

DataFrame에서 여러 열을 기준으로 그룹화하여 평균을 계산

```python
import pandas as pd

data = pd.DataFrame({
    'Category': ['A', 'A', 'B', 'B', 'A', 'B'],
    'Type': ['X', 'Y', 'X', 'Y', 'X', 'Y'],
    'Values': [10, 20, 30, 40, 50, 60]
})


grouped_mean = data.groupby(['Category', 'Type'])['Values'].mean( )  # ①
print("그룹화 후 평균:")
print(grouped_mean)  # ②
```

◁▷ 실행결과　　　　　　　　　　　　　　　　　　　　　　　　　　　　　　X

```
그룹화 후 평균:

Category    Type
A           X       30.0
            Y       20.0
B           X       30.0
            Y       50.0
Name: Values, dtype: float64
```

코드 해설

① data.groupby(['Category', 'Type'])['Values'].mean( )은 DataFrame을 'Category'와 'Type' 열을 기준으로 그룹화한 후, 각 그룹의 'Values' 열에 대한 평균을 계산합니다. 결과는 다중 인덱스를 가진 Series로 반환됩니다.

② 카테고리 A의 Type X의 평균은 (10 + 50) / 2 = 30.0이고, 카테고리 A의 Type Y의 평균은 (20) / 1 = 20.0이고, 카테고리 B의 Type X의 평균은 (30) / 1 = 30.0이고, 카테고리 B의 Type Y의 평균은 (40 + 60) / 2 = 50.0입니다.

여러 집계 함수의 적용

agg( ) 함수를 사용하면, 여러 집계 함수를 동시에 적용할 수 있다. sum, mean, count 등의
함수를 한 번에 계산하여 결과를 요약할 수 있다.

</> 코드 살펴보기　　　　　　　　　　　　　　　　　　　　소스코드 T03_69.py

DataFrame에서 그룹화한 후 여러 집계 함수를 적용

```python
import pandas as pd

data = pd.DataFrame({
    'Category': ['A', 'A', 'B', 'B', 'A', 'B'],
    'Type': ['X', 'Y', 'X', 'Y', 'X', 'Y'],
    'Values': [10, 20, 30, 40, 50, 60]
})

grouped_agg = data.groupby('Category')['Values'].agg(['sum', 'mean', 'count'])  # ①
print("그룹화 후 여러 집계 함수 결과:")
print(grouped_agg)  # ②
```

🔷 실행결과 　　　　　　　　　　　　　　　　　　　　　　　　　　　　　　X

그룹화 후 여러 집계 함수 결과:

```
          sum    mean        count
Category
A         80     26.666667   3
B         130    43.333333   3
```

코드 해설

① data.groupby('Category')['Values'].agg(['sum', 'mean', 'count'])는 DataFrame을 'Category' 열을 기준으로 그룹화한 후, 각 그룹의 'Values' 열에 대해 여러 집계 함수를 동시에 적용합니다. 여기서는 sum, mean, count를 사용하여 각각 합계, 평균, 개수를 계산합니다.

② 카테고리 A의 합계는 10 + 20 + 50 = 80, 평균은 (10 + 20 + 50) / 3 ≈ 26.67, 개수는 3이고, 카테고리 B의 합계는 30 + 40 + 60 = 130, 평균은 (30 + 40 + 60) / 3 ≈ 43.33, 개수는 3입니다.

#Serids #DataFrame #기능적차이 #구조적차이

3.4 Series와 DataFrame

▶ 영상 보러가기

Series와 DataFrame의 차이점

항목	Series	DataFrame
데이터 구조	단일 열을 가진 1차원 배열	여러 열을 포함하는 2차원 테이블 형태
데이터 접근 방식의 차이	1차원 인덱싱을 사용하여 데이터를 참조	2차원 인덱싱을 통해 행과 열을 동시에 지정하여 데이터에 접근할 수 있음
연산 및 성능 차이	단일 변수 연산에 유리하며 속도가 빠름	• 여러 열을 포함한 복합 데이터 연산에 적합 • 상대적으로 연산 속도가 다소 느릴 수 있음

이와 같은 차이점들을 이해하면, Series와 DataFrame을 상황에 맞게 효과적으로 사용할 수 있다.

> **Tip** Series는 DataFrame의 한 열로 간주할 수 있으므로, DataFrame에서 특정 열을 선택(df['열이름']의 형태)하면 Series가 반환됩니다. 따라서 DataFrame과 Series 간의 관계를 이해하면 데이터 분석 작업이 훨씬 직관적이고 효율적으로 진행됩니다.

01 리스트 [10, 20, 30, 40]을 사용해 Series를 생성하고 출력해보자.

```
</> 실행결과                                                    X
0   10
1   20
2   30
3   40
dtype: int64
```

02 다음 데이터를 사용해 DataFrame을 생성하고 출력해보자.

[입력]

```
data = {'Name': ['Ant', 'Bee', 'Cat'], 'Age': [24, 27, 22]}
```

```
</> 실행결과                                                    X
      Name      Age
0     Ant       24
1     Bee       27
2     Cat       22
```

03 다음 데이터를 사용해 DataFrame을 생성하고 인덱스 1의 'Age' 값을 출력해보자.

[입력]

```
data = {'Name': ['Ant', 'Bee', 'Cat'], 'Age': [24, 27, 22]}
```

실행결과   X

27

04 다음 데이터를 사용해 DataFrame을 생성하고 Age가 25 이상인 행만 선택하여 출력해보자.

[입력]

```
data = {'Name': ['Ant', 'Bee', 'Cat'], 'Age': [24, 27, 22]}
```

실행결과   X

	Name	Age
1	Bee	27

05 다음 데이터를 사용해 DataFrame을 생성하고 City 열을 추가하고 데이터를 아래와 같이 채운 뒤 출력해보자.

[입력]

```
data = {'Name': ['Ant', 'Bee', 'Cat'], 'Age': [24, 27, 22]}
```

실행결과 ✕

```
      Name      Age          City
0      Ant      24          Seoul
1      Bee      27          Busan
2      Cat      22        Incheon
```

06 다음 DataFrame에서 Age가 25 이상이고 City가 'Busan'인 행만 선택하여 출력해보자.

[입력]

```
data = {'Name': ['Ant', 'Bee', 'Cat', 'Dog'],
        'Age': [24, 27, 22, 29],
        'City': ['Seoul', 'Busan', 'Incheon', 'Busan']}
```

실행결과 ✕

```
      Name      Age          City
1      Bee      27          Busan
3      Dog      29          Busan
```

176

07 다음 DataFrame에서 City 별로 평균 Age를 계산하고 출력해보자.

[입력]

```
data = {'Name': ['Ant', 'Bee', 'Cat', 'Dog'],
        'Age': [24, 27, 22, 29],
        'City': ['Seoul', 'Busan', 'Incheon', 'Busan']}
```

실행결과 ✕

```
City
Busan        28.0
Incheon      22.0
Seoul        24.0
Name: Age, dtype: float64
```

08 다음 DataFrame에서 City 값이 'Seoul'인 경우 'Gwangju'로 변경하고 출력해보자.

[입력]

```
data = {'Name': ['Ant', 'Bee', 'Cat'],
        'Age': [24, 27, 22],
        'City': ['Seoul', 'Busan', 'Incheon']}
```

실행결과 ✕

```
    Name    Age        City
0    Ant     24      Gwangju
1    Bee     27        Busan
2    Cat     22      Incheon
```

09 다음 DataFrame에서 City 별로 Age의 합계와 평균을 동시에 계산하고 출력해보자.

[입력]

```
data = {'Name': ['Ant', 'Bee', 'Cat', 'Dog'],
        'Age': [24, 27, 22, 29],
        'City': ['Seoul', 'Busan', 'Incheon', 'Busan']}
```

실행결과

```
             sum        mean
City
Busan        56         28.0
Incheon      22         22.0
Seoul        24         24.0
```

10 다음 DataFrame에서 Age 값을 기준으로 새로운 열 Age Group을 추가하자.

[입력]

```
data = {'Name': ['Ant', 'Bee', 'Cat'],
        'Age': [24, 27, 22]}
```

실행결과

```
     Name      Age      Age Group
0    Ant       24       Young
1    Bee       27       Adult
2    Cat       22       Young
```

01 소스코드 Q03_01.py

```python
import pandas as pd
values = [10, 20, 30, 40]
series = pd.Series(values)
print(series)
```

02 소스코드 Q03_02.py

```python
import pandas as pd
data = {'Name': ['Ant', 'Bee', 'Cat'], 'Age': [24, 27, 22]}
df = pd.DataFrame(data)
print(df)
```

03 소스코드 Q03_03.py

```python
import pandas as pd
data = {'Name': ['Ant', 'Bee', 'Cat'], 'Age': [24, 27, 22]}
df = pd.DataFrame(data)
print(df.loc[1, 'Age'])
```

04 소스코드 Q03_04.py

```python
import pandas as pd
data = {'Name': ['Ant', 'Bee', 'Cat'], 'Age': [24, 27, 22]}
df = pd.DataFrame(data)
filtered = df[df['Age'] >= 25]
print(filtered)
```

05 소스코드 Q03_05.py

```python
import pandas as pd
data = {'Name': ['Ant', 'Bee', 'Cat'], 'Age': [24, 27, 22]}
df = pd.DataFrame(data)
df['City'] = ['Seoul', 'Busan', 'Incheon']
print(df)
```

06 소스코드 Q03_06.py

```python
import pandas as pd
data = {'Name': ['Ant', 'Bee', 'Cat', 'Dog'],
        'Age': [24, 27, 22, 29],
        'City': ['Seoul', 'Busan', 'Incheon', 'Busan']}
df = pd.DataFrame(data)
filtered = df[(df['Age'] >= 25) & (df['City'] == 'Busan')]
print(filtered)
```

07 소스코드 Q03_07.py

```python
import pandas as pd
data = {'Name': ['Ant', 'Bee', 'Cat', 'Dog'],
        'Age': [24, 27, 22, 29],
        'City': ['Seoul', 'Busan', 'Incheon', 'Busan']}
df = pd.DataFrame(data)
grouped = df.groupby('City')['Age'].mean()
print(grouped)
```

08 소스코드 Q03_08.py

```python
import pandas as pd
data = {'Name': ['Ant', 'Bee', 'Cat'],
        'Age': [24, 27, 22],
        'City': ['Seoul', 'Busan', 'Incheon']}
df = pd.DataFrame(data)
df['City'] = df['City'].replace('Seoul', 'Gwangju')
print(df)
```

09 소스코드 Q03_09.py

```python
import pandas as pd
data = {'Name': ['Ant', 'Bee', 'Cat', 'Dog'],
        'Age': [24, 27, 22, 29],
        'City': ['Seoul', 'Busan', 'Incheon', 'Busan']}
df = pd.DataFrame(data)
aggregated = df.groupby('City')['Age'].agg(['sum', 'mean'])
print(aggregated)
```

10 소스코드 Q03_10.py

```python
import pandas as pd
data = {'Name': ['Ant', 'Bee', 'Cat'],
        'Age': [24, 27, 22]}
df = pd.DataFrame(data)
df['Age Group'] = df['Age'].apply(lambda x: 'Adult' if x >= 25 else 'Young')
print(df)
```

4장

matplotlib

matplotlib은 다양한 유형의 플롯과 시각화 기능을 제공하여 데이터를 직관적으로 표현하고 분석할 수 있는 필수적인 도구입니다. matplotlib을 사용하면 선 그래프, 막대 그래프, 히스토그램 등 다양한 그래프를 생성하여, 데이터를 시각적으로 효과적으로 전달할 수 있습니다.

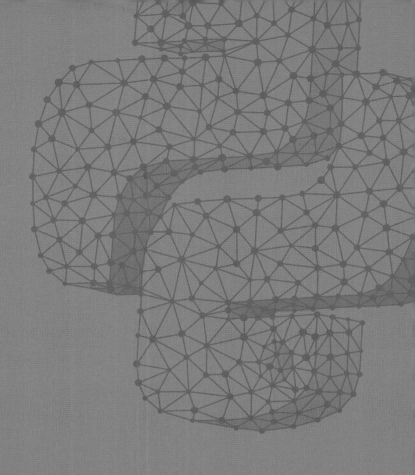

무엇을 배워볼까요?

이 장에서는 데이터 시각화에 필수적인 파이썬 라이브러리인 matplotlib을 학습합니다. matplotlib은 데이터를 시각적으로 표현하고 분석할 수 있는 강력한 도구로, 선 그래프, 막대 그래프, 히스토그램, 산점도 등 다양한 그래프를 생성할 수 있습니다. 그래프의 생성과 꾸미기, 축 레이블 및 제목 추가, 색상과 스타일 변경, 여러 플롯을 하나의 화면에 배치하는 방법 등을 익히고, 이를 통해 데이터를 효과적으로 표현하고 전달하는 능력을 기릅니다. 데이터의 패턴과 인사이트를 더 직관적으로 이해할 수 있도록 돕습니다. 이 과정을 통해 데이터 시각화의 기본기를 다지고, 실무에서 활용할 수 있는 기반을 쌓아보겠습니다.

4.1 matplotlib 개요

matplotlib 개념

matplotlib은 파이썬에서 데이터 시각화를 위한 가장 인기 있는 라이브러리 중 하나이다. 2003년에 개발되었으며, 이후 다양한 기능이 추가되어 현재는 매우 강력하고 유연한 도구로 자리 잡았다. 파이썬으로 그래프를 그릴 때 기본이 되는 라이브러리로, 다른 시각화 라이브러리들의 기반이 되기도 한다. 특히 2D 플롯을 쉽게 생성할 수 있게 도와주며, 여러 유형의 그래프를 지원하여 데이터를 시각적으로 분석하고 이해하는 데 매우 유용하다.

matplotlib은 과학적 계산을 시각화하기 위한 라이브러리로 시작되어, 데이터 분석 및 시각화 분야에서 빠르게 발전했다. 이후 다양한 사용자 요구에 맞춰 기능이 확장되었으며, 현재는 데이터 분석 보고서의 시각화, 연구 결과의 그래픽 표현, 웹 애플리케이션에서 데이터 시각화 등의 목적으로 전 세계의 데이터 과학자와 연구자들에게 널리 사용되고 있다.

matplotlib 설치

구글 코랩은 matplotlib 라이브러리를 기본으로 제공하고 있어 별도의 설치 없이 바로 사용할 수 있다.

</> 코드 살펴보기 　　　　　　　　　　　　　　　소스코드 T04_01.py

matplotlib 라이브러리 버전 확인

```
import matplotlib as mpl # ①

print(mpl._version_) # ②
```

⟨/⟩ 실행결과	X
3.10.0	

코드 해설

① matplotlib 라이브러리를 가져옵니다.

② matplotlib의 함수를 'mpl'을 사용하여 호출하고, matplotlib의 버전을 출력합니다.

4.2 | matplotlib 기능

▶ 영상 보러가기

플롯(Plot)

플롯은 데이터를 선 그래프, 막대 그래프, 산점도 등 다양한 형식으로 표현하는 일종의 캔 버스와 같은 역할을 한다. 플롯을 생성 후 plt.show( )로 출력하기 전까지 다양한 함수를 통해 데이터를 추가하거나 스타일, 레이블, 제목 등을 지정할 수 있다.

Pyplot은 matplotlib에서 제공하는 하위 모듈로, 플롯을 생성하고 관리하기 위한 함수들을 포함하고 있다. MATLAB과 유사한 명령형 스타일을 사용하여 간단하게 그래프를 그릴 수 있도록 설계되었으며, 일반적으로 import matplotlib.pyplot as plt 형태로 사용된다. 이를 통해 플롯 생성, 축 설정, 레이블 추가 등 다양한 작업을 직관적으로 수행할 수 있다.

```
plt.plot(*args, scalex=True, scaley=True, data=None, **kwargs)
```

매개 변수	설명
*args	• 그래프에 표시할 데이터를 지정하는 옵션 • 일반적으로 x와 y 좌표를 전달
scalex	x축의 자동 스케일 조정을 활성화할지를 지정하는 옵션(기본값은 True)
scaley	y축의 자동 스케일 조정을 활성화할지를 지정하는 옵션(기본값은 True)
data	• 데이터 참조를 위해 지정하는 옵션 • Dictionary 또는 Pandas 가능
**kwargs	그래프의 스타일(선 색, 선 두께, 선 모양, 마커 등)을 지정하는 옵션

플롯

```python
import matplotlib.pyplot as plt
```
└── Matplotlib 라이브러리의 pyplot 모듈을 plt라는 별칭으로 사용

```python
# 데이터 생성
x = [0, 1, 2, 3, 4, 5, 6, 7, 8, 9] # ①
y = [9, 8, 7, 6, 5, 4, 3, 2, 1, 0] # ②


# 플롯 생성
plt.plot(x, y) # ③
plt.title('Line Graph') # ④
plt.xlabel('X-axis') # ⑤
plt.ylabel('Y-axis') # ⑥
plt.grid(True) # ⑦
plt.show( ) # ⑧
```

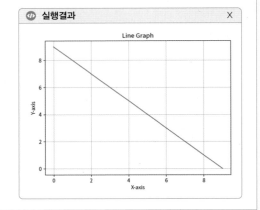

코드 해설

① x축 값을 생성합니다.

② y축 값을 생성합니다.

③ x축과 y축 데이터를 포함하는 기본 플롯을 생성합니다.

④ 그래프의 제목을 설정합니다.

⑤ x축 레이블을 설정합니다.

⑥ y축 레이블을 설정합니다.

⑦ 격자를 추가합니다. ─── 그래프 내 데이터를 읽기 쉽게 돕는 배경선

⑧ 플롯을 표시합니다.

Tip | 그래프의 가독성을 높이기 위해서는 범례(legend)와 라벨(xlabel, ylabel)을 반드시 추가하는 것이 좋습니다.

선 그래프(Line Plot)

선 그래프는 연속적인 데이터 포인트를 선으로 연결하여 두 변수 간의 관계를 나타내는 그래프이다. 주로 시간에 따른 변화나 연속적인 변수를 시각화할 때 사용된다. 주식 가격의 변동, 기온 변화, 인구 증가 추이 등 시간에 따른 데이터 변화를 표현할 때 효과적이다.

```
plt.plot(x, y, linestyle='--', color='blue', marker='o')
```

매개 변수	설명	
x	• 그래프의 x축 좌표 데이터를 지정하는 인자 • 리스트, 배열 등이 가능	
y	• 그래프의 y축 좌표 데이터를 지정하는 인자 • 리스트, 배열 등이 가능	
linestyle	선의 스타일을 지정하는 인자(기본값은 '-')	
	'-'	실선
	'--'	점선
	':'	좁은 간격의 점선
	'-.'	대시점선
color	• 선의 색상을 지정하는 인자(기본값은 'blue') • 색상 문자열 또는 HEX 색상 코드('#00FF00') 가능	
	'red'	빨간색
	'green'	녹색
	'blue'	파란색
	'#000000'	검은색
marker	• 데이터 포인트의 마커를 지정하는 인자(기본값은 'o') • 각 데이터 포인트에 마커를 추가할 수 있음	
	'o'	원형 마커
	's'	사각형 마커
	'^'	삼각형 마커
	'x'	x 모양 마커

선 그래프

```python
import matplotlib.pyplot as plt

# 데이터 생성
x = [0, 1, 2, 3, 4, 5, 6, 7, 8, 9]  # ①
y = [9, 8, 7, 6, 5, 4, 3, 2, 1, 0]  # ②
y2= [0, 1, 2, 3, 4, 5, 6, 7, 8, 9]  # ③

# 선 그래프 그리기
plt.plot(x, y, label='감소하는 선', color='blue', linestyle=':')  # ④
plt.plot(x, y2, label='증가하는 선', color='#FF0000', linestyle='-')  # ⑤

# 그래프 요소 추가
plt.title('Cross Line Graph')  # ⑥
plt.xlabel('X-axis')  # ⑦
plt.ylabel('Y-axis')  # ⑧
plt.grid(True)  # ⑨
plt.legend( )  # ⑩

# 그래프 표시
plt.show( )  # ⑪
```

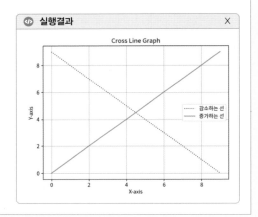

코드 해설

① x축 값을 생성합니다.
② y축 값을 생성합니다.
③ y축 값을 1개 더 생성합니다.
④ 첫 번째 y축 값을 플롯에 파란색과 좁은 간격의 점선 스타일로 생성합니다.
⑤ 두 번째 y축 값을 플롯에 빨간색과 실선 스타일로 생성합니다.
⑥ 그래프의 제목을 설정합니다.
⑦ x축 레이블을 설정합니다.
⑧ y축 레이블을 설정합니다.
⑨ 격자를 추가합니다.
⑩ 범례를 추가합니다.
⑪ 플롯을 표시합니다.

막대 그래프(Bar Chart)

막대 그래프는 각 범주에 대한 값을 막대의 길이로 표현하여 범주 간의 비교를 쉽게 해주는 그래프이다. 일반적으로 범주형 데이터의 분포나 빈도를 시각화할 때 사용되며, 판매량 비교, 인구 통계, 설문조사 결과 등 범주별 수치 비교에 적합하다.

```
plt.bar(x, height, width=0.8, bottom=None, *, align='center', data=None, **kwargs)
```

매개 변수	설명	
x	• 그래프의 x축 위치를 지정하는 인자 • 리스트, 배열 등이 가능	
height	• 각 막대의 높이를 지정하는 인자 • 리스트, 배열 등이 가능	
width	• 각 막대의 너비를 지정하는 인자(기본값은 0.8) • 숫자 또는 숫자들의 리스트가 가능 ⎫ 두 막대가 겹치지 않도록 조절 필요	
bottom	• 각 막대가 시작하는 y축 위치를 지정하는 인자(기본값은 None) • 숫자 또는 숫자들의 리스트가 가능	
align	막대의 위치 정렬 방식을 지정하는 인자(기본값은 'center')	
	'center'	막대가 x값의 중앙에 위치
	'edge'	막대가 x값의 왼쪽 가장자리에 위치
data	• 데이터 참조를 위해 지정하는 옵션 • Dictionary 또는 Pandas 가능	
**kwargs	그래프의 스타일(선 색, 선 모양, 마커 등)을 지정하는 옵션	

막대 그래프

```python
import matplotlib.pyplot as plt

# 데이터 생성
categories = ['학생1', '학생2', '학생3', '학생4']  # ①
values = [85, 92, 78, 90]  # ②
values2 = [88, 91, 75, 85]  # ③

x = np.arange(len(categories))  # ④

# 막대 그래프 그리기
plt.bar(x - 0.2, values, width=0.4, label='학급 A', color='blue')  # ⑤
plt.bar(x + 0.2, values2, width=0.4, label='학급 B', color='orange')  # ⑥

# 그래프 요소 추가
plt.title('학생 성적 비교')  # ⑦
plt.xlabel('학생')  # ⑧
plt.ylabel('성적')  # ⑨
plt.xticks(x, categories)  # ⑩
plt.grid(axis='y')  # ⑪
plt.legend()  # ⑫

# 그래프 표시 및 저장
plt.show()  # ⑬
```

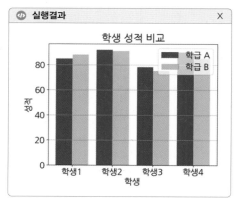

코드 해설

① x축에 사용될 학생 범주 값을 가지는 categories 변수를 생성합니다.

② y축에 사용될 학급성적을 생성합니다.

③ y축에 사용될 두 번째 학급성적을 생성합니다

④ 범주 위치를 생성합니다.

⑤ 첫 번째 y축 값을 플롯에 파란색의 막대 그래프로 생성합니다.

⑥ 두 번째 y축 값을 플롯에 오렌지색의 막대 그래프로 생성합니다.

⑦ 그래프의 제목을 설정합니다.

⑧ x축 레이블을 설정합니다.

⑨ y축 레이블을 설정합니다.

⑩ x축 눈금을 범주로 설정합니다.

⑪ y축에만 격자를 추가합니다.

⑫ 범례를 추가합니다.

⑬ 플롯을 표시합니다.

> **Tip** 막대 그래프를 그릴 때, width와 align 옵션을 조정하면 막대 간 간격을 조절하거나 정렬 방식을 변경해 그래프를 더 깔끔하고 명확하게 만들 수 있습니다.

파이 차트(Pie Chart)

파이 차트는 원형 차트로, 전체를 100%로 보고 각 부분이 전체에서 차지하는 비율을 시각적으로 나타낸다. 주로 범주형 데이터의 비율을 비교할 때 사용되며, 카테고리가 5-6개 이하일 때 가독성이 좋다. 지출 내역, 시장 점유율 등 전체에서의 비중을 효과적으로 보여주지만, 정밀한 수치 비교에는 적합하지 않다.

```
plt.pie(x, explode=None, labels=None, colors=None, autopct=None, pctdistance=0.6,
shadow=False, startangle=0, radius=1.0, counterclock=True, wedgeprops=None,
textprops=None, center=(0,0), frame=False, normalize=True, data=None)
```

매개 변수	설명
x	• 그래프의 비율값을 지정하는 인자 • 리스트, 배열 등이 가능
explode	• 특정 조각을 중심에서 떨어뜨릴 정도를 지정하는 인자(기본값은 None) • 리스트, 배열 등이 가능(각 값은 0~1 사이의 비율)
labels	• 각 조각에 대한 레이블을 지정하는 인자(기본값은 None) • 리스트, 배열 등이 가능
colors	• 선의 색상을 지정하는 인자(기본값은 None) • 색상 문자열 또는 HEX 색상 코드('#00FF00') 리스트 가능

	'red'	빨간색
	'green'	녹색
	'blue'	파란색
	'#000000'	검은색

191

autopct	• 각 조각의 비율을 텍스트로 표시하는 인자(기본값은 None) • 문자열 또는 함수 가능
pctdistance	비율 텍스트를 원 중심으로부터의 거리에 표시하는 인자(기본값은 0.6)
shadow	파이 차트에 그림자를 추가할지를 지정하는 인자(기본값은 False)
startangle	• 첫 번째 조각의 시작 각도를 지정하는 인자(기본값은 0) • 숫자 0~360 가능
radius	파이 차트의 반지름을 지정하는 인자(기본값은 1.0)
counterclock	시계 반대 방향으로 각도를 계산할지 지정하는 인자(기본값은 Ture)
wedgeprops	각 조각의 스타일을 지정하는 인자
textprops	텍스트의 스타일을 지정하는 인자
center	파이 차트의 중심 위치를 지정하는 인자(기본값은(0,0))
normalize	입력값 x의 합계를 1로 정규화할지 지정하는 인자(기본값은 True)

코드 살펴보기

소스코드 T04_05.py

파이 차트

```
import matplotlib.pyplot as plt

# 데이터 생성
labels = ['피자', '햄버거', '샐러드', '파스타'] # ①
sizes = [40, 30, 20, 10] # ②
colors = ['gold', 'lightcoral', 'lightskyblue', 'lightgreen'] # ③
explode = (0.1, 0, 0, 0) # ④

# 파이 차트 그리기
plt.pie(sizes, labels=labels, colors=colors,
autopct='%1.1f%%', startangle=90, explode=
explode) # ⑤

# 그래프 제목 추가
plt.title('음식 선호도') # ⑥

# 그래프 표시
plt.axis('equal') # ⑦
plt.show() # ⑧
```

실행결과

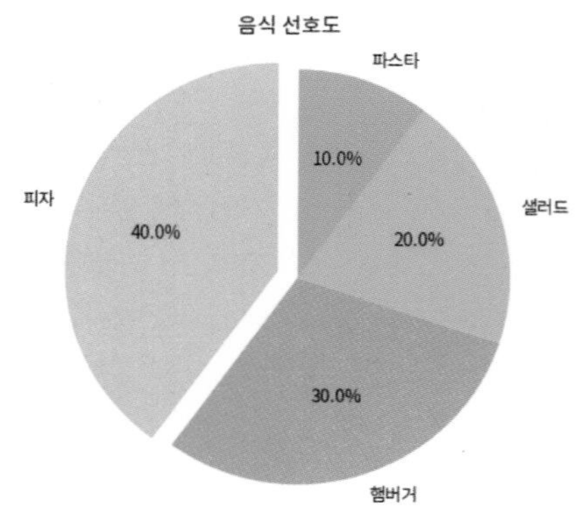

코드 해설

① 범주에 사용되는 리스트를 생성합니다.

② 각 범주의 비율값을 지정합니다.

③ 색상을 설정합니다.

④ 첫 번째 조각 강조를 추가합니다.

⑤ 파이 차트 플롯을 생성합니다.

⑥ 그래프 제목을 추가합니다.

⑦ 원형 모양을 유지하기 위해 축의 비율을 같게 설정합니다.

⑧ 플롯을 표시합니다.

> **Tip**
> 파이 차트를 사용할 때, 데이터의 비율을 강조하려면 autopct='%1.1f%%' 옵션을 활용해 각 섹터에 비율을 표시하는 것이 좋습니다. 또한 explode 매개 변수를 사용하면 특정 섹터를 강조하여 중요한 부분을 시각적으로 두드러지게 할 수 있습니다.

산점도(Scatter Plot)

산점도는 두 개의 변수 간의 관계를 점으로 표현한 그래프이다. 각 점은 데이터의 한 관측값을 나타내며, x축과 y축의 좌표는 각각의 변숫값을 의미한다. 이를 통해 상관관계(양의 상관관계, 음의 상관관계, 무상관)나 패턴, 이상치 등을 파악할 수 있다.

```
plt.scatter(x, y, s=None, marker=None, cmap=None, norm=None, vmin=None, vmax=None,
alpha=None, linewidths=None, edgecolors=None, plotnonfinite=False, data=None, **kwargs)
```

매개 변수	설명
x	• 데이터 포인트의 x축 좌표를 지정하는 인자 • 리스트, 배열 등이 가능
y	• 데이터 포인트의 y축 좌표를 지정하는 인자 • 리스트, 배열 등이 가능
s	• 각 점의 크기를 지정하는 인자(기본값은 None) • 숫자 또는 숫자의 배열이 가능
c	• 각 점의 색상을 지정하는 인자(기본값은 None) • 문자열, 숫자, 또는 숫자의 배열 가능

marker	• 데이터 포인트의 마커를 지정하는 인자(기본값은 'o') • 각 데이터 포인트에 마커를 추가할 수 있음 | 'o'	원형 마커 | | 's' | 사각형 마커 | | '^' | 삼각형 마커 | | 'x' | x 모양 마커 |
cmap	• 숫자 값으로 색을 지정할 때 사용할 컬러맵을 지정하는 인자(기본값은 None) • 컬러맵 이름 또는 컬러맵 객체 가능
norm	• 데이터값을 컬러맵에 맵핑하는 방법을 지정하는 인자(기본값은 None) • Normalize 객체 가능
vmin, vmax	컬러맵을 적용할 값의 최소 및 최대 범위를 지정하는 인자(기본값은 None)
alpha	• 점의 투명도를 지정하는 인자(기본값은 None) • 숫자형 가능(0~1 범위)
linewidths	• 점 테두리의 두께를 지정하는 인자(기본값 None) • 숫자형 가능
edgecolors	• 점의 테두리 색상을 지정하는 인자(기본값 'face') • 문자열 가능
plotnonfinite	NaN 또는 Inf 값을 그래프에 표시할지를 지정하는 인자(기본값은 False)
data	• 데이터 참조를 위한 인자(기본값은 None) • 사전(Dictionary) 또는 Pandas 객체 가능

산점도

```python
import matplotlib.pyplot as plt

# 데이터 생성
x = [1.5, 2.5, 3.5, 4.5, 5.5]  # ①
y = [50, 60, 65, 70, 75]  # ②

# 기본 산점도 그리기
plt.scatter(x, y, c='blue', s=100)  # ③

# 그래프 요소 추가
plt.title('키와 몸무게의 관계')  # ④
plt.xlabel('키(미터)')  # ⑤
plt.ylabel('몸무게(킬로그램)')  # ⑥
plt.grid()  # ⑦

# 그래프 표시
plt.show()  # ⑧
```

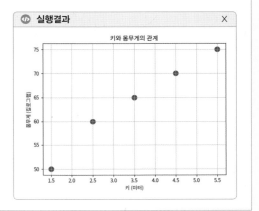

코드 해설

① x축 값인 키(미터)를 생성합니다.

② y축 값인 몸무게(킬로그램)를 생성합니다.

③ 산점도 플롯을 색상과 점의 크기를 지정하여 생성합니다.

④ 제목을 추가합니다.

⑤ x축 레이블을 추가합니다.

⑥ y축 레이블을 추가합니다.

⑦ 격자를 추가합니다.

⑧ 플롯을 표시합니다.

Tip   산점도를 그릴 때, 점의 크기(s)와 색상(c)을 데이터값에 따라 다르게 설정하면 추가적인 차원을 시각화할 수 있습니다.

히스토그램(Histogram)

히스토그램은 연속적인 수치 데이터를 일정한 구간(bins)으로 나누어 각 구간에 포함된 데이터의 빈도를 나타내는 그래프이다. 데이터의 분포(정규분포, 왜도, 첨도 등)와 경향성을 파악하는 데 유용하며, 연속형 변수의 분포를 이해하고 이상치를 발견하는 데 효과적이다.

```
plt.hist(x, bins=None, range=None, density=False, weight=None, cumulative=False,
bottom=None, histtype='bar', align='mid', orientation='vertical', rwidth=None, log=False,
color=None, label=None, stacked=False, data=None, **kwargs)
```

매개 변수	설명		
x	• 히스토그램을 생성할 데이터를 지정하는 인자 • 리스트, 배열 등이 가능		
bins	데이터를 나눌 구간(빈)의 개수 또는 경곗값을 지정하는 인자(기본값은 None) 정수, 리스트 또는 ndarray 객체 가능		
range	• 히스토그램의 x축 값 범위를 지정하는 인자(기본값은 None) • 튜플 가능(최솟값, 최댓값)		
density	히스토그램을 확률 밀도로 변환할지를 지정하는 인자(기본값은 False)		
weights	• 각 데이터 포인트의 가중치를 지정하는 인자(기본값은 None) • 리스트, 배열 가능		
cumulative	누적 히스토그램을 그릴지를 지정하는 인자(기본값은 False)		
bottom	• 막대가 시작할 y축의 위치를 지정하는 인자(기본값은 None) • 숫자, 배열 가능		
histtype	히스토그램의 스타일을 지정하는 인자(기본값은 'bar')		
		'bar'	기본 막대 그래프
		'barstacked'	스택형 막대 그래프
		'step'	선 스타일 히스토그램
		'stepfilled'	채워진 선 스타일
align	막대의 정렬 위치를 지정하는 인자(기본값은 'mid')		
		'left'	왼쪽
		'mid'	중앙
		'right'	오른쪽
orientation	히스토그램의 방향을 지정하는 인자(기본값은 'vertical')		
		'vertical'	세로
		'horizontal'	가로

rwidth	• 막대 간의 간격을 비율로 지정하는 인자(기본값은 None) • 숫자형 가능(0~1)	
log	y축을 로그 스케일로 설정할지를 지정하는 인자(기본값은 False)	
color	• 막대의 색상을 지정하는 인자(기본값은 None) • 색상 문자열 또는 HEX 색상 코드('#00FF00') 리스트 가능	
	'red'	빨간색
	'green'	녹색
	'blue'	파란색
	'#000000'	검은색
label	• 범례에 표시할 텍스트를 지정하는 인자(기본값은 None) • 문자열 가능	
stacked	여러 데이터 세트를 스택으로 쌓아 표시할지를 지정하는 인자(기본값은 False)	
data	• 데이터 참조를 위한 인자(기본값은 None) • 사전(Dictionary) 또는 Pandas 객체 가능	

</> 코드 살펴보기

소스코드 T04_07.py

히스토그램

```python
import matplotlib.pyplot as plt
import numpy as np

data = []
for i in range(500):  # ①
    value = sum([(i * j) % 100 / 100 for j in range(1, 13)]) - 6
    data.append(value)

# 기본 히스토그램 그리기
plt.hist(data, bins=30, color='skyblue', alpha=0.7)  # ②

# 그래프 요소 추가
plt.title('정규 분포 히스토그램')  # ③
plt.xlabel('값')  # ④
plt.ylabel('빈도수')  # ⑤
plt.grid()  # ⑥

# 그래프 표시
plt.show()  # ⑦
```

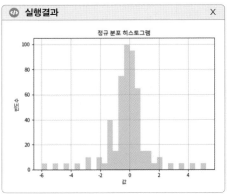

197

코드 해설

① 여러 값을 합산하여 중앙 극한 정리를 적용해 정규 분포와 유사한 데이터 500개를 생성합니다.
② 히스토그램 플롯을 30개 구간과 하늘색, 70% 투명도로 생성합니다.
③ 제목을 추가합니다.
④ x축 레이블을 추가합니다.
⑤ y축 레이블을 추가합니다.
⑥ 격자를 추가합니다.
⑦ 플롯을 표시합니다.

> **Tip** 히스토그램을 그릴 때, bins 매개 변수 값이 너무 적으면 중요한 패턴이 숨겨지고, 너무 많으면 노이즈가 과도하게 표현될 수 있습니다. 데이터의 특성에 맞는 bins 값을 선택하는 것이 중요합니다.

서브플롯(subplot)

서브플롯은 하나의 그림 안에 여러 개의 플롯을 격자 형태로 배치하여 데이터를 비교하거나 시각적으로 분석하는 방법이다. 여러 데이터셋을 동시에 비교하거나, 동일한 데이터를 다양한 관점에서 분석할 때 유용하다.

```
plt.subplots(nrows=1, ncols=1, *, sharex=False, sharey=False, squeeze=True, subplot_kw=None,
gridspec_kw=None, **fig_kw)
```

매개 변수	설명
nrows	• 서브플롯의 행 개수를 지정하는 인자(기본값은 1) • 정수 가능
ncols	• 서브플롯의 열 개수를 지정하는 인자(기본값은 1) • 정수 가능
sharex	• 서브플롯 간에 x축을 공유할지의 여부를 지정하는 인자(기본값은 False) • 'all', 'row' 등 가능
sharey	• 서브플롯 간에 y축을 공유할지의 여부를 지정하는 인자(기본값은 False) • 'all', 'col' 등 가능
squeeze	서브플롯이 하나일 경우, 2차원 배열 대신 축소된 객체의 반환 여부를 지정하는 인자(기본값은 False)
subplot_kw	• 각 서브플롯에 전달할 추가 키워드를 지정하는 인자(기본값은 None) • 사전(Dictionary) 가능

gridspec_kw	• 격자 배치를 지정하는 인자(기본값은 None) • 사전(Dictionary) 가능
**fig_kw	• plt.figure( )에 전달할 추가 키워드를 지정하는 인자 • 사전(Dictionary) 가능

소스코드 T04_08.py

</> 코드 살펴보기

서브플롯

```python
import matplotlib.pyplot as plt

# 서브플롯 생성
fig, axs = plt.subplots(1, 2)  # ①

# 첫 번째 서브플롯에 선 그래프 그리기 ②
axs[0].plot([1, 2, 3], [1, 4, 9])
axs[0].set_title('선 그래프')
axs[0].set_xlabel('x값')
axs[0].set_ylabel('y값')

# 두 번째 서브플롯에 막대 그래프 그리기 ③
axs[1].bar([1, 2, 3], [3, 5, 2])
axs[1].set_title('막대 그래프')
axs[1].set_xlabel('카테고리')
axs[1].set_ylabel('빈도수')

# 그래프 표시
plt.show( )  # ④
```

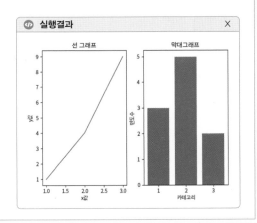

실행결과

코드 해설

① 2행 2열의 서브플롯을 생성합니다.

② 첫 번째 서브플롯에 선 그래프를 그립니다.

③ 두 번째 서브플롯에 막대 그래프를 그립니다.

④ 그래프를 표시합니다.

Tip 각 서브플롯에서 개별 제목과 레이블을 추가하면 그래프의 가독성이 높아집니다.

플롯 이미지

matplotlib에서 생성한 플롯은 PNG, JPEG, PDF 등 다양한 형식으로 저장할 수 있다.

```
plt.savefig(fname, *, transparent=None, dpi='figure', format=None, metadata=None,
bbox_inches=None, pad_inches=0.1, facecolor='auto', edgecolor='auto', backend=None, **kwargs)
```

매개 변수	설명
fname	저장할 파일의 경로나 파일 객체(예: 'plot.png', 'figure.pdf' 등)
transparent	True로 설정하면 배경이 투명하게 저장됨
dpi	해상도(dots per inch), 기본값은 현재 figure의 dpi
format	파일 형식 지정(예: 'png', 'pdf', 'svg' 등), 생략 시 확장자에서 자동 추론
bbox_inches	'tight'로 지정하면 그림의 여백을 최소화하여 저장
pad_inches	bbox_inches='tight'일 때 여백 크기(inch 단위)
facecolor, edgecolor	배경색, 테두리 색 지정
metadata	이미지 메타데이터(포맷별로 다름)

</> 코드 살펴보기

플롯 이미지

```python
import matplotlib.pyplot as plt

# 데이터 생성
x = [1, 2, 3, 4, 5]  # ①
y = [2, 3, 5, 7, 11]  # ②


# 플롯 생성 및 사이즈 설정
plt.figure(figsize=(8, 6))  # ③
plt.plot(x, y)  # ④


# 제목, x축 레이블, y축 레이블 추가
plt.title('샘플 선 그래프')  # ⑤
plt.xlabel('x축')  # ⑥
plt.ylabel('y축')  # ⑦
```

실행결과

..
.config
.ipynb_checkpoints
sample_data
T04_09_sample_plot.png

```
# 그래프를 파일로 저장
plt.savefig('T04_09_sample_plot.png') # ⑧


# 플롯 화면에 표시
plt.show( ) # ⑨
```

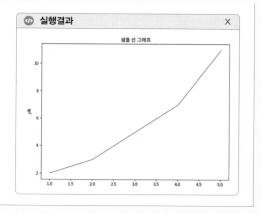

코드 해설

① x축 값을 생성합니다.

② y축 값을 생성합니다.

③ 플롯 크기를 설정합니다.

④ 기본 플롯을 그립니다.

⑤ 제목을 추가합니다.

⑥ x축 레이블을 추가합니다.

⑦ y축 레이블을 추가합니다.

⑧ 플롯을 이미지 파일로 저장합니다.

⑨ 플롯을 표시합니다.

Tip | savefig( ) 함수의 bbox_inches='tight' 옵션을 추가하면 불필요한 여백을 제거해 깔끔한 이미지를 저장할 수 있습니다.

4.3 seaborn 개요 및 기능

▶ 영상 보러가기

seaborn 개념

seaborn은 matplotlib의 확장된 개념으로, 심미적인 그래프를 쉽게 그리도록 도와주는 도구이다. 특히 통계 관련 그래프를 그릴 때 더 강력하고 보기 좋은 결과물을 만들어 준다. matplotlib이 세부적인 커스터마이징에 유용하다면, seaborn은 빠르고 아름다운 시각화를 위한 고수준 인터페이스를 제공한다.

Seaborn을 사용하면 복잡한 통계 정보(예: 데이터가 어떻게 퍼져 있는지 보여주는 히스토그램이나 상자 그림, 두 데이터 간의 관계를 보여주는 산점도 등)를 간단한 명령어로 나타낼 수 있다. 또한 기본적으로 제공되는 디자인과 색상이 예뻐서 그래프를 꾸미는 노력을 줄여주며, matplotlib을 직접 사용하는 것보다 더 짧은 코드로 같은 그래프를 그릴 수 있는 경우가 많다. 데이터 분석에 자주 사용하는 Pandas의 DataFrame을 바로 그래프로 만들기 편리하다는 장점도 있다.

seaborn 설치

seaborn 역시 구글 코랩에서 기본으로 제공하고 있어 별도의 설치 없이 바로 사용할 수 있다.

</> **코드 살펴보기**　　　　　　　　　　　　소스코드 **T04_10.py**

seaborn 라이브러리 버전 확인

```
import seaborn as sns # ①
print(sns._version_) # ②
```

</> 실행결과　　　　　　　　　　　×

0.13.2

코드 해설

① seaborn 라이브러리를 'sns'라는 별칭으로 가져옵니다.
② seaborn의 함수를 'sns' 를 사용하여 호출하고, seaborn의 버전을 출력합니다.

히트맵(Heatmap)

히트맵은 2차원 행렬 형태의 데이터를 색상의 농도나 변화로 표현하는 그래프이다. 데이터 값의 크기, 패턴, 변수 간의 상관관계 등을 시각적으로 파악하는 데 유용하다. 특히 상관관계 분석, 시계열 데이터의 패턴 분석, 대용량 데이터의 개요 파악에 효과적이며, 색상 강도를 통해 값의 크기를 직관적으로 이해할 수 있다.

```
sns.heatmap(data,*,vmin=None,vmax=None,cmap=None,center=None,robust=False,an-
not=None,fmt='.2g',annot_kws=None,linewidths=0,linecolor='white',cbar=True,cbar_
kws=None,cbar_ax=None,square=False,xticklabels='auto',yticklabels='auto',mask=None,ax-
=None,**kwargs)
```

매개 변수	설명
data	• 히트맵을 생성할 데이터를 지정하는 인자 • 2차원 DataFrame 또는 ndarray 객체 가능
vmin	• 컬러맵이 적용될 데이터 값의 최솟값(기본값은 None) • 실수 가능
vmax	• 컬러맵이 적용될 데이터 값의 최댓값(기본값은 None) • 실수 가능
cmap	• 컬러맵(기본값은 None) • matplotlib 컬러맵 이름 또는 객체, 색상 리스트 가능
center	• 색상 중위수(기본값은 None) • 실수 가능
robust	vmin과 vmax가 설정되지 않은 상태에서 True로 설정하면 극단값 대신 강건한 분위수(robust quantiles)를 사용하여 계산(기본값은 False)
annot	• 각 셀의 설명 표기(기본값은 None) • 불리언 또는 DataFrame, ndarray 객체 가능
fmt	• 각 셀의 설명 서식(기본값은 '.2g') • 문자열 가능
annot_kws	• 각 셀의 설명 키/값 매핑 인자(기본값은 None) • 사전(Dictionary) 가능
linewidth	• 각 셀을 나누는 선의 굵기(기본값은 0) • 실수 가능
linecolor	• 각 셀을 나누는 선의 색상(기본값은 'white') • 문자열 가능
cbar	컬러바를 그릴지 여부(기본값은 True)
cbar_kws	• 컬러바 키/값 매핑 인자(기본값은 None) • 사전(Dictionary) 가능

cbar_ax	• 컬러바를 그릴 축(기본값은 None) • matplotlib 축 객체 가능
square	각 셀을 정사각형으로 그릴지 여부(기본값은 False)
xtickables	• x축 레이블 표시하는 인자(기본값은 "auto") • "auto" 문자열, 불리언, 정수, 리스트 등 가능
ytickables	• y축 레이블 표시하는 인자(기본값은 "auto") • "auto" 문자열, 불리언, 정수, 리스트 등 가능
mask	• 일부 데이터를 표기하지 않도록 설정하는 인자(기본값은 None) • 불리언 리스트 또는 DataFrame 가능
ax	• 플롯을 그릴 축을 지정하는 인자(기본값은 None) • matplotlib 축 객체 가능

`</>` 코드 살펴보기

소스코드 T04_11.py

히트맵

```python
import matplotlib.pyplot as plt
import seaborn as sns # ①

data = [[100, 150, 200, 120],
  [80, 120, 180, 160],
  [90, 140, 170, 190],
  [75, 130, 190, 180],
  [60, 110, 160, 140]]

# 기본 히트맵 그리기
sns.heatmap(data, cmap='Blues', annot=True,
fmt='d') # ②

# 그래프 요소 추가
plt.title('히트맵') # ③
plt.xlabel('x축') # ④
plt.ylabel('y축') # ⑤

# 히트맵 표시
plt.show( ) # ⑥
```

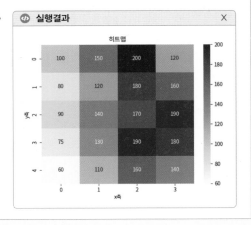

204

클러스터맵(Clustermap)

클러스터맵은 2차원 행렬 데이터를 계층적 클러스터링으로 행과 열을 재정렬하고 히트맵으로 표현하는 그래프이다. 데이터 내 유사한 패턴을 가진 그룹을 찾고 전체 구조를 파악하는 데 유용하다.

클러스터맵의 옆면이나 위쪽에 표시되는 덴드로그램(dendrogram)은 나뭇가지 모양의 다이어그램으로, 데이터 간의 유사성에 따라 계층적으로 연결되는 구조를 보여준다. 마치 가족관계도처럼 가까운 특성을 가진 데이터들이 먼저 연결되고, 점점 더 큰 그룹으로 합쳐지는 과정을 시각화한다.

이러한 클러스터맵은 유전자 발현 분석, 고객 세분화, 금융 데이터 분석 등 복잡한 데이터셋의 숨겨진 패턴을 발견하는 데 특히 효과적이다.

```
seaborn.clustermap(data,*,pivot_kws=None,method='average',metric='euclidean',z_
score=None,standard_scale=None,figsize=(10,10),cbar_kws=None,row_cluster=True,col_clus-
ter=True,row_linkage=None,col_linkage=None,row_colors=None,col_colors=None,mask=None,-
dendrogram_ratio=0.2,colors_ratio=0.03,cbar_pos=(0.02,0.8,0.05,0.18),tree_kws=None,**kwargs)
```

매개 변수	설명
data	• 클러스터맵을 생성할 데이터를 지정하는 인자 • 2차원 DataFrame 또는 ndarray 객체 가능
pivot_kws	• DataFrame이 데이터로 제공되는 경우, 피벗으로 전달할 키워드 인자(기본값은 None) • 사전(Dictionary) 가능

method	클러스터 연결에 사용할 방식을 설정하는 인자(기본값은 'average')	
	'single'	가장 가까운 점 연결 알고리즘 방식
	'complete'	가장 먼 점 연결 알고리즘 방식
	'average'	평균점 연결 알고리즘 방식
	'weighted'	가중치 연결 알고리즘 방식
	'centroid'	유클리드 거리 연결 알고리즘 방식
	'median'	중위수 연결 알고리즘 방식
	'ward'	증분 연결 알고리즘 방식
metric	• 데이터에 사용할 거리 매트릭(기본값은 'euclidean') • 문자열 가능	
z_score	• 행 또는 열에 Z-스코어를 계산할지를 설정하는 인자(기본값은 None) • 숫자 0 또는 1 가능	
standard_scale	• 행 또는 열에 표준화 스케일을 적용할지를 설정하는 인자(기본값은 None) • 숫자 0 또는 1 가능	
figsize	• 이미지 크기(기본값은 (10,10)) • 튜플 가능	
cbar_kws	• 컬러바 키워드 인자(기본값은 None) • 사전(Dictionary) 가능	
row_cluster	• 행 클러스터링 여부(기본값은 True) • 불리언 가능	
col_cluster	• 열 클러스터링 여부(기본값은 True) • 불리언 가능	
row_linkage	• 행에 적용될 미리 계산된 연결 행렬(기본값은 None) • ndarray 가능	
col_linkage	• 열에 적용될 미리 계산된 연결 행렬(기본값은 None) • ndarray 가능	
row_colors	• 행 색상을 전달하는 인자(기본값은 None) • DataFrame, 리스트 가능	
col_colors	• 열 색상을 전달하는 인자(기본값은 None) • DataFrame, 리스트 가능	
mask	• 일부 데이터를 표기하지 않도록 설정하는 인자(기본값은 None) • 불리언 리스트 또는 DataFrame 가능	
dendrogram_ratio	• 두 개 요소의 크기 비율(기본값은 0.2) • 실수 또는 실수 튜플 가능	
colors_ratio	• 두 개 요소의 색상 비율(기본값은 0.03) • 실수 또는 실수 튜플 가능	
cbar_pos	• 컬러바 위치를 전달하는 인자(기본값은 (0.02,0.8,0.05,0.08))	

tree_kws	• 트리에 표기할 키워드 인자(기본값은 None) • 사전(Dictionary) 가능

</> 코드 살펴보기

소스코드 T04_12.py

클러스터맵

```python
import matplotlib.pyplot as plt
import seaborn as sns
import pandas as pd

data = {
    '지역': ['서울', '부산', '대구', '인천', '광주', '대전', '울산', '세종', '경기', '강원', '충북', '충남', '전북', '전남',
    '경북', '경남', '제주'],
     '인구 밀도(명/km²)': [17000, 12000, 8000, 10000, 7000, 6500, 7500, 9000, 11000, 500, 1200, 1300,
    800, 700, 1100, 1400, 600],
     '평균 연령': [40, 42, 38, 39, 37, 36, 35, 34, 41, 43, 45, 44, 38, 36, 37, 39, 42]
} # ①

# 데이터 변환하여 준비하기
df_data = pd.DataFrame(data) # ②
numeric_data = df_data.set_index('지역').
select_dtypes(include=['number']) # ③

# 기본 클러스터맵 그리기
sns.clustermap(numeric_data,
cmap='coolwarm', annot=True, fmt='d') # ④

# 그래프 요소 추가
plt.title('클러스터(히트)맵') # ⑤

# 클러스터 히트맵 표시
plt.show() # ⑥
```

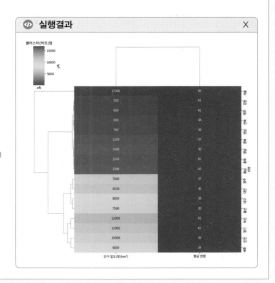

코드 해설

① 사전(Dictionary)의 샘플 데이터를 생성합니다.

② DataFrame 형태로 변환합니다.

③ 클러스터맵에 사용 가능한 데이터 형태로 변환합니다.

④ 기본 클러스터맵을 생성합니다.

⑤ 그래프의 제목을 설정합니다.

⑥ 플롯을 표시합니다.

박스플롯(Boxplot)

박스플롯은 수치 데이터를 시각화하여 집합의 범위와 중위수를 빠르게 확인할 수 있으며, 통계적으로 이상치가 있는지 빠르게 확인할 수 있는 시각화 기법이다. 수치 데이터의 통계량을 상자 모양으로 표현하는데, 상위 경계(Q3+1.5IQR), 3사분위수(Q3), 2사분위수(중위수), 1사분위수(Q1), 하위 경계(Q1−1.5IQR), 이상치(outlier)로 구성된다. 데이터의 분포, 대칭성, 이상치 여부를 한눈에 파악할 수 있어 금융 데이터 분석, 의학 연구, 품질 관리 등 다양한 분야에서 활용된다.

```
sns.boxplot(data=None,*,x=None,y=None,hue=None,order=None,hue_order=None,ori-
ent=None,color=None,palette=None,saturation=0.75,fill=True,dodge='au-
to',width=0.8,gap=0,whis=1.5,linecolor='auto',linewidth=None,fliersize=None,hue_
norm=None,native_scale=False,log_scale=None,formatter=None,legend='auto',ax=None,**k-
wargs)
```

주요 매개 변수	설명
data	• 박스플롯을 생성할 데이터를 지정하는 인자 • DataFrame, 시리즈, 사전(Dictionary), 배열, 배열의 리스트 가능
x	• 장형 데이터를 위한 x축 값들(기본값은 None) • 데이터의 변수명 리스트 또는 벡터 가능
y	• 장형 데이터를 위한 y축 값들(기본값은 None) • 데이터의 변수명 리스트 또는 벡터 가능
hue	• 장형 데이터를 위한 hue 값들(기본값은 None) • 데이터의 변수명 리스트 또는 벡터 가능
order	• 범주 수준을 위한 order 값들(기본값은 None) • 문자열 리스트 가능
hue_order	• 범주 수준을 위한 hue_order 값들(기본값은 None) • 문자열 리스트 가능
orient	표시 방향(기본값은 None) |	
'v'	수직
'h'	수평
'x'	x축
'y'	y축	
color	• 색상을 설정하는 인자(기본값은 None) • matplotlib 색상

palette	• 색상 팔레트를 설정하는 인자(기본값은 None)
	• 색상 팔레트 이름, 리스트, 사전(Dictionary) 가능
saturation	• 채도를 설정하는 인자(기본값은 0.75)
	• 실수 가능
fill	• 거친 스타일을 적용할지 여부(기본값은 True)
	• 불리언 가능
dodge	• 색조를 매핑할 때, 요소를 좁히고 방향 축을 따라 이동하며 겹침을 제거할지 여부(기본값은 'auto')
	• 'auto' 또는 불리언 가능
width	• 방향 축의 각 요소에 할당된 너비(기본값은 0.8)
	• 실수 가능
gap	• 요소 간 간격을 설정하는 인자(기본값은 0)
	• 실수 가능
whis	• 라인 길이를 제어하는 인자(기본값은 1.5)
	• 실수 또는 실수 튜플 가능
linecolor	• 라인의 색상(기본값은 'auto')
	• 색상 가능
linewidth	• 라인 너비(기본값은 None)
	• 실수 가능
fliersize	• 이상치 관측값을 나타내는 데 사용되는 마커의 크기(기본값은 None)
	• 실수 가능
hue_norm	• 색상 변수가 숫자형일 때만 적용되는 컬러맵에 대한 데이터 단위의 정규화 여부(기본값은 None)
	• 튜플 또는 matplotlib 색상 정규화 객체 가능
native_scale	• 범주형 축의 숫자 또는 날짜/시간 값이 원래의 크기를 유지(기본값은 False)
	• 불리언 가능
log_scale	• 축 스케일을 로그로 설정하는 인자(기본값은 None)
	• 숫자, 불리언 또는 숫자와 불리언의 튜플 가능
formatter	• 범주형 데이터를 문자열로 변환하는 함수(기본값은 None)
	• 함수 가능

legend	범례를 설정하는 인자(기본값은 'auto')		
		'auto'	자동
		'breif'	약식 표기
		'full'	전체 표기
		False	표기 안 함

ax	• 플롯을 그릴 축 객체(기본값은 None)
	• matplotlib 축 가능

박스플롯

```python
import matplotlib.pyplot as plt
import seaborn as sns
import pandas as pd

# 예시 데이터 생성
data = {
    '수익': [1000, 1500, 1300, 1600, 1700],
    '비용': [800, 1200, 1100, 1300, 1250]
} # ①
df_data = pd.DataFrame(data) # ②

# 기본 박스플롯 그리기
sns.boxplot(data=df_data,fill=False, gap=.1)
# ③

# 그래프 요소 추가
plt.title('박스플롯') # ④

# 박스플롯 표시
plt.show( ) # ⑤
```

실행결과

박스플롯

코드 해설

① 사전(Dictionary)의 샘플 데이터를 생성합니다.

② DataFrame 형태로 변환합니다.

③ 기본 박스플롯을 생성하며, fill=False와 gap=0.1로 시각적 설정을 조정합니다.

④ 그래프의 제목을 설정합니다.

⑤ 플롯을 표시합니다.

카운트플롯(Countplot)

카운트플롯은 범주형 데이터의 카테고리별 데이터 개수(빈도)를 막대 형태로 나타내는 그래프이다. 각 카테고리에 속하는 데이터의 양을 비교하고, 범주형 변수의 분포를 파악하는 데 유용하다. 설문조사 결과 분석, 고객 선호도 파악, 제품 판매량 비교 등 범주별 빈도를 시각화해야 하는 상황에서 효과적이며, 히스토그램이 연속형 변수의 분포를 보여준다면, 카운트플롯은 이산형/범주형 변수의 분포를 보여준다.

```
seaborn.countplot(data=None,*,x=None,y=None,hue=None,order=None,hue_or-
der=None,orient=None,color=None,palette=None,saturation=0.75,fill=True,hue_
norm=None,stat='count',width=0.8,dodge='auto',gap=0,log_scale=None,native_scale=False,for-
matter=None,legend='auto',ax=None,**kwargs)
```

주요 매개 변수	설명		
data	• 카운트플롯을 생성할 데이터를 지정하는 인자 • DataFrame, 시리즈, 사전(Dictionary), 배열, 배열의 리스트 가능		
x	• 장형 데이터를 위한 x축 값들(기본값은 None) • 변수명 또는 벡터 가능		
y	• 장형 데이터를 위한 y축 값들(기본값은 None) • 변수명 또는 벡터 가능		
hue	• 장형 데이터를 위한 hue 값들(기본값은 None) • 변수명 또는 벡터 가능		
orient	표시 방향(기본값은 None)		
	'v'	수직	
	'h'	수평	
	'x'	x축	
	'y'	y축	
color	• 색상을 설정하는 인자(기본값은 None) • matplotlib 색상		
palette	• 색상 팔레트를 설정하는 인자(기본값은 None) • 색상 팔레트 이름, 리스트, 사전(Dictionary) 가능		
saturation	• 채도를 설정하는 인자(기본값은 0.75) • 실수 가능		

hue_norm	• 색상 변수가 숫자형일 때만 적용되는 컬러맵에 대한 데이터 단위의 정규화 여부(기본값은 None) • 튜플 또는 matplotlib 색상 정규화 객체 가능
stat	계산할 통계 지정(기본값은 'count') | 'count'	수량
'percent'	비율(%)
'proportion'	비율
'probability'	확률	
width	• 방향 축의 각 요소에 할당된 너비(기본값은 0.8) • 실수 가능
dodge	• 색조를 매핑할 때, 요소를 좁히고 방향 축을 따라 이동하며 겹침을 제거할지 여부(기본값은 'auto') • 'auto' 또는 불리언 가능
log_scale	• 축 스케일을 로그로 설정하는 인자(기본값은 None) • 숫자, 불리언 또는 숫자와 불리언의 튜플 가능
native_scale	• 범주형 축의 숫자 또는 날짜/시간 값이 원래의 크기를 유지(기본값은 False) • 불리언 가능
formatter	• 범주형 데이터를 문자열로 변환하는 함수(기본값은 None) • 함수 가능
legend	범례를 설정하는 인자(기본값은 'auto') | 'auto'	자동
'breif'	약식 표기
'full'	전체 표기
False	표기 안 함	
ax	• 플롯을 그릴 축 객체(기본값은 None) • matplotlib 축 가능

카운트플롯

```python
import matplotlib.pyplot as plt
import seaborn as sns
import pandas as pd

data = {
    '지역': ['서울', '부산', '대구', '인천', '광주', '대전', '울산', '세종', '경기', '강원', '충북', '충남', '전북', '전남',
'경북', '경남', '제주'],
    '인구 밀도(명/km²)': [17000, 12000, 8000, 10000, 7000, 6500, 7500, 9000, 11000, 500, 1200, 1300,
800, 700, 1100, 1400, 600],
    '평균 연령': [40, 42, 38, 39, 37, 36, 35, 34, 41, 43, 45, 44, 38, 36, 37, 39, 42]
} # ①
df_data = pd.DataFrame(data) # ②

# 기본 카운트플롯 그리기
sns.countplot(data=df_data,
x='평균 연령', fill=True) # ③

# 그래프 요소 추가
plt.title('카운트플롯') # ④
plt.xlabel('평균연령') # ⑤
plt.ylabel('수량') # ⑥

# 카운트플롯 표시
plt.show( ) # ⑦
```

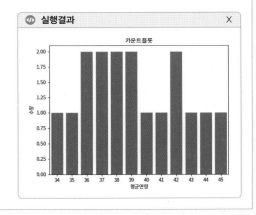

코드 해설

① 사전(Dictionary)의 샘플 데이터를 생성합니다.

② DataFrame 형태로 변환합니다.

③ 평균 연령을 x축 값으로 하여 카운트플롯을 생성하고, 막대를 채움(fill=True)니다.

④ 그래프의 제목을 설정합니다.

⑤ x축 레이블을 설정합니다.

⑥ y축 레이블을 설정합니다.

⑦ 플롯을 표시합니다.

> **Tip** seaborn으로 그릴 수 있는 더 다양한 차트에 대해서는 공식 웹사이트의 API 항목(https://seaborn.pydata.org/api.html)을 참조하세요.

01 1부터 10까지의 정수를 x축으로, 해당 값의 제곱을 y축으로 하는 선 그래프를 그려
보자.

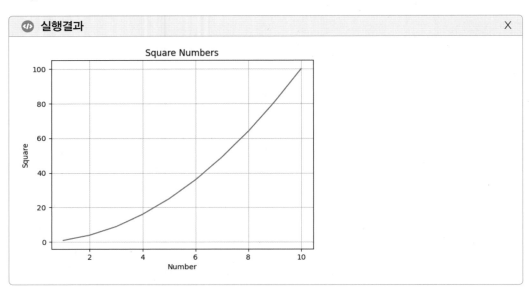

02 다음 데이터를 이용하여 막대 그래프를 그려보자. x축은 과일 이름, y축은 판매량이다.

[입력]

```
fruits = ['Apple', 'Banana', 'Orange', 'Mango']
sales = [35, 25, 45, 30]
```

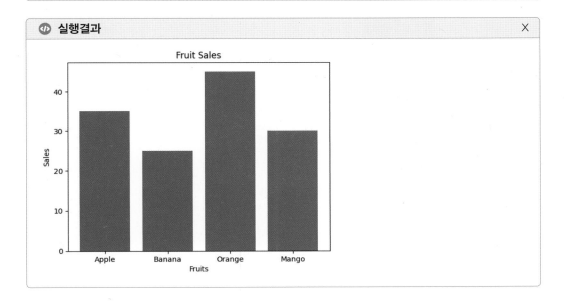

215

03 random.normal 함수를 사용하여 생성한다.

예시: np.random.normal(70, 10, 100) # 평균 70, 표준편차 10인 100개의 점수 생성

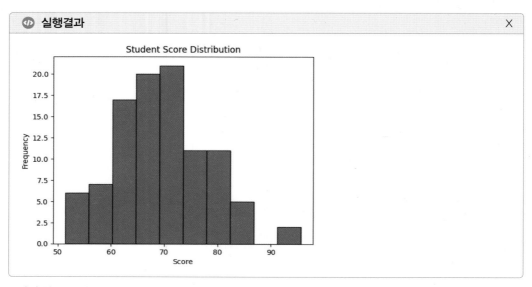

* 랜덤 함수를 사용하였으므로 출력 결과가 다를 수 있습니다.

04 원의 중심각과 반지름을 이용하여 아래와 같은 데이터로 파이 차트를 그려보자.

[입력]

```
sizes = [30, 25, 20, 15, 10]
labels = ['A', 'B', 'C', 'D', 'E']
colors = ['red', 'green', 'blue', 'yellow', 'orange']
```

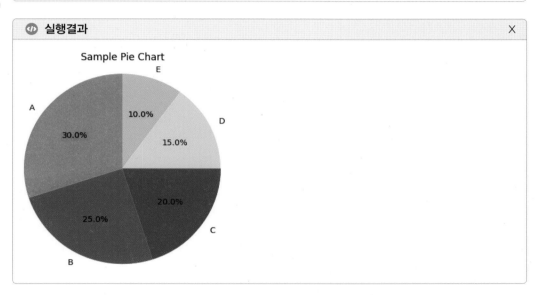

05 x와 y 좌표가 각각 [1, 2, 3, 4, 5]와 [2, 4, 6, 8, 10]인 점들을 이용하여 산점도를 그려보자.

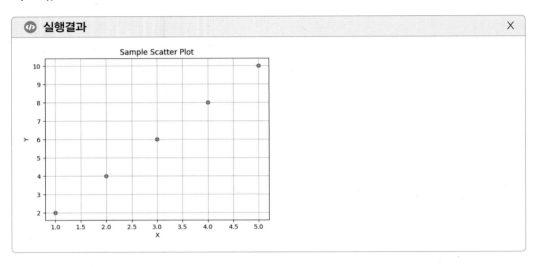

06 하나의 그래프에 선 그래프와 산점도를 함께 그려보자. x 값은 1부터 10까지의 정수이고, y 값은 x의 제곱이다.

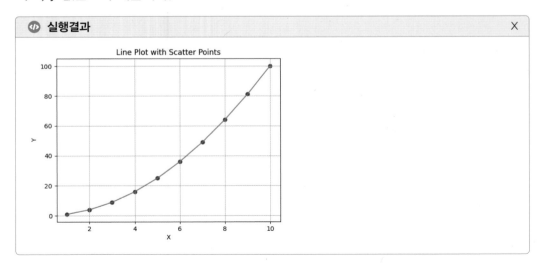

07 2x2 서브플롯을 만들고, 각각의 서브플롯에 서로 다른 종류의 그래프(선 그래프, 막대 그래프, 산점도, 히스토그램)를 그려보자.

[입력]

```
# 선 그래프
x = np.arange(0, 10, 0.1)
y = np.sin(x)
# 막대 그래프
fruits = ['Apple', 'Banana', 'Orange']
counts = [30, 25, 35]
# 산점도
x = np.random.rand(50)
y = np.random.rand(50)
# 히스토그램
data = np.random.randn(1000)
bins = 30
```

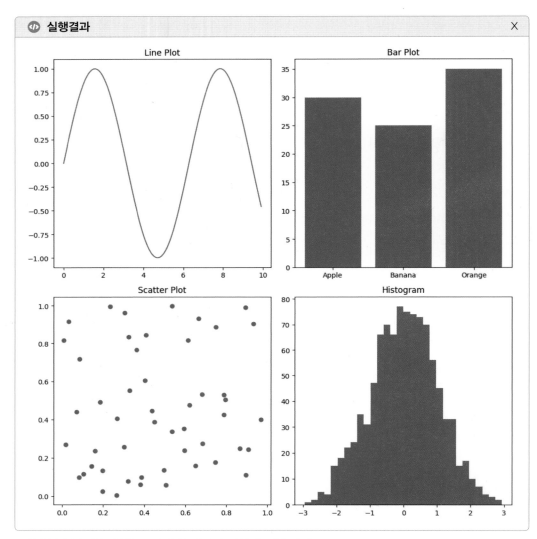

* 랜덤 함수를 사용하였으므로 출력 결과가 다를 수 있습니다.

08 선 그래프를 그리고, 그래프를 PNG 파일(sine_wave.png)로 저장해보자.

[입력]

```
x = np.arange(0, 10, 0.1)

y = np.sin(x)

sine_wave.png
```

실행결과   X

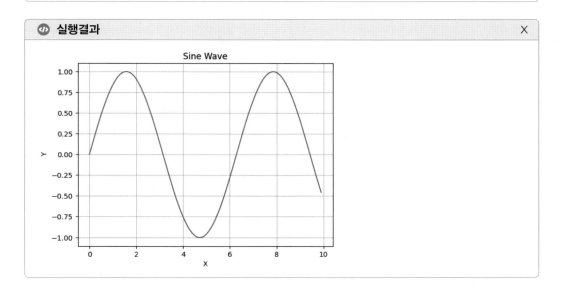

09 두 개의 서로 다른 y축을 가진 그래프를 그려보자. 왼쪽 y축은 온도(섭씨), 오른쪽 y축은 습도(%)를 나타낸다.

[입력]

```
x = np.arange(1, 11)
temp = 20 + 2 * np.random.randn(10)
humidity = 60 + 5 * np.random.randn(10)
```

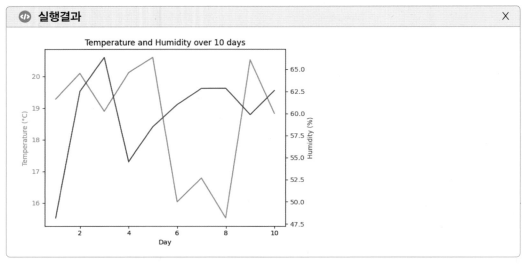

* 랜덤 함수를 사용하였으므로 출력 결과가 다를 수 있습니다.

01 소스코드 Q04_01.py

```python
import matplotlib.pyplot as plt
import numpy as np
x = np.arange(1, 11)
y = x**2
plt.plot(x, y)
plt.title('Square Numbers')
plt.xlabel('Number')
plt.ylabel('Square')
plt.grid(True)
plt.show( )
```

02 소스코드 Q04_02.py

```python
import matplotlib.pyplot as plt
fruits = ['Apple', 'Banana', 'Orange', 'Mango']
sales = [35, 25, 45, 30]
plt.bar(fruits, sales)
plt.title('Fruit Sales')
plt.xlabel('Fruits')
plt.ylabel('Sales')
plt.show( )
```

03 소스코드 Q04_03.py

```python
import matplotlib.pyplot as plt
import numpy as np
scores = np.random.normal(70, 10, 100)  # 평균 70, 표준편차 10인 100개의 점수 생성
plt.hist(scores, bins=10, edgecolor='black')
plt.title('Student Score Distribution')
plt.xlabel('Score')
plt.ylabel('Frequency')
plt.show( )
```

04 소스코드 Q04_04.py

```python
import matplotlib.pyplot as plt
sizes = [30, 25, 20, 15, 10]
labels = ['A', 'B', 'C', 'D', 'E']
colors = ['red', 'green', 'blue', 'yellow', 'orange']
plt.pie(sizes, labels=labels, colors=colors, autopct='%1.1f%%', startangle=90)
plt.axis('equal')
plt.title('Sample Pie Chart')
plt.show( )
```

05 소스코드 Q04_05.py

```python
import matplotlib.pyplot as plt
x = [1, 2, 3, 4, 5]
y = [2, 4, 6, 8, 10]
plt.scatter(x, y)
plt.title('Sample Scatter Plot')
plt.xlabel('X')
plt.ylabel('Y')
plt.grid(True)
plt.show( )
```

06 소스코드 Q04_06.py

```python
import matplotlib.pyplot as plt
import numpy as np
x = np.arange(1, 11)
y = x**2
plt.plot(x, y, 'r-')
plt.scatter(x, y, color='blue')
plt.title('Line Plot with Scatter Points')
plt.xlabel('X')
plt.ylabel('Y')
plt.grid(True)
plt.show( )
```

07 소스코드 Q04_07.py

```python
import matplotlib.pyplot as plt
import numpy as np
fig, axs = plt.subplots(2, 2, figsize=(10, 10))
# 선 그래프
x = np.arange(0, 10, 0.1)
y = np.sin(x)
axs[0, 0].plot(x, y)
axs[0, 0].set_title('Line Plot')
# 막대 그래프
fruits = ['Apple', 'Banana', 'Orange']
counts = [30, 25, 35]
axs[0, 1].bar(fruits, counts)
axs[0, 1].set_title('Bar Plot')
```

```
# 산점도
x = np.random.rand(50)
y = np.random.rand(50)
axs[1, 0].scatter(x, y)
axs[1, 0].set_title('Scatter Plot')
# 히스토그램
data = np.random.randn(1000)
bins = 30
axs[1, 1].hist(data, bins=bins)
axs[1, 1].set_title('Histogram')
plt.tight_layout()
plt.show()
```

08 소스코드 Q04_08.py

```
import matplotlib.pyplot as plt
import numpy as np
x = np.arange(0, 10, 0.1)
y = np.sin(x)
plt.plot(x, y)
plt.title('Sine Wave')
plt.xlabel('X')
plt.ylabel('Y')
plt.grid(True)
plt.savefig('sine_wave.png')
print("그래프가 'sine_wave.png' 파일로 저장되었습니다.")
```

```
import matplotlib.pyplot as plt
import numpy as np
x = np.arange(1, 11)
temp = 20 + 2 * np.random.randn(10)
humidity = 60 + 5 * np.random.randn(10)
fig, ax1 = plt.subplots()
ax1.set_xlabel('Day')
ax1.set_ylabel('Temperature(℃)', color='red')
ax1.plot(x, temp, color='red')
ax1.tick_params(axis='y', labelcolor='red')
ax2 = ax1.twinx()
ax2.set_ylabel('Humidity(%)', color='blue')
ax2.plot(x, humidity, color='blue')
ax2.tick_params(axis='y', labelcolor='blue')
plt.title('Temperature and Humidity over 10 days')
plt.tight_layout()
plt.show()
```

5장

데이터 전처리

데이터 전처리 과정에서 복잡한 데이터를 정리하고 변환하는 것은
매우 중요합니다. 이를 통해 데이터의 품질을 향상시키고, 분석에
적합한 형태로 변환하여 정확하고 신뢰성 있는 결과를 얻을 수 있
습니다. 효율적인 전처리를 통해 분석의 복잡성을 줄이고, 작업의
효율성을 높일 수 있습니다.

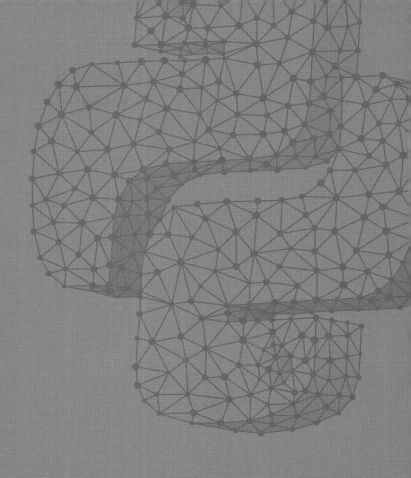

무엇을 배워볼까요?

이 장에서는 데이터 전처리 과정을 다룹니다. 데이터 전처리는 다양한
형태의 데이터를 불러오고, 정리하며, 분석에 적합한 형태로 변환하는
과정입니다. 데이터 불러오기와 저장 방법, 결측값과 이상값 처리, 데
이터 변환 및 정규화와 같은 핵심 작업을 익히고, 특히, 데이터 필터
링, 슬라이싱 및 인덱싱, 기본적인 통계 계산(sum, mean, max, min
등)과 같은 기법을 활용해 데이터를 효율적으로 조작하고 분석 준비를
완료하는 방법을 학습합니다. 이 과정은 데이터의 전처리 과정을 수행
하고 기본기를 쌓는 데 중점을 둡니다.

#데이터준비 #csv데이터 #excel데이터 #json데이터

5.1 데이터 준비 및 불러오기

 영상 보러가기

데이터 소스는 데이터를 얻을 수 있는 출처를 의미하며, 여러 형식으로 존재할 수 있다. 일반적인 데이터 소스에는 CSV 파일, 엑셀 파일, 데이터베이스, JSON 파일, 웹 API, 웹 스크래핑 등이 있다. 각 소스에 따라 데이터를 불러오는 방법이 다르므로, 소스의 특성을 이해하는 것이 중요하다.

> **Tip** 웹 API, 웹 스크랩핑 등을 통해 데이터를 불러올 때는 반드시 제공자가 사용을 허락하는지 확인해야 합니다.

CSV 파일 불러오기

CSV(Comma-Separated Values) 파일은 데이터를 쉼표(,)로 구분하여 저장하는 형식이다. 간단하고 널리 사용되며, 다양한 프로그램에서 쉽게 읽을 수 있다.

</> 코드 살펴보기　　　　　　　　　　　　　　　　소스코드 **T05_01.py**

CSV 파일 불러오기

```python
import pandas as pd

df_csv = pd.read_csv('data.csv') # ①
print(df_csv.head( )) # ②
```

[입력] data.csv　아래 내용의 파일을 "7장 > 데이터 불러오기 > 로컬 파일 불러오기"를 참고하여 코랩에 업로드

```
사번,이름,나이,부서
25001,김철수,20,정보보호부
25002,이영희,21,기술부
25003,박민수,22,생산부
25004,정수진,20,전략본부
25005,한미래,23,개발부
```

	사번	이름	나이	부서
0	25001	김철수	20	정보보호부
1	25002	이영희	21	기술부
2	25003	박민수	22	생산부
3	25004	정수진	20	전략본부
4	25005	한미래	23	개발부

코드 해설

① Pandas의 read_csv( ) 함수를 사용하여 CSV 파일에서 데이터를 불러옵니다.

② head( ) 함수는 DataFrame의 첫 몇 행을 출력하여 데이터를 확인할 수 있게 해줍니다.

> **Tip** CSV 파일은 구분자가 꼭 쉼표(,)만 사용되는 것은 아닙니다. 파일을 읽거나 쓸 때 delimiter 옵션을 활용해 구분자를 명시적으로 지정하면 데이터 오류를 방지할 수 있습니다.

엑셀 파일 불러오기

엑셀 파일은 표 형식의 데이터를 저장하는 데 적합한 형식으로, 여러 시트로 구성될 수 있다. Pandas를 사용하여 쉽게 읽을 수 있다.

</> 코드 살펴보기　　　　　　　　　　　　　　　　　　　　소스코드 T05_02.py

엑셀 파일 불러오기

```python
import pandas as pd

df_excel = pd.read_excel('data.xlsx', sheet_name='Sheet1') # ①
print(df_excel.head( )) # ②
```

사번	이름	나이	부서
25001	김철수	20	정보보호부
25002	이영희	21	기술부
25003	박민수	22	생산부
25004	정수진	20	전략본부
25005	한미래	23	개발부

실행결과   X

```
     사번      이름      나이      부서
0   25001    김철수     20     정보보호부
1   25002    이영희     21      기술부
2   25003    박민수     22      생산부
3   25004    정수진     20     전략본부
4   25005    한미래     23      개발부
```

코드 해설

① Pandas의 read_excel( ) 함수를 사용하여 엑셀 파일에서 데이터를 불러옵니다.

② head( ) 함수는 DataFrame의 첫 몇 행을 출력하여 데이터를 확인할 수 있게 해줍니다.

JSON 파일 불러오기

JSON(JavaScript Object Notation) 파일은 데이터 구조를 표현하는 경량의 데이터 형식이다. 구조적이며, 계층적인 데이터를 표현하는 데 유용하다. 웹 API와의 데이터 교환에 널리 사용된다.

JSON 파일 불러오기

```python
import json
import pandas as pd

with open('data.json', 'r') as json_file: # ①
    data_json = json.load(json_file) # ②

df_json = pd.DataFrame(data_json) # ③

print(df_json.head()) # ④
```

[입력] data.json

```
[
{"사번": 25001, "이름": "김철수", "나이": 20, "부서": "정보보호부"},
{"사번": 25002, "이름": "이영희", "나이": 21, "부서": "기술부"},
{"사번": 25003, "이름": "박민수", "나이": 22, "부서": "생산부"},
{"사번": 25004, "이름": "정수진", "나이": 20, "부서": "전략본부"},
{"사번": 25005, "이름": "한미래", "나이": 23, "부서": "개발부"}
]
```

`</>` 실행결과   X

	사번	이름	나이	부서
0	25001	김철수	20	정보보호부
1	25002	이영희	21	기술부
2	25003	박민수	22	생산부
3	25004	정수진	20	전략본부
4	25005	한미래	23	개발부

코드 해설

① json 파일을 읽기 모드('r')로 엽니다.
② json 모듈의 load() 함수를 사용하여 파일에서 JSON 데이터를 불러옵니다. 파일이 아닌 문자열에서 JSON을 파싱할 때는 loads() 함수를 사용합니다.
③ pandas의 DataFrame() 함수를 사용하여 JSON 데이터를 DataFrame으로 변환합니다.
④ head() 함수는 DataFrame의 첫 몇 행을 출력하여 데이터를 확인할 수 있게 해줍니다.

5.2 데이터 탐색

▶ 영상 보러가기

데이터 구조 이해

데이터 탐색의 첫 단계는 데이터의 구조를 이해하는 것이다. DataFrame의 형태, 열과 행의 수, 각 열의 데이터 타입 등을 확인하며, 데이터 유형과 결측값 여부 등 기본적인 특성을 파악하여 이후 전처리 방향을 결정한다.

</> 코드 살펴보기

소스코드 T05_04.py

데이터의 구조 이해

```python
import pandas as pd

df = pd.read_csv('data.csv') # ①
print(df.info()) # ②
```

[입력] data.csv

```
사번,이름,나이,부서
25001,김철수,20,정보보호부
25002,이영희,21,기술부
25003,박민수,22,생산부
25004,정수진,20,전략본부
25005,한미래,23,개발부
```

```
<class 'pandas.core.frame.DataFrame'>
RangeIndex: 5 entries, 0 to 4
Data columns(total 4 columns):
 #    Column        Non-Null Count        Dtype
---  ----------    -------------------   ----------
 0    사번            5 non-null            int64
 1    이름            5 non-null            object
 2    나이            5 non-null            int64
 3    부서            5 non-null            object
dtypes: int64(2), object(2)
memory usage: 292.0+ bytes
None
```

코드 해설

① Pandas의 read_csv( ) 함수를 사용하여 CSV 파일에서 데이터를 불러옵니다.

② info( ) 함수를 사용하여 DataFrame의 기본 정보를 출력합니다. info( ) 함수는 데이터셋의 구조와 특성을 빠르게 파악하는 데 유용하며, 다음과 같은 정보를 제공합니다.

- DataFrame의 행 수와 열 수
- 각 열의 이름
- 각 열의 데이터 타입(int64, float64, object 등)
- 각 열의 비결측값(non-null) 개수
- 전체 DataFrame의 메모리 사용량

통계적 요약

데이터의 기초 통계량을 확인하여 데이터의 분포와 범위를 이해한다. 이는 데이터 탐색의 중요한 부분으로, 데이터의 중심 경향과 이상치를 파악하고 후속 분석 방향을 결정하는 데 필수적이다.

</> 코드 살펴보기　　　　　　　　　　　　　　　　소스코드 T05_05.py

통계적 요약

```
import pandas as pd

df = pd.read_csv('data.csv') # ①
print(df.describe()) # ②
```

235

[입력] data.csv

```
사번,이름,나이,부서
25001,김철수,20,정보보호부
25002,이영희,21,기술부
25003,박민수,22,생산부
25004,정수진,20,전략본부
25005,한미래,23,개발부
```

🔳 **실행결과**   X

	사번	나이
count	5.000000	5.00000
mean	25003.000000	21.20000
std	1.581139	1.30384
min	25001.000000	20.00000
25%	25002.000000	20.00000
50%	25003.000000	21.00000
75%	25004.000000	22.00000
max	25005.000000	23.00000

코드 해설

① Pandas의 read_csv( ) 함수를 사용하여 CSV 파일에서 데이터를 불러옵니다.

② describe( ) 함수를 사용하여 DataFrame의 주요 통계적 특성을 요약합니다. describe( ) 함수는 기본적으로 숫자형 열에만 적용되며, 데이터의 분포와 범위를 빠르게 파악하는 데 유용합니다. 이 함수는 다음과 같은 통계 정보를 제공합니다.

항목	설명
count	각 열의 값 개수(결측값 제외)
mean	평균값
std	표준편차
min	최솟값
25%	1사분위수(하위 25% 지점의 값)
50%	중위수(2사분위수)
75%	3사분위수(상위 25% 지점의 값)
max	최댓값

Tip 데이터 구조와 특징을 파악하면 데이터 분석 결과 해석을 더 정확하게 할 수 있습니다.

5.3 데이터 전처리

▶ 영상 보러가기

데이터 결측값 처리

데이터 분석 과정에서 결측값은 분석 결과의 신뢰성과 모델 성능에 직접적인 영향을 미치는 중요한 요소이다. 결측값은 데이터셋에서 특정 값이 존재하지 않거나, 수집되지 않은 경우를 말하며, 여러 가지 원인으로 발생할 수 있다.

결측값(Missing Value) 확인

결측값 처리는 단순히 빈 값을 채우는 작업이 아니라, 데이터의 특성과 결측 발생 원인을 고려한 전략적 접근이 필요하다. 이는 분석 신뢰성을 좌우하는 핵심 전처리 과정으로, 이 단계를 건너뛰면 후속 분석에서 오류가 발생하거나 왜곡된 결과를 얻을 수 있다.

결측값은 삭제하거나 평균/중위수 등으로 대체하는 등 다양한 방법으로 처리할 수 있으며, 데이터의 특성과 분석 목적에 맞는 적절한 처리 방법을 선택하는 것이 중요하다.

</> 코드 살펴보기
소스코드 T05_06.py

결측값 확인

```python
import pandas as pd

data_dict = [ # ①
 {'사번': 25001,                   '나이': 20, '부서': '정보보호부'},
 {'사번': 25002, '이름': '이영희',          '부서': '기술부'   },
 {'사번': 25003, '이름': '박민수', '나이': 22             },
 {'사번': 25004, '이름': '정수진', '나이': 20             },
 {'사번': 25005, '이름': '한미래', '나이': 23, '부서': '개발부'   },
]

df = pd.DataFrame(data_dict) # ②

print(df) # ③
```

237

	사번	나이	부서	이름
0	25001	20.0	정보보호부	NaN
1	25002	NaN	기술부	이영희
2	25003	22.0	NaN	박민수
3	25004	20.0	NaN	정수진
4	25005	23.0	개발부	한미래

코드 해설

① 결측값이 포함된 데이터를 사전(Dictionary)으로 정의합니다.

② Pandas의 DataFrame( ) 함수를 사용하여 사전(Dictionary) 데이터를 DataFrame으로 변환합니다.

③ DataFrame df를 출력합니다. Pandas에서 결측값은 NaN(Not a Number)으로 표시되므로, 출력 결과에서 NaN 으로 표시된 부분이 결측값입니다.

Tip 결측값은 데이터 수집, 저장, 또는 처리 과정에서 값이 누락되면서 발생합니다. 설문조사 응답 누락, 센서의 일시적 고장, 데이터 통합 중 필드 불일치, 조건부 입력으로 인한 의도적 누락 등이 주요 원인입니다. 또한, 네트워크 오류나 저장소 손상과 같은 기술적 문제로 인해 데이터가 유실되기도 합니다. 결측값은 분석의 정확성과 신뢰성에 영향을 미치므로, 원인을 이해하고 적절히 처리하는 것이 중요합니다.

결측값 개수 확인

결측값을 처리하기 전에, 각 열에서 결측값의 개수를 확인하는 것이 중요하다.

결측값 개수 확인

```python
import pandas as pd

data_dict = [ # ①
  {'사번': 25001,                    '나이': 20, '부서': '정보보호부'},
  {'사번': 25002, '이름': '이영희',              '부서': '기술부'     },
  {'사번': 25003, '이름': '박민수', '나이': 22              },
  {'사번': 25004, '이름': '정수진', '나이': 20              },
  {'사번': 25005, '이름': '한미래', '나이': 23, '부서': '개발부'     },
]

df = pd.DataFrame(data_dict) # ②

print("각 열의 결측값 개수:")
print(df.isnull().sum()) # ③
```

</> 실행결과   X

```
각 열의 결측값 개수:
사번   0
나이   1
부서   2
이름   1
dtype: int64
```

코드 해설

① 결측값이 포함된 데이터를 사전(Dictionary)으로 정의합니다.

② Pandas의 DataFrame( ) 함수를 사용하여 사전(Dictionary) 데이터를 DataFrame으로 변환합니다.

③ isnull( ) 함수는 DataFrame의 각 셀에 대한 결측값 여부를 확인합니다. 결과는 DataFrame과 같은 크기의 Bool-
ean DataFrame이며, 결측값이 있는 셀은 True로, 결측값이 없는 셀은 False로 표시합니다.

이후 Boolean DataFrame에 대해 sum( ) 함수를 적용합니다. 각 열에 대해 True(결측값)의 개수를 합산하고, 이
를 출력합니다.

결측값 비율 확인

각 열의 결측값 비율을 확인하여, 결측값이 전체 데이터에서 차지하는 비율을 파악할 수 있다.

코드 살펴보기 소스코드 T05_08.py

결측값 비율 확인

```python
import pandas as pd

data_dict = [ # ①
 {'사번': 25001,                  '나이': 20, '부서': '정보보호부'},
 {'사번': 25002, '이름': '이영희',               '부서': '기술부'    },
 {'사번': 25003, '이름': '박민수', '나이': 22                  },
 {'사번': 25004, '이름': '정수진', '나이': 20                  },
 {'사번': 25005, '이름': '한미래', '나이': 23, '부서': '개발부'    },
]


df = pd.DataFrame(data_dict) # ②

print("각 열의 결측값 비율:")
print(df.isnull().mean() * 100) # ③
```

실행결과   X

```
각 열의 결측값 비율:
사번    0.0
나이    20.0
부서    40.0
이름    20.0
dtype: float64
```

코드 해설

① 결측값이 포함된 데이터를 사전(Dictionary)으로 정의합니다.

② Pandas의 DataFrame( ) 함수를 사용하여 사전(Dictionary) 데이터를 DataFrame으로 변환합니다.

③ isnull( ) 함수는 DataFrame의 각 셀에 대한 결측값 여부를 확인합니다. 결과는 DataFrame과 같은 크기의 Boolean DataFrame이며, 결측값이 있는 셀은 True로, 결측값이 없는 셀은 False로 표시합니다.

이후 Boolean DataFrame에 대해 mean( ) 함수를 적용합니다. 각 열에 대해 True(결측값)의 개수를 비율로 계산하고, 100을 곱하여 백분율로 출력합니다.

결측값 제거

가장 간단한 방법은 결측값을 포함한 행 또는 열을 제거하는 것이다. 그러나 이 방법은 데이터 손실이 발생할 수 있다.

</> 코드 살펴보기 소스코드 **T05_09.py**

결측값 제거

```python
import pandas as pd

data_dict = [ # ①
  {'사번': 25001,                  '나이': 20, '부서': '정보보호부'},
  {'사번': 25002, '이름': '이영희',             '부서': '기술부'    },
  {'사번': 25003, '이름': '박민수', '나이': 22                },
  {'사번': 25004, '이름': '정수진', '나이': 20                },
  {'사번': 25005, '이름': '한미래', '나이': 23, '부서': '개발부'    },
]

df = pd.DataFrame(data_dict) # ②

df_dropped_rows = df.dropna( ) # ③
print("결측값을 포함한 행 제거 후:")
print(df_dropped_rows)

df_dropped_cols = df.dropna(axis=1) # ④
print("\n결측값을 포함한 열 제거 후:")
print(df_dropped_cols)
```

결측값을 포함한 행 제거 후:

	사번	나이	부서	이름
4	25005	23.0	개발부	한미래

결측값을 포함한 열 제거 후:

	사번
0	25001
1	25002
2	25003
3	25004
4	25005

코드 해설

① 결측값이 포함된 데이터를 사전(Dictionary)으로 정의합니다.

② Pandas의 DataFrame( ) 함수를 사용하여 사전(Dictionary) 데이터를 DataFrame으로 변환합니다.

③ df.dropna( )는 결측값이 하나라도 포함된 행을 모두 제거합니다. 결과는 모든 열에서 완전한 정보를 가진 행만 남게 됩니다.

④ df.dropna(axis=1)는 결측값이 하나라도 포함된 열을 모두 제거합니다. axis=1 매개 변수는 열 방향으로 작업을 수행하라는 의미입니다. 결과는 모든 행에서 완전한 정보를 가진 열만 남게 됩니다.

결측값을 평균으로 대체

수치형 데이터에서 결측값을 해당 열의 평균값으로 대체하는 방법이다. 이 방법은 데이터가 정규분포에 가까운 경우 사용한다.

소스코드 T05_10.py

📎 코드 살펴보기

결측값을 평균값으로 대체

```python
import pandas as pd

data_dict = [ # ①
 {'사번': 25001,                'L'나이': 20, '부서': '정보보호부'},
 {'사번': 25002, '이름': '이영희',           '부서': '기술부'   },
 {'사번': 25003, '이름': '박민수', '나이': 22            },
 {'사번': 25004, '이름': '정수진', '나이': 20            },
 {'사번': 25005, '이름': '한미래', '나이': 23, '부서': '개발부'   },
]

df = pd.DataFrame(data_dict) # ②

df = df.fillna({'나이': df['나이'].mean( )}) # ③

print(df)
```

⏸ 실행결과   ✕

	사번	나이	부서	이름
0	25001	20.00	정보보호부	NaN
1	25002	21.25	기술부	이영희
2	25003	22.00	NaN	박민수
3	25004	20.00	NaN	정수진
4	25005	23.00	개발부	한미래

코드 해설

① 결측값이 포함된 데이터를 사전(Dictionary)으로 정의합니다.

② Pandas의 DataFrame( ) 함수를 사용하여 사전(Dictionary) 데이터를 DataFrame으로 변환합니다.

③ df.fillna( ) 함수를 사용하여 '나이' 열의 결측값(NaN)을 '나이' 열의 평균값(df['나이'].mean( ))으로 업데이트합니다.

결측값을 중위수로 대체

수치형 데이터에서 결측값을 해당 열의 중위수로 대체하는 방법이다. 이 방법은 데이터가 비대칭적이거나 이상치가 존재하는 경우에 평균보다 더 적합하다. 중위수는 데이터의 중간값으로, 이상치의 영향을 덜 받기 때문에 대체 값으로 유용하다.

</> 코드 살펴보기　　　　　　　　　　　　　　　　　　　　　　　　　소스코드 T05_11.py

결측값을 중위수로 대체

```python
import pandas as pd

data_dict = [ # ①
  {'사번': 25001,                    '나이': 20, '부서': '정보보호부'},
  {'사번': 25002, '이름': '이영희',              '부서': '기술부'    },
  {'사번': 25003, '이름': '박민수', '나이': 22                 },
  {'사번': 25004, '이름': '정수진', '나이': 20                 },
  {'사번': 25005, '이름': '한미래', '나이': 23, '부서': '개발부'    },
]

df = pd.DataFrame(data_dict) # ②

df = df.fillna({'나이': df['나이'].median()}) # ③

print(df)
```

실행결과　　　　　　　　　　　　　　　　　　　　　　　　　　　　　　　　　X

	사번	나이	부서	이름
0	25001	20.0	정보보호부	NaN
1	25002	21.0	기술부	이영희
2	25003	22.0	NaN	박민수
3	25004	20.0	NaN	정수진
4	25005	23.0	개발부	한미래

코드 해설

① 결측값이 포함된 데이터를 사전(Dictionary)으로 정의합니다.
② Pandas의 DataFrame( ) 함수를 사용하여 사전(Dictionary) 데이터를 DataFrame으로 변환합니다.
③ df.fillna( ) 함수를 사용하여 '나이' 열의 결측값(NaN)을 '나이' 열의 중위수(df['나이'].median( ))으로 업데이트합니다.

결측값을 최빈값으로 대체

범주형 데이터에서 결측값을 최빈값으로 대체하는 방법이다. 이 방법은 가장 자주 나타나는 카테고리로 대체하므로 범주형 데이터에 적합하다.

소스코드 T05_12.py

</> 코드 살펴보기

결측값을 최빈값으로 대체

```python
import pandas as pd
data_dict = [ # ①
    {'사번': 25001,                    '나이': 20, '부서': '정보보호부'},
    {'사번': 25002, '이름': '이영희',              '부서': '기술부'    },
    {'사번': 25003, '이름': '박민수', '나이': 22              },
    {'사번': 25004, '이름': '정수진', '나이': 20              },
    {'사번': 25005, '이름': '한미래', '나이': 23, '부서': '개발부'    },
]
df = pd.DataFrame(data_dict) # ②

df = df.fillna({'부서': df['부서'].mode()[0]}) # ③

print(df)
```

⟨/⟩ 실행결과   X

	사번	나이	부서	이름
0	25001	20.0	정보보호부	NaN
1	25002	NaN	기술부	이영희
2	25003	22.0	개발부	박민수
3	25004	20.0	개발부	정수진
4	25005	23.0	개발부	한미래

코드 해설

① 결측값이 포함된 데이터를 사전(Dictionary)으로 정의합니다.

② Pandas의 DataFrame( ) 함수를 사용하여 사전(Dictionary) 데이터를 DataFrame으로 변환합니다.

③ df.fillna( ) 함수를 사용하여 '부서' 열의 결측값(NaN)을 '부서' 열의 최빈값(df['부서'].mode( )[0])으로 업데이트합니다. mode( ) 함수는 최빈값을 계산하여 반환하는 함수로, 여러 최빈값이 있을 경우 첫 번째 최빈값을 선택합니다.

> **Tip** 데이터에 결측값이 너무 많은 경우 데이터 분석 결과의 신뢰성이 매우 나빠지므로 다른 데이터를 활용하는 방안도 고려해야 합니다.

중복 데이터 제거

중복 데이터는 통계 결과를 왜곡시키고 데이터 분석에 혼란을 줄 수 있으므로, 이를 제거하는 것이 중요하다.

</> 코드 살펴보기 소스코드 T05_13.py

중복 데이터 제거

```python
import pandas as pd

data_dict = [ # ①
  {'사번': 25001, '이름': '김철수', '나이': 20, '부서': '정보보호부'},
  {'사번': 25001, '이름': '김철수', '나이': 20, '부서': '정보보호부'},  # ②
  {'사번': 25002, '이름': '이영희', '나이': 21, '부서': '기술부'},
  {'사번': 25003, '이름': '박민수', '나이': 22, '부서': '생산부'},
  {'사번': 25004, '이름': '정수진', '나이': 20, '부서': '전략본부'},
  {'사번': 25005, '이름': '한미래', '나이': 23, '부서': '개발부'},
  {'사번': 25005, '이름': '한미래', '나이': 23, '부서': '개발부'},  # ②
]

df = pd.DataFrame(data_dict) # ③

print("중복 제거 전:")
print(df)

df_no_duplicates = df.drop_duplicates() # ④

print("\n중복 제거 후:")
print(df_no_duplicates)
```

중복 제거 전:

	사번	이름	나이	부서
0	25001	김철수	20	정보보호부
1	25001	김철수	20	정보보호부
2	25002	이영희	21	기술부
3	25003	박민수	22	생산부
4	25004	정수진	20	전략본부
5	25005	한미래	23	개발부
6	25005	한미래	23	개발부

중복 제거 후:

	사번	이름	나이	부서
0	25001	김철수	20	정보보호부
2	25002	이영희	21	기술부
3	25003	박민수	22	생산부
4	25004	정수진	20	전략본부
5	25005	한미래	23	개발부

코드 해설

① 중복된 데이터가 포함된 데이터를 사전(Dictionary)으로 정의합니다.

② 2개의 중복된 데이터입니다.

③ Pandas의 DataFrame( ) 함수를 사용하여 사전(Dictionary) 데이터를 DataFrame으로 변환합니다.

④ df.drop_duplicates( )를 사용하여 중복 데이터가 제거된 DataFrame을 반환합니다.

Tip 동일한 데이터의 개수가 분석에 필요한 경우(예: 판매량, 방문 횟수 등)라면 중복 데이터 제거를 해서는 안 됩니다.

5.4 데이터 변환

▶ 영상 보러가기

데이터 형식 변환

데이터의 형식이 분석에 적합하지 않은 경우, 형식 변환이 필요하다. 예를 들어, 문자열 형식의 날짜 데이터를 datetime 형식으로 변환할 수 있다.
└─ 시간 계산이나 기간 분석이 가능

</> 코드 살펴보기 　소스코드 T05_14.py

데이터 형식 변환

```python
import pandas as pd

data_dict = [ # ①
  {'사번': 25001, '이름': '김철수', '나이': 20, '입사일': '2022-03-02'},
  {'사번': 25002, '이름': '이영희', '나이': 21, '입사일': '2021-03-02'},
  {'사번': 25003, '이름': '박민수', '나이': 22, '입사일': '2020-03-02'},
  {'사번': 25004, '이름': '정수진', '나이': 20, '입사일': '2022-03-02'},
  {'사번': 25005, '이름': '한미래', '나이': 23, '입사일': '2019-03-02'},
]

df = pd.DataFrame(data_dict) # ②

print("변환 전 데이터 형식:")
print(df.dtypes)

df['입사일'] = pd.to_datetime(df['입사일']) # ③

print("\n변환 후 데이터 형식:")
print(df.dtypes)
```

변환 전 데이터 타입:

사번   int64
이름   object
나이   int64
입사일   object
dtype: object

변환 후 데이터 타입:

사번   int64
이름   object
나이   int64
입사일   datetime64[ns]
dtype: object

코드 해설

① 데이터를 사전(Dictionary)으로 정의합니다.

② Pandas의 DataFrame( ) 함수를 사용하여 사전(Dictionary) 데이터를 DataFrame으로 변환합니다.

③ '입사일' 열의 데이터를 pd.to_datetime( )을 이용하여 문자열 형식의 날짜 데이터를 datetime 형식으로 변환합니다.

범주형 데이터 인코딩

데이터 분석 과정에서 범주형 데이터를 숫자로 변환해야 할 때가 있다. 이를 위해 주로 사용되는 방법으로 원-핫 인코딩(one-hot encoding)이나 레이블 인코딩(label encoding)이 있다. 이러한 인코딩 방법들은 범주형 데이터를 수치화하여 다양한 분석 기법에 활용할 수 있게 해준다. 예를 들어, 그룹별 평균 비교, 상관관계 분석, 고급 통계 기법 적용 등에 사용될 수 있다.

구분	원-핫 인코딩	레이블 인코딩
설명	• 각 범주를 별도의 이진 열로 변환 • 해당 범주에 속하면 1, 그렇지 않으면 0으로 표시	각 범주에 고유한 정수를 할당
장점	범주 간 관계를 가정하지 않음	메모리 효율적이며 구현이 간단
단점	범주가 많으면 차원이 크게 증가	범주 간에 순서나 크기 관계가 있다고 잘못 해석될 수 있음

Tip 카테고리 간 순서나 크기 관계가 없을 때는 원-핫 인코딩, 순서가 중요한 경우(예: 상, 중, 하 등급)에는 레이블 인코딩을 사용합니다.

</> 코드 살펴보기

소스코드 T05_15.py

범주형 데이터 인코딩

```python
import pandas as pd

data_dict = [  # ①
  {'사번': 25001, '이름': '김철수', '나이': 20, '부서': '정보보호부'},
  {'사번': 25002, '이름': '이영희', '나이': 21, '부서': '기술부'},
  {'사번': 25003, '이름': '박민수', '나이': 22, '부서': '생산부'},
  {'사번': 25004, '이름': '정수진', '나이': 20, '부서': '전략본부'},
  {'사번': 25005, '이름': '한미래', '나이': 23, '부서': '개발부'},
]

df = pd.DataFrame(data_dict)  # ②

df_encoded = pd.get_dummies(df, columns=['부서'])  # ③

print("범주형 데이터 인코딩 후 데이터프레임:")
print(df_encoded.head())
```

범주형 데이터 인코딩 후 데이터프레임:

	사번	이름	나이	부서_개발부	부서_기술부	부서_생산부	부서_전략본부	부서_정보보호부
0	25001	김철수	20	False	False	False	False	True
1	25002	이영희	21	False	True	False	False	False
2	25003	박민수	22	False	False	True	False	False
3	25004	정수진	20	False	False	False	True	False
4	25005	한미래	23	True	False	False	False	False

코드 해설

① '사번', '이름', '나이', '부서' 값을 포함한 데이터를 사전(Dictionary)으로 정의합니다.

② Pandas의 DataFrame( ) 함수를 사용하여 사전(Dictionary) 데이터를 DataFrame으로 변환합니다.

③ get_dummies( ) 함수를 사용하여 '부서' 열에 원-핫 인코딩을 적용합니다. 이에 따라 각 부서가 별도의 이진 열로 변환됩니다.

데이터 정규화 및 표준화

데이터의 스케일을 조정하여 분석이나 모델링에 적합한 형태로 만드는 과정으로, 변수 간 스케일 차이로 인한 왜곡을 방지한다. 정규화(Min-Max Scaling)는 데이터를 0과 1 사이로 변환하고, 표준화(Z-score Normalization)는 평균을 0, 표준편차를 1로 변환한다.

</> 코드 살펴보기   소스코드 **T05_16.py**

데이터 정규화 및 표준화

```
import pandas as pd

data_dict = [  # ①
  {'사번': 25001, '이름': '김철수', '나이': 20, '부서': '정보보호부'},
  {'사번': 25002, '이름': '이영희', '나이': 21, '부서': '기술부'},
  {'사번': 25003, '이름': '박민수', '나이': 22, '부서': '생산부'},
  {'사번': 25004, '이름': '정수진', '나이': 20, '부서': '전략본부'},
  {'사번': 25005, '이름': '한미래', '나이': 23, '부서': '개발부'},
]
```

```python
df = pd.DataFrame(data_dict) # ②


# 정규화(Min-Max Scaling)
df['나이_정규화'] = (df['나이'] - df['나이'].min()) / (df['나이'].max() - df['나이'].min()) # ③


# 표준화(Z-score Normalization)
df['나이_표준화'] = (df['나이'] - df['나이'].mean()) / df['나이'].std() # ④


print("정규화 및 표준화 후 데이터프레임:")
print(df)


print("\n정규화된 '나이' 열의 통계:")
print(df['나이_정규화'].describe())


print("\n표준화된 '나이' 열의 통계:")
print(df['나이_표준화'].describe()) # ⑤
```

◀▶ 실행결과   X

정규화 및 표준화 후 DataFrame:

	사번	이름	나이	부서	나이_정규화	나이_표준화
0	25001	김철수	20	정보보호부	0.000000	-0.920358
1	25002	이영희	21	기술부	0.333333	-0.153393
2	25003	박민수	22	생산부	0.666667	0.613572
3	25004	정수진	20	전략본부	0.000000	-0.920358
4	25005	한미래	23	개발부	1.000000	1.380537

정규화된 '나이' 열의 통계:

```
count    5.000000
mean     0.400000
std      0.434613
min      0.000000
25%      0.000000
50%      0.333333
75%      0.666667
max      1.000000
Name: 나이_정규화, dtype: float64
```

```
표준화된 '나이' 열의 통계:

count    5.000000e+00
mean     5.329071e-16
std      1.000000e+00
min     -9.203580e-01
25%     -9.203580e-01
50%     -1.533930e-01
75%      6.135720e-01
max      1.380537e+00
Name: 나이_표준화, dtype: float64
```

코드 해설

① 데이터를 사전(Dictionary)으로 정의합니다.

② Pandas의 DataFrame( ) 함수를 사용하여 사전(Dictionary) 데이터를 DataFrame으로 변환합니다.

③ '나이' 열의 값을 최솟값과 최댓값을 기준으로 0과 1 사이의 값으로 정규화하고, 결과를 '나이_정규화' 열에 저장합니다.

④ '나이' 열에서 평균을 빼고 표본 표준편차(기본값)로 나누어 표준화한 결과를 '나이_표준화' 열에 저장합니다.

⑤ 표준화된 '나이' 열의 통계에서 평균값이 "5.329071e-16"로 표시되는데, 이론적으로 정확히 0이어야 합니다. 이는 표준화된 데이터를 다룰 때 정밀한 계산 과정에서 발생한 부동소수점 오차입니다. 5.329071e-16은 10의 -16승을 곱한 값으로, 소수점 아래 16자리에 위치한 아주 작은 수로 통계적 분석에 영향을 미치지 않을 정도로 작은 값이므로 0으로 해석해도 무방합니다.

> **Tip** 데이터를 분석하기 전에 각 변수의 분포를 확인한 뒤 정규화와 표준화 중 적절한 방법을 선택하는 것이 좋습니다. 일반적으로 이상치가 많은 경우 표준화보다 정규화가 더 적합할 수 있습니다.

데이터 인덱싱

데이터 인덱싱은 특정 데이터 요소나 조건을 만족하는 데이터를 선택하는 방법이다. 열 이름, 행 번호, 또는 불리언 조건을 사용하여 원하는 데이터를 정확히 지정할 수 있다. 이는 특정 열의 모든 값을 보거나 조건에 맞는 행들만 추출하는 등의 작업에 유용하다.

</> 코드 살펴보기 소스코드 **T05_17.py**

데이터 인덱싱

```python
import pandas as pd

data_dict = [  # ①
 {'사번': 25001, '이름': '김철수', '나이': 20, '부서': '정보보호부'},
 {'사번': 25002, '이름': '이영희', '나이': 21, '부서': '기술부'},
 {'사번': 25003, '이름': '박민수', '나이': 22, '부서': '생산부'},
 {'사번': 25004, '이름': '정수진', '나이': 20, '부서': '전략본부'},
 {'사번': 25005, '이름': '한미래', '나이': 23, '부서': '개발부'},
]

df = pd.DataFrame(data_dict) # ②
print("원본 데이터:")
print(df)

print("\n'이름' 열:")
print(df['이름']) # ③

print("\n3번째 행:")
print(df.loc[2]) # ④

print("\n나이가 21세 이상인 직원:")
print(df[df['나이'] >= 21]) # ⑤

print("\n나이가 21세 이상이고 정보보호부 직원:")
print(df[(df['나이'] >= 21) & (df['부서'] == '정보보호부')]) # ⑥
```

254

```
실행결과                                                              X

원본 데이터:

      사번      이름      나이       부서
0   25001    김철수     20    정보보호부
1   25002    이영희     21      기술부
2   25003    박민수     22      생산부
3   25004    정수진     20    전략본부
4   25005    한미래     23      개발부


'이름' 열:

0    김철수

1    이영희

2    박민수

3    정수진

4    한미래

Name: 이름, dtype: object


3번째 행:

사번    25003

이름    박민수

나이    22

부서    생산부

Name: 2, dtype: object


나이가 21세 이상인 직원:

      사번      이름      나이       부서
1   25002    이영희     21      기술부
2   25003    박민수     22      생산부
4   25005    한미래     23      개발부


나이가 21세 이상이고 정보보호부 직원:

Empty DataFrame

Columns: [사번, 이름, 나이, 부서]

Index: []
```

코드 해설

① 데이터를 사전(Dictionary)으로 정의합니다.

② Pandas의 DataFrame( ) 함수를 사용하여 사전(Dictionary) 데이터를 DataFrame으로 변환합니다.

③ '이름' 열만 선택하여 출력합니다.

④ loc를 사용하여 3번째 행(인덱스 2)을 선택합니다.

⑤ 나이가 21세 이상인 직원들만 선택합니다.

⑥ 나이가 21세 이상이고 정보보호부 직원들을 선택합니다.

데이터 슬라이싱

데이터 슬라이싱은 연속적인 범위의 데이터를 선택하는 방법이다. 행이나 열의 범위를 지정하여 부분 집합을 추출할 수 있으며, 이는 대규모 데이터셋에서 특정 구간의 데이터만을 분석하거나 처리할 때 효과적이다.

</> 코드 살펴보기 　　　　　　　　　　　　소스코드 T05_18.py

데이터 슬라이싱

```python
import pandas as pd

data_dict = [  # ①
  {'사번': 25001, '이름': '김철수', '나이': 20, '부서': '정보보호부'},
  {'사번': 25002, '이름': '이영희', '나이': 21, '부서': '기술부'},
  {'사번': 25003, '이름': '박민수', '나이': 22, '부서': '생산부'},
  {'사번': 25004, '이름': '정수진', '나이': 20, '부서': '전략본부'},
  {'사번': 25005, '이름': '한미래', '나이': 23, '부서': '개발부'},
]

df = pd.DataFrame(data_dict)  # ②
print("원본 데이터:")
print(df)
```

```python
print("\n처음 두 열:")
print(df.iloc[:, 0:2])  # ③

print("\n2~4번째 행:")
print(df.iloc[1:4])  # ④

print("\n2~4번째 행의 처음 두 열:")
print(df.iloc[1:4, 0:2])  # ⑤

print("\n'사번'과 '부서' 열:")
print(df[['사번', '부서']])  # ⑥
```

◁/▷ 실행결과   X

원본 데이터:

	사번	이름	나이	부서
0	25001	김철수	20	정보보호부
1	25002	이영희	21	기술부
2	25003	박민수	22	생산부
3	25004	정수진	20	전략본부
4	25005	한미래	23	개발부

처음 두 열:

	사번	이름
0	25001	김철수
1	25002	이영희
2	25003	박민수
3	25004	정수진
4	25005	한미래

2~4번째 행:

	사번	이름	나이	부서
1	25002	이영희	21	기술부
2	25003	박민수	22	생산부
3	25004	정수진	20	전략본부

2~4번째 행의 처음 두 열:

	사번	이름
1	25002	이영희
2	25003	박민수
3	25004	정수진

```
'사번'과 '부서' 열:
       사번        부서
0    25001    정보보호부
1    25002     기술부
2    25003     생산부
3    25004    전략본부
4    25005     개발부
```

코드 해설

① 데이터를 사전(Dictionary)으로 정의합니다.

② Pandas의 DataFrame( ) 함수를 사용하여 사전(Dictionary) 데이터를 DataFrame으로 변환합니다.

③ iloc를 사용하여 모든 행의 처음 두 열을 선택합니다.

④ iloc를 사용하여 2~4번째 행을 선택합니다.

⑤ iloc를 사용하여 2~4번째 행의 처음 두 열을 선택합니다.

⑥ '사번'과 '부서' 열을 선택합니다.

데이터 정렬
— 그룹화, 필터링, 시각화 전처리에 매우 유용

데이터를 체계적으로 정리하고, 패턴을 쉽게 파악하거나 특정 기준에 따른 상위 또는 하위 데이터를 확인하기 위해 특정 값을 기준으로 재배열하는 과정이다. 데이터 정렬은 종종 통계적 분석이나 시계열 분석의 전 단계로 수행된다.

</> 코드 살펴보기   소스코드 T05_19.py

데이터 정렬

```
import pandas as pd

data_dict = [  # ①
   {'사번': 25001, '이름': '김철수', '나이': 20, '부서': '정보보호부'},
   {'사번': 25002, '이름': '이영희', '나이': 21, '부서': '기술부'},
   {'사번': 25003, '이름': '박민수', '나이': 22, '부서': '생산부'},
   {'사번': 25004, '이름': '정수진', '나이': 20, '부서': '전략본부'},
   {'사번': 25005, '이름': '한미래', '나이': 23, '부서': '개발부'},
]
```

```python
df = pd.DataFrame(data_dict) # ②
print("원본 데이터:")
print(df)

print("\n나이 기준 오름차순 정렬:")
print(df.sort_values('나이')) # ③

print("\n나이 기준 내림차순 정렬:")
print(df.sort_values('나이', ascending=False)) # ④

print("\n나이 기준 내림차순, 부서 기준 오름차순 정렬:")
print(df.sort_values(['나이', '부서'], ascending=[False, True])) # ⑤

print("\n이름 기준 오름차순 정렬:")
print(df.sort_values('이름')) # ⑥
```

◄/► 실행결과   ✕

원본 데이터:
	사번	이름	나이	부서
0	25001	김철수	20	정보보호부
1	25002	이영희	21	기술부
2	25003	박민수	22	생산부
3	25004	정수진	20	전략본부
4	25005	한미래	23	개발부

나이 기준 오름차순 정렬:
	사번	이름	나이	부서
0	25001	김철수	20	정보보호부
3	25004	정수진	20	전략본부
1	25002	이영희	21	기술부
2	25003	박민수	22	생산부
4	25005	한미래	23	개발부

나이 기준 내림차순 정렬:
	사번	이름	나이	부서
4	25005	한미래	23	개발부
2	25003	박민수	22	생산부
1	25002	이영희	21	기술부
0	25001	김철수	20	정보보호부
3	25004	정수진	20	전략본부

나이 기준 오름차순, 부서 기준 내림차순 정렬:

	사번	이름	나이	부서
4	25005	한미래	23	개발부
2	25003	박민수	22	생산부
1	25002	이영희	21	기술부
3	25004	정수진	20	전략본부
0	25001	김철수	20	정보보호부

이름 기준 오름차순 정렬:

	사번	이름	나이	부서
0	25001	김철수	20	정보보호부
2	25003	박민수	22	생산부
1	25002	이영희	21	기술부
3	25004	정수진	20	전략본부
4	25005	한미래	23	개발부

코드 해설

① 데이터를 사전(Dictionary)으로 정의합니다.

② Pandas의 DataFrame( ) 함수를 사용하여 사전(Dictionary) 데이터를 DataFrame으로 변환합니다.

③ sort_values('나이') 함수를 사용하여 '나이' 열을 기준으로 오름차순 정렬합니다. 기본값이 오름차순이므로 별도의 매개 변수는 필요하지 않습니다.

④ sort_values('나이', ascending=False)를 사용하여 '나이' 열을 기준으로 내림차순 정렬합니다. ascending=False 매개 변수로 내림차순을 지정합니다.

⑤ sort_values(['나이', '부서'], ascending=[False, True])를 사용하여 두 개의 열을 기준으로 정렬합니다. '나이'는 내림차순, '부서'는 오름차순으로 정렬됩니다.

⑥ sort_values('이름')을 사용하여 '이름' 열을 기준으로 오름차순 정렬합니다. 문자열 데이터는 알파벳순으로 정렬됩니다.

> **Tip** 데이터를 정렬하거나 슬라이싱할 때 항상 결과를 확인하고, 필요하다면 원본 데이터가 변경되지 않도록 복사본(.copy( ))을 생성하는 습관을 들이세요.

5.5 데이터 저장

▶ 영상 보러가기

CSV 형식으로 저장

CSV(Comma−Separated Values) 형식은 데이터를 표 형태로 저장하는 간단한 형식이다.

</> **코드 살펴보기**   소스코드 T05_20.py

CSV 형식으로 데이터 저장

```python
import pandas as pd

data_dict = [ # ①
    {'사번': 25001, '이름': '김철수', '나이': 20, '부서': '정보보호부'},
    {'사번': 25002, '이름': '이영희', '나이': 21, '부서': '기술부'},
    {'사번': 25003, '이름': '박민수', '나이': 22, '부서': '생산부'},
    {'사번': 25004, '이름': '정수진', '나이': 20, '부서': '전략본부'},
    {'사번': 25005, '이름': '한미래', '나이': 23, '부서': '개발부'},
]

df = pd.DataFrame(data_dict) # ②

df.to_csv('data_out.csv', index=False,
encoding='utf-8-sig') # ③
```

저장된 파일(data_out.csv)   X

```
사번,이름,나이,부서
25001,김철수,20,정보보호부
25002,이영희,21,기술부
25003,박민수,22,생산부
25004,정수진,20,전략본부
25005,한미래,23,개발부
```

코드 해설

① 데이터를 사전(Dictionary)으로 정의합니다.

② Pandas의 DataFrame( ) 함수를 사용하여 사전(Dictionary) 데이터를 DataFrame으로 변환합니다.

③ to_csv( ) 함수를 사용하여 DataFrame을 CSV 파일로 저장합니다. index=False로 인덱스를 제외하고,
encoding='utf-8-sig'로 한글이 올바르게 저장되도록 합니다. 한글이 포함된 CSV 파일을 저장할 때는
'utf-8-sig' 인코딩이 중요합니다.

261

Excel 형식으로 저장

Excel 형식은 데이터 분석 결과를 스프레드시트로 저장하는 데 유용하다.

</> 코드 살펴보기

Excel 형식으로 데이터 저장

```python
import pandas as pd

data_dict = [ # ①
    {'사번': 25001, '이름': '김철수', '나이': 20, '부서': '정보보호부'},
    {'사번': 25002, '이름': '이영희', '나이': 21, '부서': '기술부'},
    {'사번': 25003, '이름': '박민수', '나이': 22, '부서': '생산부'},
    {'사번': 25004, '이름': '정수진', '나이': 20, '부서': '전략본부'},
    {'사번': 25005, '이름': '한미래', '나이': 23, '부서': '개발부'},
]

df = pd.DataFrame(data_dict) # ②

df.to_excel('data_out.xlsx', index=False) # ③
```

저장된 파일(data_out.xlsx의 sheet1) ✕

사번	이름	나이	부서
25001	김철수	20	정보보호부
25002	이영희	21	기술부
25003	박민수	22	생산부
25004	정수진	20	전략본부
25005	한미래	23	개발부

코드 해설

① 데이터를 사전(Dictionary)으로 정의합니다.

② Pandas의 DataFrame( ) 함수를 사용하여 사전(Dictionary) 데이터를 DataFrame으로 변환합니다.

③ to_excel( ) 함수를 사용하여 DataFrame을 Excel 파일로 저장합니다. index=False로 인덱스를 제외합니다.

JSON 형식으로 저장

JSON(JavaScript Object Notation) 형식은 데이터를 구조적으로 표현하는 데 유용하다.

</> 코드 살펴보기   소스코드 T05_22.py

JSON 형식으로 데이터 저장

```python
import pandas as pd

data_dict = [ # ①
    {'사번': 25001, '이름': '김철수', '나이': 20, '부서': '정보보호부'},
    {'사번': 25002, '이름': '이영희', '나이': 21, '부서': '기술부'},
    {'사번': 25003, '이름': '박민수', '나이': 22, '부서': '생산부'},
    {'사번': 25004, '이름': '정수진', '나이': 20, '부서': '전략본부'},
    {'사번': 25005, '이름': '한미래', '나이': 23, '부서': '개발부'},
]

df = pd.DataFrame(data_dict) # ②

df.to_json('data_out.json', orient='records',
force_ascii=False) # ③
```

> **</> 저장된 파일(data_out.json)**   X
>
> [{"사번":25001,"이름":"김철수","나이":20,"부서":"정보보호부"},{"사번":25002,"이름":"이영희","나이":21,"부서":"기술부"},{"사번":25003,"이름":"박민수","나이":22,"부서":"생산부"},{"사번":25004,"이름":"정수진","나이":20,"부서":"전략본부"},{"사번":25005,"이름":"한미래","나이":23,"부서":"개발부"}]

코드 해설

① 데이터를 사전(Dictionary)으로 정의합니다.

② Pandas의 DataFrame( ) 함수를 사용하여 사전(Dictionary) 데이터를 DataFrame으로 변환합니다.

③ to_json( ) 함수를 사용하여 DataFrame을 JSON 파일로 저장합니다. orient='records'로 각 행을 개별 객체로 저장하고, force_ascii=False로 한글이 올바르게 저장되도록 합니다.

> **Tip** 파일 저장 시 날짜나 버전 정보를 파일명에 포함해 버전 관리와 추적이 용이하도록 하세요.

데이터 전처리 문제에는 데이터가 필요하다. 아래 data.csv 파일을 데이터 프레임으로 읽어와서 모든 문제에서 활용한다.

[입력] data.csv

```
사번,이름,나이,부서
25001,김철수,20,정보보호부
25002,이영희,21,기술부
25003,박민수,22,생산부
25004,정수진,20,전략본부
25005,한미래,23,개발부
```

01 데이터의 처음 몇 행을 출력해보자.

	사번	이름	나이	부서
0	25001	김철수	20	정보보호부
1	25002	이영희	21	기술부
2	25003	박민수	22	생산부
3	25004	정수진	20	전략본부
4	25005	한미래	23	개발부

02 데이터의 기본 정보(열 이름, 데이터 타입, 결측치 등)를 확인해보자.

<class 'pandas.core.frame.DataFrame'>

RangeIndex: 5 entries, 0 to 4

Data columns(total 4 columns):

#	Column	Non-Null Count	Dtype
0	사번	5 non-null	int64
1	이름	5 non-null	object
2	나이	5 non-null	int64
3	부서	5 non-null	object

dtypes: int64(2), object(2)

memory usage: 288.0+ bytes

03 데이터의 기술 통계량을 계산해보자.

	사번	나이
count	5.000000	5.00000
mean	25003.000000	21.20000
std	1.581139	1.30384
min	25001.000000	20.00000
25%	25002.000000	20.00000
50%	25003.000000	21.00000
75%	25004.000000	22.00000
max	25005.000000	23.00000

04 데이터의 결측값의 개수를 확인해보자.

```
사번   0
이름   0
나이   0
부서   0
dtype: int64
```

05 데이터의 '나이' 열의 평균값을 계산해보자.

> **◁/▷ 실행결과**   ✕
>
> 21.2

06 데이터의 '부서' 열의 고윳값을 확인해보자.

> **◁/▷ 실행결과**   ✕
>
> ['정보보호부' '기술부' '생산부' '전략본부' '개발부']

07 데이터를 '나이' 기준으로 오름차순 정렬해보자.

> **◁/▷ 실행결과**   ✕
>
> | | 사번 | 이름 | 나이 | 부서 |
> |---|------|------|------|------|
> | 0 | 25001 | 김철수 | 20 | 정보보호부 |
> | 3 | 25004 | 정수진 | 20 | 전략본부 |
> | 1 | 25002 | 이영희 | 21 | 기술부 |
> | 2 | 25003 | 박민수 | 22 | 생산부 |
> | 4 | 25005 | 한미래 | 23 | 개발부 |

08 데이터에서 '나이'가 21세 이상인 직원들의 정보만 추출해보자.

	사번	이름	나이	부서
1	25002	이영희	21	기술부
2	25003	박민수	22	생산부
4	25005	한미래	23	개발부

09 데이터에서 각 부서별 직원 수를 계산해보자.

부서
정보보호부   1
기술부   1
생산부   1
전략본부   1
개발부   1
Name: count, dtype: int64

10 데이터에서 '나이' 열에 대해 최소-최대 정규화를 적용하고, 결과를 새로운 열 '나이_정규화'로 추가해보자.

	사번	이름	나이	부서	나이_정규화
0	25001	김철수	20	정보보호부	0.000000
1	25002	이영희	21	기술부	0.333333
2	25003	박민수	22	생산부	0.666667
3	25004	정수진	20	전략본부	0.000000
4	25005	한미래	23	개발부	1.000000

01 소스코드 Q05_01.py

```
import pandas as pd
df = pd.read_csv('data.csv')
print(df.head( ))
```

02 소스코드 Q05_02.py

```
import pandas as pd
df = pd.read_csv('data.csv')
df.info( )
```

03 소스코드 Q05_03.py

```
import pandas as pd
df = pd.read_csv('data.csv')
print(df.describe( ))
```

04 소스코드 Q05_04.py

```
import pandas as pd
df = pd.read_csv('data.csv')
print(df.isnull( ).sum( ))
```

05 소스코드 Q05_05.py

```
import pandas as pd
df = pd.read_csv('data.csv')
print(df['나이'].mean( ))
```

06 소스코드 Q05_06.py

```python
import pandas as pd
df = pd.read_csv('data.csv')
print(df['부서'].unique( ))
```

07 소스코드 Q05_07.py

```python
import pandas as pd
df = pd.read_csv('data.csv')
print(df.sort_values('나이'))
```

08 소스코드 Q05_08.py

```python
import pandas as pd
df = pd.read_csv('data.csv')
print(df[df['나이'] >= 21])
```

09 소스코드 Q05_09.py

```python
import pandas as pd
df = pd.read_csv('data.csv')
print(df['부서'].value_counts( ))
```

10 소스코드 Q05_10.py

```python
import pandas as pd
df = pd.read_csv('data.csv')
df['나이_정규화'] = (df['나이'] − df['나이'].min( )) / (df['나이'].max( ) − df['나이'].min( ))
print(df)
```

6장

데이터 분석

데이터 분석은 마케팅, 금융, 제조, 의료 등 다양한 산업과 직종에서 중요한 역할을 합니다. 이를 통해 기업은 데이터를 분석하여 숨겨진 패턴을 발견하고, 미래의 트렌드를 예측할 수 있습니다. 이러한 예측을 바탕으로 보다 정확하고 신뢰성 있는 의사결정을 내릴 수 있으며, 이는 업무 효율과 성과를 크게 향상시킵니다. 데이터 분석은 복잡한 데이터를 간단하고 명확한 정보로 변환하여, 비즈니스 전략을 세우고 실행하는 데 필수적인 도구로 자리 잡고 있습니다.

무엇을 배워볼까요?

이 장에서는 데이터 분석 과정을 다루며, 마케팅, 금융, 의료, 제조 등 다양한 산업 사례를 통해 데이터 분석의 실질적인 활용 방법을 익히는 데 초점을 맞춥니다. 데이터를 탐색하고 요약하며, 패턴과 통찰을 도출하기 위한 다양한 분석 기법을 학습합니다. 데이터 필터링, 그룹화, 집계, 시각화 등의 기술을 활용해 데이터를 효율적으로 정리하고 해석하며, 이를 통해 의미 있는 인사이트를 도출하는 방법을 익힙니다. 이 과정은 데이터를 체계적으로 분석하고, 분석 결과를 기반으로 실질적인 의사결정에 적용할 수 있는 기본기를 탄탄히 다지는 데 중점을 둡니다.

6.1 마케팅 및 고객 분석

▶ 영상 보러가기

마케팅 및 고객 분석은 기업이 고객의 행동과 선호도를 이해하여 더 나은 마케팅 전략을 수립하고, 고객 경험을 향상시키는 데 초점을 맞춘다. 이를 통해 어떤 고객이 어떤 제품을 언제, 어떻게 구매하는지에 대한 정보를 얻을 수 있다. 주요 분석 기법으로는 고객을 그룹으로 나누어 특성을 파악하는 고객 세분화, 고객의 구매 패턴을 시간대별로 분석하는 구매 패턴 분석, 마케팅 캠페인의 효과를 측정하는 캠페인 효과 추세 분석이 있다. 이러한 분석을 통해 기업은 더 효율적인 마케팅 전략을 수립하고, 고객 만족도를 높이며, 매출 증대에 기여할 수 있다.

</> 코드 살펴보기   소스코드 T06_01.py

마케팅 및 고객 분석 – 고객 세분화

```python
import matplotlib.pyplot as plt
import pandas as pd
customer_data = {
  '성별': ['남성', '여성', '남성', '여성', '남성', '여성', '남성', '여성', '남성', '여성'],
  '연령대': ['10대', '10대', '20대', '20대', '30대', '30대', '40대', '40대', '50대', '50대'],
  '지역': ['서울', '서울', '부산', '부산', '대구', '대구', '광주', '광주', '인천', '인천'],
  '고객 수': [300, 250, 400, 350, 500, 450, 200, 300, 150, 200],
  '평균 구매 금액': [30000, 25000, 45000, 40000, 55000, 50000, 60000, 55000, 35000, 30000]
}
df_customer = pd.DataFrame(customer_data)
df_customer = df_customer.groupby(['성별', '연령대']).agg({'고객 수': 'sum', '평균 구매 금액':
'mean'}).reset_index()
```

```python
# 기본 막대 그래프
plt.bar(df_customer['연령대'].unique( ), df_customer.groupby(['연령대']).agg({'고객 수':
'sum'})['고객 수'], color='skyblue')
plt.xlabel('연령대')
plt.ylabel('고객 수')
plt.title('연령대별 고객 수')
plt.show( )

# 누적 막대 그래프(성별 비교)
male_data = df_customer[df_customer['성별'] == '남성']
female_data = df_customer[df_customer['성별'] == '여성']
plt.bar(male_data['연령대'], male_data['고객 수'], label='남성', color='blue')
plt.bar(female_data['연령대'], female_data['고객 수'], bottom=male_data['고객 수'],
label='여성', color='pink')
plt.xlabel('연령대')
plt.ylabel('고객 수')
plt.legend( )
plt.title('성별 및 연령대별 누적 고객 수')
plt.show( )

# 수평 막대 그래프
plt.barh(df_customer['연령대'], df_customer['평균 구매 금액'], color='green')
plt.xlabel('평균 구매 금액')
plt.ylabel('연령대')
plt.title('평균 구매 금액')
plt.show( )
```

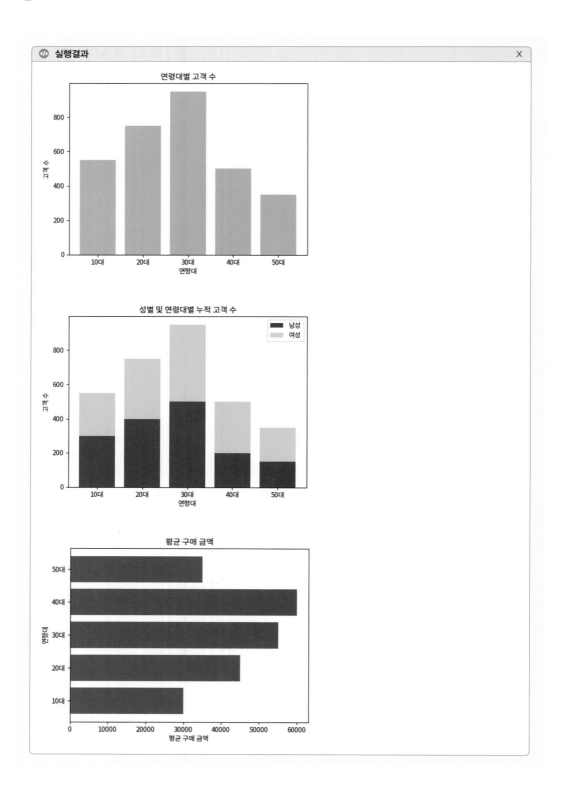

결과 해석

고객 세분화는 마케팅 전략에서 실제로도 활용하고 있습니다. 예를 들어, 20대 남성 평균 구매 금액이 다른 연령대에 비해 높다면, 이들에게 추가적인 혜택을 제공하거나 구매 유도를 위한 프로모션을 설계할 수 있습니다. 반면, 40대 여성 고객군의 구매 빈도가 높은 지역이 특정 지역(예: 서울)으로 집중된 경우, 해당 지역에 맞춤형 광고 캠페인을 시행하거나 지역 특성에 맞는 제품 추천 시스템을 구축할 수 있습니다.

고객 세분화 결과는 단기적인 매출 증대뿐만 아니라 장기적인 고객 관계 관리(CRM)에도 기여합니다. 예를 들어, 특정 연령대의 고객이 자주 구매하는 제품을 추천하거나, 구매 이력에 따라 맞춤형 혜택을 제공하는 CRM 시스템과 연계하면 고객 만족도를 높이고 재구매율을 증가시킬 수 있습니다.

이러한 전략을 통해 기업은 고객 개개인의 특성과 선호도에 맞춘 서비스를 제공함으로써, 고객 충성도를 높이고 장기적인 비즈니스 성과를 창출할 수 있습니다.

</> 코드 살펴보기　　　　　　소스코드 T06_02.py

마케팅 및 고객 분석 – 구매 패턴 분석

```python
import seaborn as sns
import matplotlib.pyplot as plt
import pandas as pd

purchase_data = {
  '시간대': ['오전', '오후', '저녁', '밤'],
  '제품 A': [100, 150, 200, 120],
  '제품 B': [80, 120, 180, 160],
  '제품 C': [90, 140, 170, 190],
  '제품 D': [75, 130, 190, 180],
  '제품 E': [60, 110, 160, 140]
}
df_purchase = pd.DataFrame(purchase_data)

# 기본 히트맵
plt.figure(figsize=(10, 6))
sns.heatmap(df_purchase.set_index('시간대'), annot=True, cmap='YlGnBu')
plt.title('시간대별 제품 구매 빈도 히트맵')
plt.show()
```

```
# 클러스터 히트맵
sns.clustermap(df_purchase.set_index('시간대'), annot=True, cmap='coolwarm',
metric="euclidean", method="average")
plt.title('구매 패턴 클러스터링 히트맵')
plt.show( )

# 라인 그래프
for column in df_purchase.columns[1:]:
    plt.plot(df_purchase['시간대'], df_purchase[column], marker='o', label=column)
plt.xlabel('시간대')
plt.ylabel('구매 빈도')
plt.legend( )
plt.title('시간대별 제품 구매 패턴 라인 그래프')
plt.show( )
```

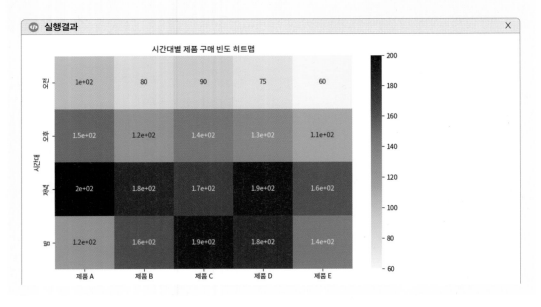

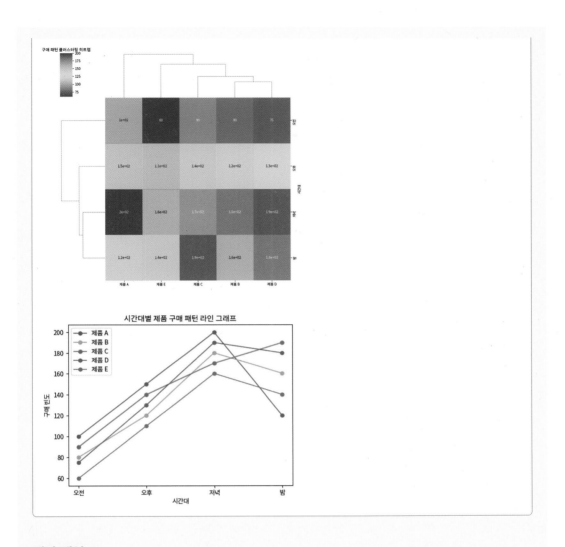

결과 해석

구매 패턴 분석은 마케팅과 재고 관리 전략을 수립하는 데 중요한 정보를 제공합니다. 예를 들어, 특정 제품이 저녁 시간대에 집중적으로 판매되는 경우, 해당 시간대에 맞추어 온라인 광고를 배치하거나 저녁 시간에만 제공되는 할인 코드를 배포하는 전략을 세울 수 있습니다. 이러한 시간대별 맞춤 전략은 고객이 해당 제품을 가장 필요로 할 때 관심을 끌어, 구매 전환율을 높이는 효과를 가져올 수 있습니다.

재고 관리를 위해서도 구매 패턴 분석은 중요하다. 만약 특정 제품의 판매가 특정 시간대나 요일에 집중된다면, 해당 시간대에 맞춘 재고 확보가 필요합니다. 예를 들어, 주말 저녁에 특정 제품의 구매 빈도가 크게 증가하는 경우, 주말 전에 미리 재고를 보충하여 구매 수요를 충족할 수 있습니다. 이를 통해 재고 부족으로 인한 매출 손실을 줄이고, 고객의 구매 경험을 향상시키는 효과를 얻을 수 있습니다.

구매 패턴 분석은 개인화된 추천 시스템에도 활용할 수 있습니다. 고객이 특정 시간대에 자주 구매하는 제품을 바탕으로, 유사한 시간대에 다른 제품을 추천하거나 추가 구매를 유도하는 맞춤형 광고를 제공할 수 있습니다. 예를 들어, 고객이 오후 시간대에 자주 음료를 구매한다면, 오후에 음료와 함께 간식을 추천하는 프로모션을 진행할 수 있습니다. 이러한 맞춤형 마케팅은 고객 충성도를 높이는 데 기여하며, 장기적인 매출 증대로 이어질 수 있습니다.

마케팅 및 고객 분석 – 캠페인 효과 추세

```python
import matplotlib.pyplot as plt
import pandas as pd

sales_data = {
    '월': ['1월', '2월', '3월', '4월', '5월', '6월', '7월', '8월', '9월', '10월', '11월', '12월'],
    '캠페인 전 매출': [2000, 2200, 2500, 2700, 3000, 3200, 3100, 2900, 2800, 3000, 3200, 3400],
    '캠페인 후 매출': [3000, 3200, 3500, 3700, 4000, 4300, 4200, 4100, 3900, 4100, 4300, 4500],
    '추가 매출 효과': [0, 0, 0, 0, 0, 0, 500, 600, 700, 1100, 1200, 1300]  # 캠페인으로 인한 추가 매출
}
df_sales = pd.DataFrame(sales_data)

# 기본 선 그래프: 캠페인 전후 매출 비교
plt.plot(df_sales['월'], df_sales['캠페인 전 매출'], label='캠페인 전 매출', marker='o',
color='blue')
plt.plot(df_sales['월'], df_sales['캠페인 후 매출'], label='캠페인 후 매출', marker='o',
color='green')
plt.xlabel('월')
plt.ylabel('매출')
plt.title('캠페인 전후 매출 변화')
plt.legend()
plt.show()

# 추가 매출 효과를 막대 그래프로 표시
plt.plot(df_sales['월'], df_sales['캠페인 전 매출'], label='캠페인 전 매출', marker='o',
color='blue')
plt.plot(df_sales['월'], df_sales['캠페인 후 매출'], label='캠페인 후 매출', marker='o',
color='green')
plt.bar(df_sales['월'], df_sales['추가 매출 효과'], color='orange', alpha=0.5, label='추가 매출
효과')
plt.xlabel('월')
plt.ylabel('매출')
plt.title('캠페인 전후 매출 및 추가 효과')
plt.legend()
plt.show()
```

```
# 누적 영역 그래프: 캠페인 후 매출에서의 추가 효과 강조
plt.fill_between(df_sales['월'], df_sales['캠페인 전 매출'], df_sales['캠페인 후 매출'],
color="lightcoral", alpha=0.5, label='추가 매출 효과')
plt.plot(df_sales['월'], df_sales['캠페인 전 매출'], color="blue", label='캠페인 전 매출')
plt.plot(df_sales['월'], df_sales['캠페인 후 매출'], color="green", label='캠페인 후 매출')
plt.xlabel('월')
plt.ylabel('매출')
plt.title('캠페인 전후 매출의 누적 변화')
plt.legend()
plt.show()
```

실행결과   X

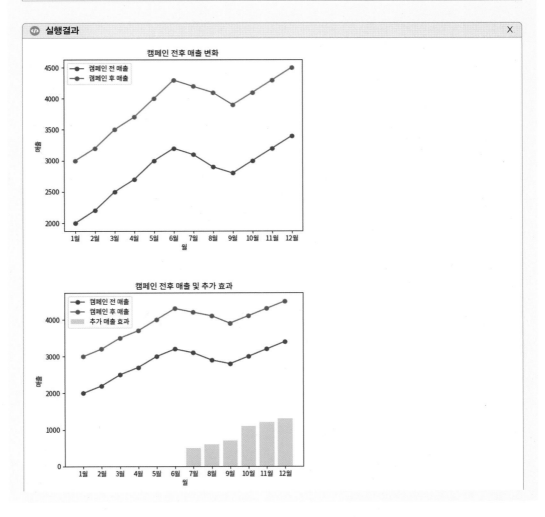

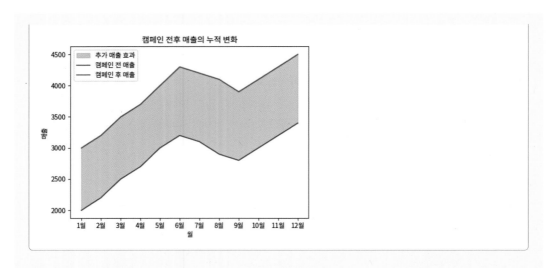

캠페인 전후 매출의 누적 변화

결과 해석

캠페인 효과 분석은 마케팅 캠페인의 성공 여부를 정량적으로 평가하는 데 유용합니다. 예를 들어, 캠페인 후 매출이 꾸준히 증가하는 추세를 보였다면, 해당 캠페인이 고객에게 긍정적인 반응을 끌어내 매출을 증가시킨 것으로 해석할 수 있습니다. 이를 바탕으로 유사한 캠페인을 반복적으로 실행하거나, 특정 시기에 맞추어 추가적인 캠페인을 계획할 수 있습니다.

또한, 추가 매출 효과를 막대 그래프로 시각화함으로써 캠페인이 실제로 매출에 얼마나 기여했는지 명확히 확인할 수 있습니다. 예를 들어, 7월 이후 추가 매출 효과가 급격히 증가한 경우, 해당 시기에 맞춘 새로운 마케팅 활동이나 타겟 광고를 추가 배치하여 효과를 더욱 극대화할 수 있습니다.

이와 같은 캠페인 효과 분석은 예산 배분과 전략 수립에 있어서도 중요한 역할을 합니다. 각 캠페인의 효과를 수치로 평가함으로써, 효과가 높은 마케팅 채널이나 방식에 더 많은 자원을 투자하고, 낮은 성과를 보인 부분을 개선하여 전반적인 마케팅 효율성을 높일 수 있습니다.

> **Tip** 이 외에도 이탈 고객 예측 분석, 제품 추천 시스템 분석, 지역별 매출 및 성과 분석 등을 진행할 수 있습니다.

6.2 금융 및 리스크 관리

▶ 영상 보러가기

금융 및 리스크 관리는 기업이나 금융 기관이 재무적 안정성을 유지하고, 예상치 못한 손실을 최소화하기 위해 필수적인 활동이다. 이러한 관리 과정에서 기업은 투자 수익과 리스크를 분석하여 최적의 자산 배분 전략을 세우고, 다양한 시장 요인과 재무 지표를 파악해 리스크를 관리할 수 있다. 주요 분석 기법으로는 시간에 따른 주가 변화를 분석하는 주가 변동 추세 분석, 리스크 대비 수익을 비교하는 리스크 대비 수익 분석, 재무 성과 분포를 확인하는 재무 성과 분포 분석이 있다. 이러한 분석을 통해 기업은 투자 위험을 최소화하고, 수익을 극대화할 수 있다.

</> 코드 살펴보기
소스코드 T06_04.py

금융 및 리스크 관리 – 주가 변동 추세

```python
import matplotlib.pyplot as plt
import pandas as pd

# 예시 데이터 생성
stock_data = {
    '기간': ['1월', '2월', '3월', '4월', '5월', '6월', '7월', '8월', '9월', '10월', '11월', '12월'],
    '주가': [100, 105, 110, 108, 115, 120, 118, 123, 130, 125, 128, 135],
    '거래량': [1000, 1200, 1500, 1300, 1600, 1800, 1700, 1900, 2100, 2000, 1950, 2200],
    '평균 이동선(3개월)': [None, None, 105, 107.67, 111, 114.33, 117.67, 120.33, 123.67, 126.0, 127.67, 129.67]
}
df_stock = pd.DataFrame(stock_data)

# 시각화
fig, ax1 = plt.subplots(figsize=(10, 6))
```

```
# 주가 변동 선 그래프
ax1.plot(df_stock['기간'], df_stock['주가'], label='주가', marker='o', color='blue')
ax1.set_xlabel('기간')
ax1.set_ylabel('주가', color='blue')

# 3개월 이동 평균선 추가
ax1.plot(df_stock['기간'], df_stock['평균 이동선(3개월)'], label='3개월 이동 평균', linestyle='--',
color='orange')

# 거래량을 표시하는 이중 축 설정
ax2 = ax1.twinx()
ax2.bar(df_stock['기간'], df_stock['거래량'], color='gray', alpha=0.3, label='거래량')
ax2.set_ylabel('거래량', color='gray')

# 범례 및 제목 추가
fig.suptitle('기간별 주가 및 거래량 추세')
ax1.legend(loc='upper left')
plt.show()
```

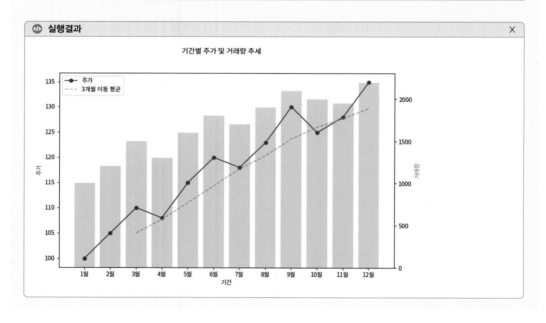

결과 해석

주가 변동 추세 분석은 단순한 주가 변화뿐 아니라, 시간에 따른 거래량과 이동 평균을 함께 살펴보는 데 의의가 있습니다. 예를 들어, 특정 기간에 거래량이 급증하면서 주가가 함께 상승하는 경우, 해당 시점에서 투자자들이 강한 매수 신호를 보였다고 해석할 수 있습니다. 이러한 정보를 바탕으로 주식이 특정 조건에서 어떻게 반응하는지 파악하고, 향후 유사한 상황에서의 투자 결정을 내릴 수 있습니다.

또한, 이동 평균선은 주가의 장기적인 흐름을 이해하는 데 유용합니다. 주가가 이동 평균선 위에서 상승세를 유지할 경우, 해당 종목이 장기적으로 상승 추세에 있다는 신호로 해석할 수 있습니다. 반대로 이동 평균선 아래로 주가가 내려가는 경우에는 매도 신호로 볼 수 있으며, 이는 단기 및 장기적인 매수 및 매도 전략 수립에 중요한 정보를 제공합니다.

이와 같은 주가 변동 추세 분석은 기술적 분석에 기반한 투자 전략 보완과 리스크 관리에 필수적인 역할을 합니다.

</> 코드 살펴보기 소스코드 T06_05.py

금융 및 리스크 관리 - 리스크 대비 수익 분석

```python
import matplotlib.pyplot as plt
import pandas as pd

# 예시 데이터 생성
risk_return_data = {
    '자산': ['자산 A', '자산 B', '자산 C', '자산 A', '자산 B', '자산 A', '자산 D', '자산 E'],
    '리스크': [0.05, 0.1, 0.15, 0.2, 0.25, 0.3, 0.35, 0.4],
    '수익률(%)': [4, 6, 8, 7, 10, 12, 9, 14]
}
df_risk_return = pd.DataFrame(risk_return_data)

# 기본 산점도
plt.scatter(df_risk_return['리스크'], df_risk_return['수익률(%)'])
plt.xlabel('리스크')
plt.ylabel('수익률(%)')
plt.title('리스크 대비 수익률 산점도')
plt.show()
```

```
# 자산 유형에 따른 색상 구분 산점도
categories = df_risk_return['자산'].unique( )
colors = ['red', 'green', 'blue', 'orange', 'cyan', 'skyblue', '#4FDE3E', '#DE83F3']
for i, category in enumerate(categories):
    subset = df_risk_return[df_risk_return['자산'] == category]
    plt.scatter(subset['리스크'], subset['수익률(%)'], color=colors[i], label=category)
plt.xlabel('리스크')
plt.ylabel('수익률(%)')
plt.legend( )
plt.title('리스크 대비 수익률(자산별)')
plt.show( )

# 버블 차트(마커 크기 조절)
plt.scatter(df_risk_return['리스크'], df_risk_return['수익률(%)'],
s=df_risk_return['리스크']*1000, alpha=0.5)
plt.xlabel('리스크')
plt.ylabel('수익률(%)')
plt.title('리스크 대비 수익률 버블 차트')
plt.show( )
```

실행결과   X

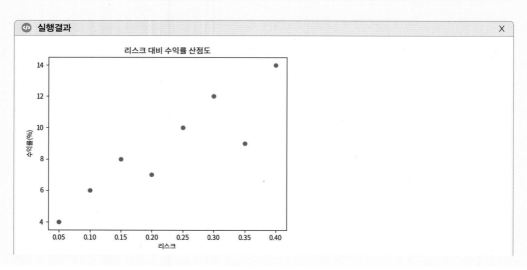

리스크 대비 수익률 산점도

286

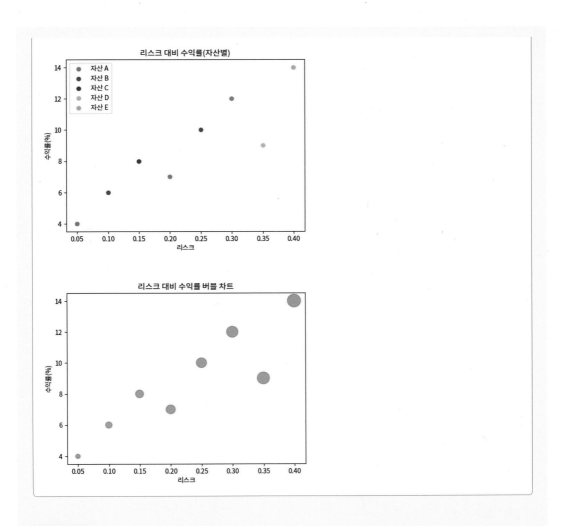

결과 해석

리스크 대비 수익 분석을 통해 각 자산의 수익성과 리스크 간의 균형을 파악할 수 있습니다. 예를 들어, 위 산점도에서 리스크(표준편차)가 낮으면서도 상대적으로 높은 수익률을 보이는 자산은 안정적인 고수익 자산으로 분류할 수 있으며, 이러한 자산은 리스크를 줄이면서도 수익을 추구하는 투자자에게 적합합니다. 반면, 리스크가 높으면서도 높은 수익률을 보이는 자산은 고위험 고수익 자산으로 분류되어, 수익률을 최우선으로 추구하는 투자자에게 더 적합할 수 있습니다.

산점도를 통해 투자자들은 포트폴리오의 리스크와 수익률을 균형 있게 맞추기 위한 전략을 수립할 수 있습니다. 특정 포트폴리오에서 리스크가 높아지더라도 추가적인 수익률이 미미하다면, 리스크를 낮추기 위한 자산 재배분이 필요할 수 있습니다.

이와 같은 리스크 대비 수익 분석은 투자 결정을 지원하는 중요한 도구로, 자산 배분 및 리스크 관리에 핵심적인 역할을 합니다.

금융 및 리스크 관리 - 재무 성과 분포

```python
import matplotlib.pyplot as plt
import pandas as pd

# 예시 데이터 생성
financial_performance_data = {
    '분기': ['Q1', 'Q2', 'Q3', 'Q4', 'Q1', 'Q2', 'Q3', 'Q4'],
    '수익': [1000, 1500, 1300, 1600, 1700, 1800, 1400, 1550],
    '비용': [800, 1200, 1100, 1300, 1250, 1400, 1350, 1450],
    '이익': [200, 300, 200, 300, 450, 400, 50, 100]
}
df_financial = pd.DataFrame(financial_performance_data)

# 기본 박스 플롯
plt.figure(figsize=(10, 6))
plt.boxplot([df_financial['수익'], df_financial['비용'], df_financial['이익']], tick_labels=
['수익', '비용', '이익'])
plt.title('재무 성과 분포')
plt.ylabel('금액')
plt.show()

# 분기별 박스 플롯
df_financial.boxplot(column=['수익'], by='분기')
plt.title('분기별 수익 분포')
plt.suptitle("") # 중복 제목 제거
plt.ylabel('수익')
plt.show()
```

```
# 박스 플롯과 막대 차트 결합
fig, ax = plt.subplots(figsize=(10, 6))
ax.boxplot(df_financial[['수익', '비용', '이익']].values, tick_labels=['수익', '비용', '이익'])
ax.bar(['수익', '비용', '이익'], df_financial[['수익', '비용', '이익']].mean( ), color='orange', alpha=0.6,
label='평균')
ax.set_ylabel('금액')
plt.legend( )
plt.title('재무 성과 분포 및 평균')
plt.show( )
```

실행결과 ✕

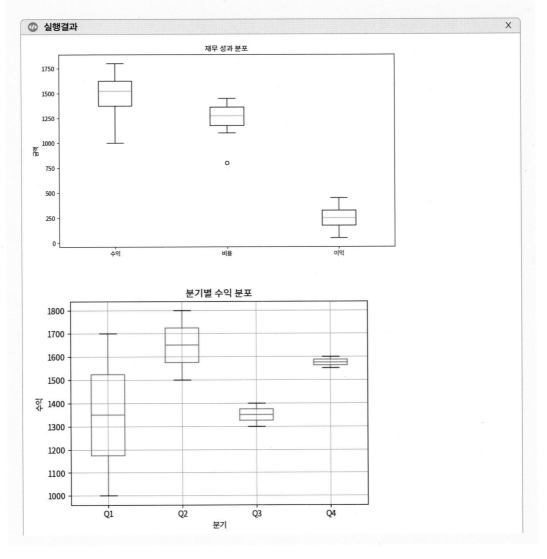

289

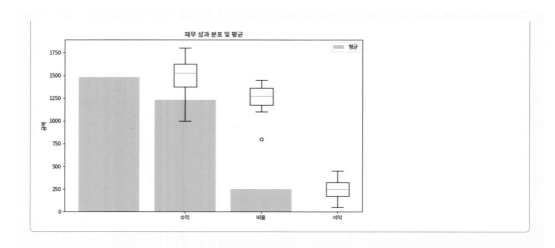

결과 해석

박스 플롯을 사용하여 각 분기의 수익, 비용, 이익의 분포와 변동성을 한눈에 파악할 수 있습니다. 예를 들어, 분기별 박스 플롯을 통해 특정 분기에서의 수익 분포가 크게 변화한 경우 해당 분기에 발생한 요인을 추가로 분석할 수 있습니다. 또한, 이익 분포가 일정한 범위에 집중되어 있으면 해당 기업이 안정적인 수익성을 유지하고 있다고 해석할 수 있습니다.

박스 플롯을 통해 발견한 이상치는 관리나 조정이 필요한 분기 또는 영역을 나타낼 수 있습니다. 기업은 이를 통해 재무 성과가 크게 변동하는 분기를 분석하고, 이를 개선하여 보다 안정적인 재무 성과를 유지하는 전략을 수립할 수 있습니다.

Tip	이 외에도 거래량과 주가 상관관계 분석, 산업별 주가 동향 비교 분석, 배당 수익률과 주가 변동 분석 등을 진행할 수 있습니다.

6.3 의료 및 헬스케어

▶ 영상 보러가기

의료 및 헬스케어 분석은 환자의 건강 상태와 치료 효과를 평가하고, 다양한 요인에 따른 질병 발생률을 파악하여 효과적인 치료와 예방 전략을 수립하는 데 중점을 둔다. 이를 통해 의료 기관은 환자 개개인의 상태에 맞는 맞춤형 치료를 제공할 수 있으며, 전체적인 의료 서비스 품질을 높일 수 있다. 주요 분석 기법으로는 환자 상태의 분포를 파악하는 환자 상태 분포 분석, 치료의 시간에 따른 효과 변화를 분석하는 치료 효과 시간 추세 분석, 특정 요인에 따른 질병 발생률을 비교하는 질병 발생률 비교가 있다. 이러한 분석을 통해 의료 기관은 환자 관리와 질병 예방에 필요한 중요한 정보를 얻을 수 있다.

</> 코드 살펴보기

소스코드 T06_07.py

의료 및 헬스케어 – 환자 상태 분포

```python
import matplotlib.pyplot as plt
import pandas as pd

patient_status_data = {
    '상태': ['건강', '경증', '중증', '위중', '퇴원', '집중 치료 필요', '정기 검사 필요', '안정'],
    '환자 수': [300, 250, 100, 50, 200, 150, 180, 220]
}
df_patient_status = pd.DataFrame(patient_status_data)

# 파이 차트
plt.pie(df_patient_status['환자 수'], labels=df_patient_status['상태'], autopct='%1.1f%%',
startangle=140)
plt.title('환자 상태 분포')
plt.show()
```

```
# 도넛 차트
plt.pie(df_patient_status['환자 수'], labels=df_patient_status['상태'], autopct='%1.1f%%',
startangle=140, wedgeprops=dict(width=0.3))
plt.title('환자 상태 분포(도넛 차트)')
plt.show( )

# 누적 막대 그래프
plt.bar(df_patient_status['상태'], df_patient_status['환자 수'], color='skyblue')
plt.title('상태별 환자 수 비교')
plt.xlabel('상태')
plt.ylabel('환자 수')
plt.show( )
```

실행결과 X

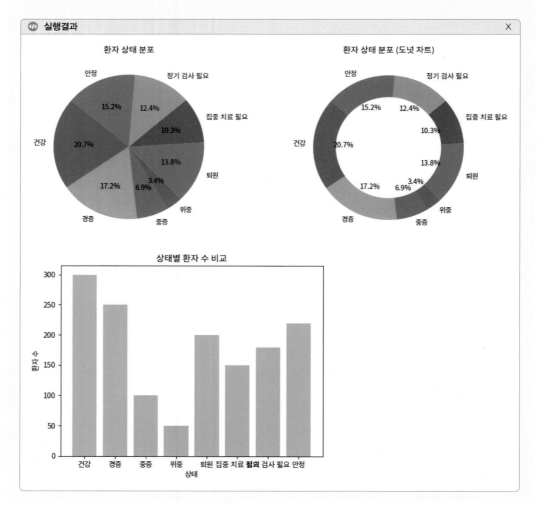

결과 해석

환자 상태 분포를 파이 차트로 시각화하면, 각 상태의 환자가 차지하는 비율을 한눈에 확인할 수 있습니다. 예를 들어, 중증 및 위중 환자의 비율이 전체 환자의 상당 부분을 차지하는 경우, 이들에 대해 의료 자원을 추가로 배분하고 전문 의료 인력을 배치하는 등의 조치가 필요할 수 있습니다.

경증 환자의 비율이 높은 경우, 이들 환자에 대해서는 간단한 관리와 예방적 조치를 제공하고, 중등도 이상 환자에게 집중적인 치료를 제공하는 전략을 수립할 수 있습니다. 파이 차트에서 나타나는 환자 상태별 비율은 병원의 자원 배분과 긴급 대응 계획에 중요한 참고 자료가 되며, 이를 통해 의료 서비스의 효율성을 높일 수 있습니다.

이와 같은 환자 상태 분포 분석은 병원의 진료 및 치료 계획 수립에 필수적인 자료로, 환자의 상태에 맞춘 적절한 의료 서비스를 제공함으로써 전반적인 병원의 운영 효율을 높이는 데 기여할 수 있습니다.

</> 코드 살펴보기   소스코드 T06_08.py

의료 및 헬스케어 - 치료 효과 시간 추세

```python
import matplotlib.pyplot as plt
import pandas as pd

# 예시 데이터 생성
treatment_data = {
    '주차': [1, 2, 3, 4, 5, 6, 7, 8, 9, 10],
    '평균 건강 점수': [50, 55, 60, 65, 70, 75, 80, 82, 85, 87],
    '치료군 건강 점수': [50, 57, 64, 70, 74, 78, 82, 85, 88, 90],
    '비치료군 건강 점수': [50, 53, 56, 58, 60, 62, 64, 66, 67, 68]
}
df_treatment = pd.DataFrame(treatment_data)

# 기본 선 그래프
plt.plot(df_treatment['주차'], df_treatment['평균 건강 점수'], label='평균 건강 점수', marker='o')
plt.title('치료 기간별 평균 건강 점수 변화')
plt.xlabel('주차')
plt.ylabel('평균 건강 점수')
plt.legend()
plt.show()
```

```
# 복수 선 그래프(치료군 vs 비치료군)
plt.plot(df_treatment['주차'], df_treatment['치료군 건강 점수'], label='치료군', marker='o',
color='blue')
plt.plot(df_treatment['주차'], df_treatment['비치료군 건강 점수'], label='비치료군', marker='o',
color='orange')
plt.title('치료군과 비치료군의 건강 점수 비교')
plt.xlabel('주차')
plt.ylabel('건강 점수')
plt.legend()
plt.show()


# 영역 그래프
plt.fill_between(df_treatment['주차'], df_treatment['치료군 건강 점수'], color="lightblue",
alpha=0.4, label='치료군')
plt.fill_between(df_treatment['주차'], df_treatment['비치료군 건강 점수'], color="salmon",
alpha=0.4, label='비치료군')
plt.plot(df_treatment['주차'], df_treatment['치료군 건강 점수'], color="blue", label='치료군
건강 점수')
plt.plot(df_treatment['주차'], df_treatment['비치료군 건강 점수'], color="red", label='비치료군
건강 점수')
plt.legend(loc="lower left")
plt.title('치료군과 비치료군의 건강 점수 영역 그래프')
plt.xlabel('주차')
plt.ylabel('건강 점수')
plt.show()
```

◑ 실행결과   X

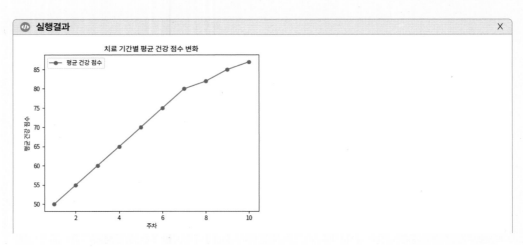

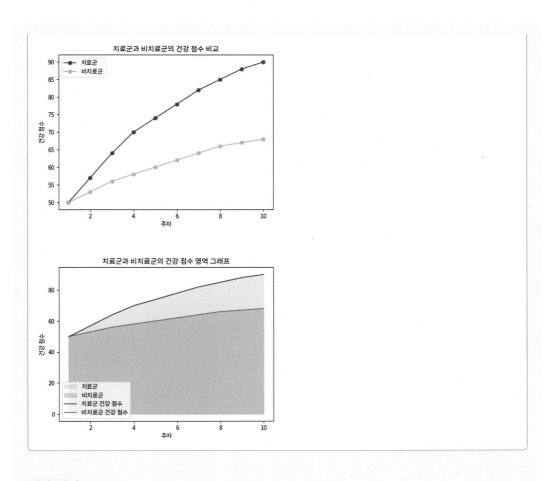

결과 해석

치료 효과 시간 추세를 선 그래프로 분석하면, 치료가 진행되면서 환자의 상태가 어떻게 변화하는지 명확하게 파악할 수 있습니다. 예를 들어, 개선 점수가 시간이 지남에 따라 꾸준히 상승하는 경우, 해당 치료가 환자에게 긍정적인 효과를 미치고 있다고 판단할 수 있습니다. 반면, 특정 시점에서 개선 점수가 정체되거나 감소하는 경우에는 치료 방식을 재검토하거나 추가적인 치료가 필요한지를 검토할 수 있습니다.

시간에 따른 치료 효과의 변화를 파악함으로써 의료진은 치료 계획을 조정하고, 개별 환자의 상태에 맞춘 맞춤형 치료 전략을 수립할 수 있습니다. 또한, 장기적인 추세를 통해 특정 치료 방법의 효과를 검증하고, 비슷한 상황의 환자들에게 적용할 치료 가이드를 개발하는 데 활용할 수 있습니다.

이와 같은 치료 효과 시간 추세 분석은 환자의 상태를 개선하는 데 중요한 자료를 제공하며, 의료 서비스의 질을 향상시키는 데 기여할 수 있습니다.

의료 및 헬스케어 – 질병 발생률 비교

```python
import matplotlib.pyplot as plt
import pandas as pd

# 예시 데이터 생성
disease_data = {
    '연령대': ['10대', '20대', '30대', '40대', '50대', '60대', '70대'],
    '남성 발생률(%)': [2, 5, 7, 10, 12, 15, 18],
    '여성 발생률(%)': [3, 6, 8, 9, 11, 13, 16],
    '전체 발생률(%)': [2.5, 5.5, 7.5, 9.5, 11.5, 14.0, 17.0]
}
df_disease = pd.DataFrame(disease_data)

# 기본 막대 그래프
plt.bar(df_disease['연령대'], df_disease['남성 발생률(%)'], label='남성 발생률', color='blue',
alpha=0.6)
plt.bar(df_disease['연령대'], df_disease['여성 발생률(%)'], label='여성 발생률', color='pink',
alpha=0.6)
plt.title('연령대별 성별 질병 발생률 비교')
plt.xlabel('연령대')
plt.ylabel('발병률(%)')
plt.legend()
plt.show()

# 누적 막대 그래프
plt.bar(df_disease['연령대'], df_disease['남성 발생률(%)'], label='남성 발생률', color='blue')
plt.bar(df_disease['연령대'], df_disease['여성 발생률(%)'], bottom=df_disease['남성 발생률(%)'],
label='여성 발생률', color='pink')
plt.title('연령대별 성별 질병 발생률(누적 막대 차트)')
plt.xlabel('연령대')
plt.ylabel('발병률(%)')
plt.legend()
plt.show()
```

```
# 수평 막대 그래프
plt.barh(df_disease['연령대'], df_disease['전체 발생률(%)'], color='green')
plt.title('연령대별 전체 질병 발생률(수평 막대 그래프)')
plt.xlabel('발병률(%)')
plt.ylabel('연령대')
plt.show( )
```

실행결과 ✕

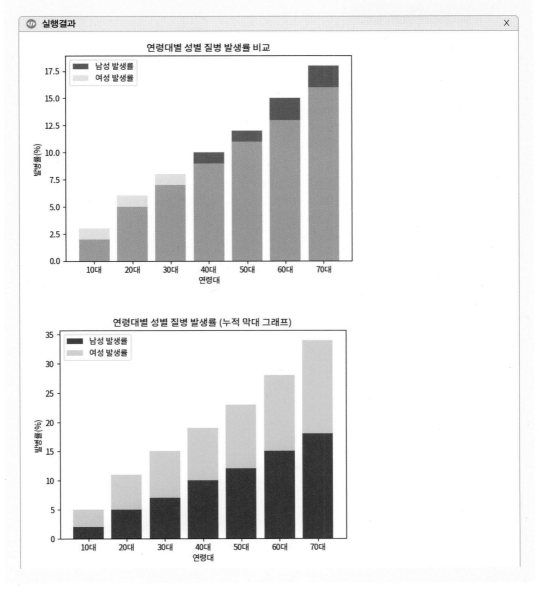

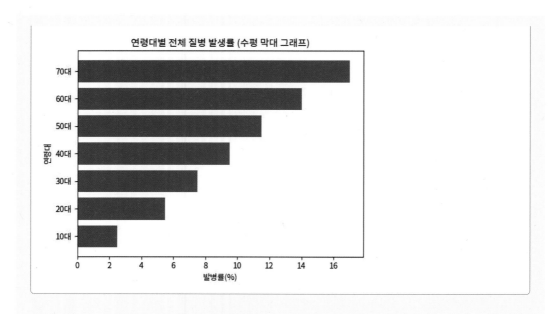

결과 해석

질병 발생률 비교를 통해 각 질병이 특정 지역이나 집단에서 얼마나 빈번하게 발생하는지 파악할 수 있습니다. 예를 들어, 특정 질병의 발생 건수가 상대적으로 높게 나타나는 경우, 해당 질병에 대한 예방 활동을 강화하거나, 관련 보건 자원을 해당 지역에 집중 배치할 필요가 있습니다. 또한, 낮은 발생률을 보이는 질병의 경우에도 예방 조치를 유지하여 전반적인 건강 상태를 관리할 수 있습니다.

이와 같은 질병 발생률 분석은 공공 보건 정책 수립에 유용한 자료를 제공하며, 특정 지역의 질병 위험 요인을 파악하여 지역사회 건강 증진에 기여할 수 있습니다. 발생률이 높은 질병에 대한 집중적인 예방 활동을 통해, 발생 위험을 낮추고, 보건 자원의 효율적인 배분에 도움을 줄 수 있습니다.

> **Tip** 이 외에도 의료 서비스 이용 패턴 분석, 약물 반응 분석, 건강 지표와 생활습관 상관관계 분석 등을 진행할 수 있습니다.

#제조데이터분석 #결함률분석 #시각화 #추세분석 #품질분석

6.4 제조 및 품질관리

▶ 영상 보러가기

제조 및 품질 관리는 제품의 결함을 줄이고 생산성을 높이는 데 중점을 두며, 이를 통해 더 나은 품질의 제품을 제공하고 비용 절감 효과를 얻을 수 있다. 제조 공정과 품질 관리를 위해서는 다양한 데이터 분석 기법이 활용되며, 이를 통해 공정의 효율성을 높이고 결함 발생률을 줄일 수 있다. 주요 분석 기법으로는 각 공정에서 결함률을 분석하는 결함률 시각화, 시간에 따라 생산 공정의 효율성을 분석하는 생산 공정 효율 추세 분석, 제품의 품질 지표가 어떻게 분포되어 있는지 확인하는 품질 지표 분포 분석이 있다. 이러한 분석은 제조업체가 품질을 유지하며 비용을 최소화하고 생산성을 극대화할 수 있도록 돕는다.

</> 코드 살펴보기

소스코드 T06_10.py

제조 및 품질관리 – 결함률 분석

```python
import matplotlib.pyplot as plt
import pandas as pd

# 예시 데이터 생성
defect_data = {
    '공정 단계': ['조립', '검사', '포장', '배송', '완성', '조립', '검사', '포장', '배송', '완성'],
    '결함률(%)': [5, 2, 1, 0.5, 0.8, 4.8, 2.2, 1.1, 0.6, 1.0],
    '제품군': ['A', 'A', 'A', 'A', 'A', 'B', 'B', 'B', 'B', 'B']
}
df_defect = pd.DataFrame(defect_data)

# 기본 막대 그래프
product_a = df_defect[df_defect['제품군'] == 'A']
plt.bar(df_defect['공정 단계'], df_defect['결함률(%)'], color='skyblue')
plt.title('공정 단계별 결함률 (제품군A)')
plt.xlabel('공정 단계')
plt.ylabel('결함률(%)')
plt.show()
```

299

```
# 수평 막대 그래프
plt.barh(product_a['공정 단계'], product_a['결함률(%)'], color='orange')
plt.title('공정 단계별 결함률(수평)')
plt.xlabel('결함률(%)')
plt.ylabel('공정 단계')
plt.show( )

# 제품군 별 누적 막대 그래프
product_b = df_defect[df_defect['제품군'] == 'B']
plt.bar(product_a['공정 단계'], product_a['결함률(%)'], label='제품군 A', color='blue')
plt.bar(product_b['공정 단계'], product_b['결함률(%)'], bottom=product_a['결함률(%)'],
label='제품군 B', color='green')
plt.title('공정 단계별 결함률(제품군 A vs B)')
plt.xlabel('공정 단계')
plt.ylabel('결함률(%)')
plt.legend( )
plt.show( )
```

실행결과   X

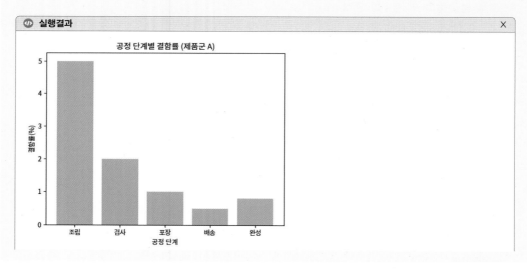

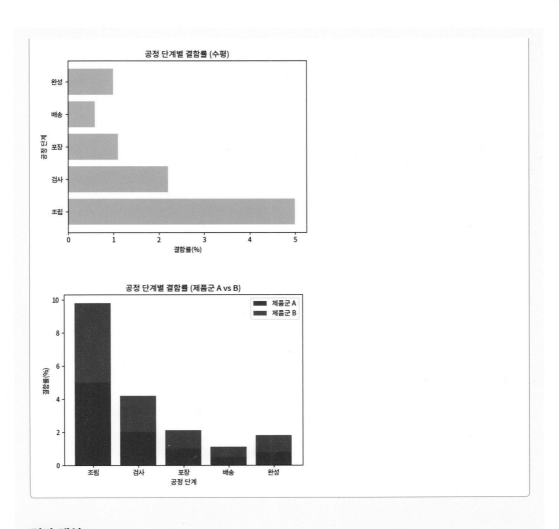

결과 해석

결함률 시각화를 통해 각 제조 공정 단계에서 발생하는 결함률을 비교할 수 있습니다. 예를 들어, 특정 공정 단계에서 결함률이 상대적으로 높은 경우, 해당 단계의 공정 방식을 개선하거나 추가적인 품질 검사를 도입하여 결함 발생을 줄일 수 있습니다. 반면, 결함률이 낮은 공정 단계는 현재의 제조 방식이 안정적으로 운영되고 있다고 볼 수 있습니다.

이와 같은 결함률 분석은 품질 관리의 효율성을 높이는 데 중요한 자료를 제공하며, 결함 발생을 줄이고 제품의 전반적인 품질을 향상시키는 데 기여할 수 있습니다. 결함률이 높은 구간을 중점적으로 관리하여 불량품 발생을 최소화하고, 품질 개선을 통해 고객 만족도를 높일 수 있는 근거 자료로 활용됩니다.

제조 및 품질관리 – 생산 공정 효율 추세

```python
import matplotlib.pyplot as plt
import pandas as pd

# 예시 데이터 생성
efficiency_data = {
    '주차': [1, 2, 3, 4, 5, 6, 7, 8, 9, 10],
    '공정 A 효율(%)': [80, 82, 81, 79, 85, 88, 86, 87, 89, 90],
    '공정 B 효율(%)': [75, 77, 78, 76, 79, 81, 83, 84, 85, 86],
    '공정 C 효율(%)': [70, 73, 72, 71, 74, 76, 75, 77, 78, 80]
}
df_efficiency = pd.DataFrame(efficiency_data)

# 기본 선 그래프
plt.plot(df_efficiency['주차'], df_efficiency['공정 A 효율(%)'], label='공정 A', marker='o')
plt.plot(df_efficiency['주차'], df_efficiency['공정 B 효율(%)'], label='공정 B', marker='o')
plt.plot(df_efficiency['주차'], df_efficiency['공정 C 효율(%)'], label='공정 C', marker='o')
plt.title('주차별 공정 효율 추세')
plt.xlabel('주차')
plt.ylabel('효율(%)')
plt.legend()
plt.show()

# 누적 선 그래프
plt.stackplot(df_efficiency['주차'], df_efficiency['공정 A 효율(%)'], df_efficiency['공정 B
효율(%)'], df_efficiency['공정 C 효율(%)'], labels=['공정 A', '공정 B', '공정 C'], alpha=0.5)
plt.title('누적 공정 효율 추세')
plt.xlabel('주차')
plt.ylabel('누적 효율(%)')
plt.legend(loc='upper left')
plt.show()
```

```
# 영역 그래프
plt.fill_between(df_efficiency['주차'], df_efficiency['공정 A 효율(%)'], color="skyblue",
alpha=0.4, label='공정 A')
plt.fill_between(df_efficiency['주차'], df_efficiency['공정 B 효율(%)'], color="lightgreen",
alpha=0.4, label='공정 B')
plt.fill_between(df_efficiency['주차'], df_efficiency['공정 C 효율(%)'], color="lightcoral",
alpha=0.4, label='공정 C')
plt.legend(loc="upper right")
plt.title('공정 효율 영역 그래프')
plt.xlabel('주차')
plt.ylabel('효율(%)')
plt.show()
```

실행결과   X

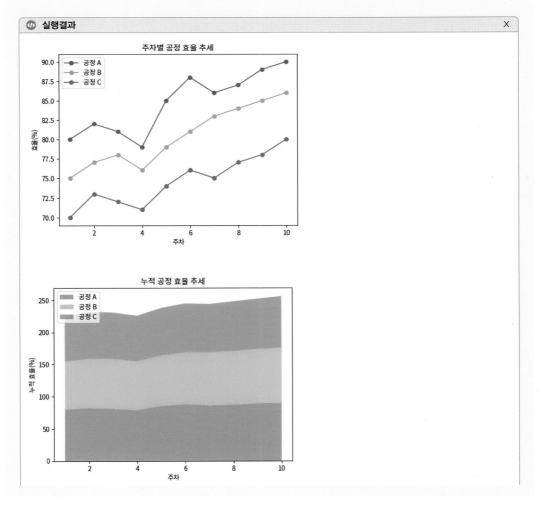

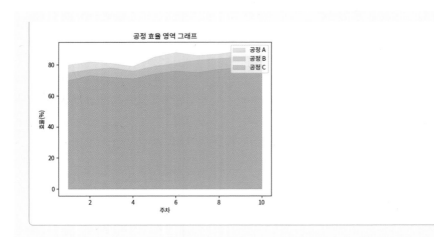

결화 해석

생산 공정 효율 추세를 선 그래프로 분석하면 공정 효율의 변화 양상을 시간에 따라 명확히 파악할 수 있습니다. 예를 들어, 공정 효율이 시간이 지남에 따라 꾸준히 상승하는 경우, 해당 공정이 개선되고 있으며 안정적으로 운영되고 있다고 해석할 수 있습니다. 반대로, 특정 시점에서 효율이 감소하는 경우에는 해당 시기의 문제를 분석하여 추가 개선 조치를 취할 필요가 있습니다.

이와 같은 공정 효율 추세 분석은 제조 공정의 지속적인 개선을 위한 중요한 자료를 제공하며, 공정 최적화를 통해 생산성을 향상시키는 데 기여할 수 있습니다. 효율이 낮아지는 시기를 파악하여 개선 활동을 집중하거나, 효율이 안정적인 시점의 공정 방식을 다른 공정에 적용하는 등의 전략을 수립할 수 있습니다. 이를 통해 전반적인 생산 공정의 효율을 높이고, 원가 절감 및 제품 품질 향상에 도움이 될 수 있습니다.

</> 코드 살펴보기   소스코드 T06_12.py

제조 및 품질관리 – 품질 지표 분포

```python
import seaborn as sns
import matplotlib.pyplot as plt
import pandas as pd
import numpy as np

# 예시 데이터 생성
np.random.seed(0)
quality_data = {
    '크기(mm)': np.random.normal(loc=50, scale=2, size=100),  # 평균 50, 표준편차 2인 크기 데이터
    '무게(g)': np.random.normal(loc=100, scale=5, size=100)   # 평균 100, 표준편차 5인 무게 데이터
}
df_quality = pd.DataFrame(quality_data)
```

```python
# 기본 히스토그램(크기 분포)
plt.hist(df_quality['크기(mm)'], bins=5, color='skyblue', edgecolor='black')
plt.title('크기 분포 히스토그램')
plt.xlabel('크기(mm)')
plt.ylabel('빈도')
plt.show()

# 기본 히스토그램(무게 분포)
plt.hist(df_quality['무게(g)'], bins=5, color='lightgreen', edgecolor='black')
plt.title('무게 분포 히스토그램')
plt.xlabel('무게(g)')
plt.ylabel('빈도')
plt.show()

# 히스토그램과 밀도 그래프(크기)
sns.histplot(df_quality['크기(mm)'], kde=True, color='skyblue')
plt.title('크기 분포와 밀도 그래프')
plt.xlabel('크기(mm)')
plt.ylabel('밀도')
plt.show()

# 박스 플롯과 히스토그램 결합
fig, ax = plt.subplots(1, 2, figsize=(12, 6))
ax[0].boxplot(df_quality['크기(mm)'])
ax[0].set_title('박스 플롯')
ax[0].set_ylabel('크기(mm)')
ax[1].hist(df_quality['크기(mm)'], bins=5, color='skyblue', edgecolor='black')
ax[1].set_title('크기 분포 히스토그램')
plt.show()
```

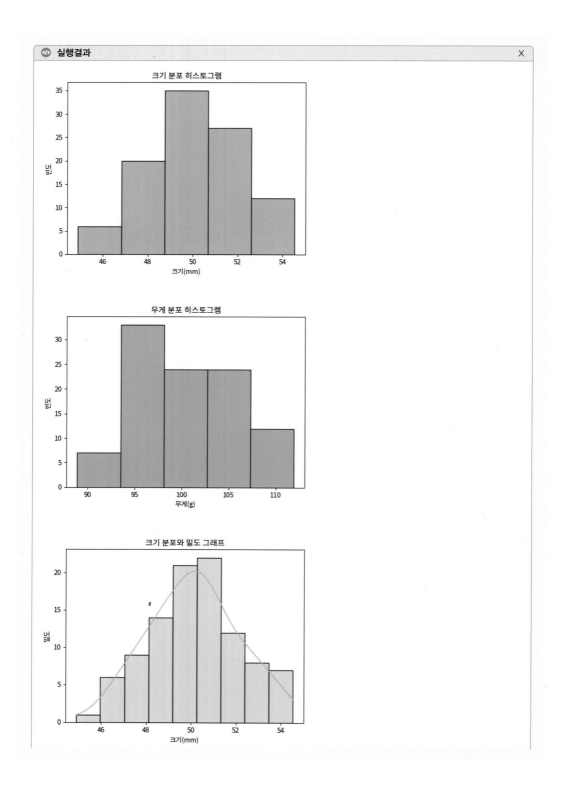

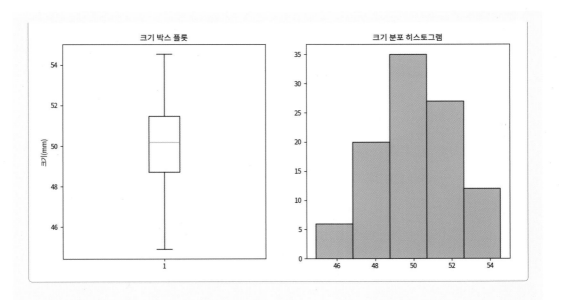

결과 해석

품질 지표 분포를 히스토그램과 밀도 그래프로 시각화하면, 제품의 크기와 무게가 특정 기준에 얼마나 집중되어 있는지, 또는 변동성이 있는지를 파악할 수 있습니다. 예를 들어, 크기와 무게가 목표 기준에 근접하게 집중되어 있다면, 제조 공정이 일관된 품질을 유지하고 있다고 평가할 수 있습니다. 반면, 분포가 넓게 퍼지거나 목표에서 벗어난 이상치가 많을 경우, 공정 변동성을 줄이기 위한 개선이 필요함을 나타낼 수 있습니다.

만약 박스플롯에서 이상치가 확인된 경우라면 품질 관리 측면에서 추가적인 점검이 필요함을 나타내며, 이들을 줄이기 위한 품질 개선 조치가 요구됩니다. 이와 같은 품질 지표 분포 분석은 제조 공정의 품질을 안정화하고, 품질 변동성을 최소화하여 제품의 일관성을 높이는 데 기여할 수 있습니다.

Tip 이 외에도 설비 가동률 및 고장 예측 분석, 원자재 사용 최적화 분석, 불량 원인 분석 등을 진행할 수 있습니다.

6.5 공공 정책 및 사회 문제 해결

▶ 영상 보러가기

공공 정책 및 사회 문제 해결 분야에서는 인구 밀도, 범죄율, 실업률 등과 같은 사회적 지표를 분석하여 정책의 효과를 평가하고, 다양한 사회적 문제를 해결하는 데 필요한 정보를 제공한다. 이를 통해 특정 지역의 인구 밀도나 사회적 변화 추이를 파악하여 정책이 사회에 미치는 영향을 정량적으로 분석할 수 있다. 주요 분석 기법으로는 특정 지역의 인구 밀도를 시각화하는 인구 밀도 시각화, 정책 시행 전후의 주요 지표 변화를 분석하는 정책 시행 전후 변화 분석, 지역 간 사회적 지표를 비교하는 사회적 지표 비교가 있다. 이러한 분석을 통해 정책이 사회에 미치는 영향을 쉽게 파악하고, 필요한 개선 사항을 도출할 수 있다.

</> 코드 살펴보기
소스코드 T06_13.py

공공 정책 및 사회 문제 해결 – 인구 밀도 시각화

```python
import seaborn as sns
import matplotlib.pyplot as plt
import pandas as pd

# 예시 데이터 생성
population_data = {
    '지역': ['서울', '부산', '대구', '인천', '광주', '대전', '울산', '세종', '경기', '강원', '충북', '충남', '전북', '전남',
'경북', '경남', '제주'],
    '인구 밀도(명/km²)': [17000, 12000, 8000, 10000, 7000, 6500, 7500, 9000, 11000, 500, 1200, 1300,
800, 700, 1100, 1400, 600],
    '평균 연령': [40, 42, 38, 39, 37, 36, 35, 34, 41, 43, 45, 44, 38, 36, 37, 39, 42]
}
df_population = pd.DataFrame(population_data)
```

```python
# 기본 히트맵
plt.figure(figsize=(10, 6))
sns.heatmap(
    df_population.set_index('지역').T,
    annot=True,
    fmt='d',  # 정수형 포맷 지정
    cmap='YlOrRd',
    cbar_kws={'label': '값'}
)
plt.title('지역별 인구 밀도 히트맵')
plt.show()

# 클러스터 히트맵(2개 이상의 숫자형 열 필요)
numeric_data = df_population.set_index('지역').select_dtypes(include=['number'])
sns.clustermap(
    numeric_data,
    cmap='coolwarm',
    annot=True,
    fmt='d'  # 정수형 포맷 지정
)
plt.title('인구 밀도 및 평균 연령 클러스터링 히트맵')
plt.show()
```

실행결과

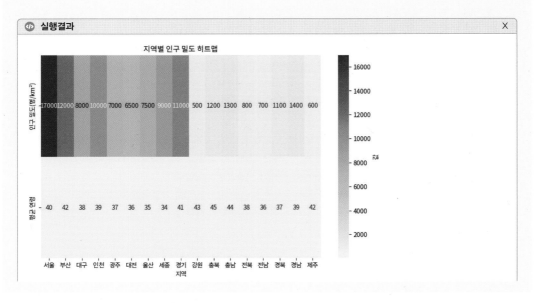

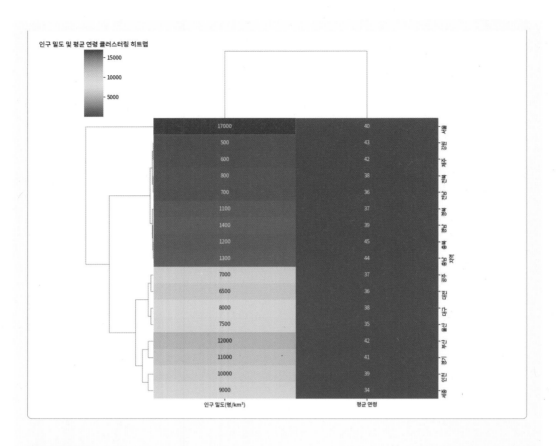

인구 밀도 및 평균 연령 클러스터링 히트맵

결과 해석

인구 밀도 및 평균 연령 히트맵을 통해 각 지역의 인구 분포와 특성을 한눈에 파악할 수 있습니다.

서울, 부산, 인천 등 대도시 지역은 인구 밀도가 매우 높게 나타나며, 특히 서울은 17,000명/km²로 전국에서 가장 높은 수치를 기록하고 있습니다. 반면, 강원, 전남, 경북, 제주 등은 인구 밀도가 1,000명/km² 이하로 매우 낮은 편입니다. 이러한 차이는 수도권 및 대도시로의 인구 집중 현상을 뚜렷하게 보여줍니다.

평균 연령 측면에서는, 인구 밀도가 높은 대도시일수록 평균 연령이 상대적으로 낮거나 전국 평균과 유사하게 나타납니다. 반면, 인구 밀도가 낮은 지역에서는 평균 연령이 더 높게 나타나는 경향이 있습니다. 이는 청년층의 대도시 유입, 농촌 및 지방의 고령화 등 인구 구조 변화와 밀접하게 연관되어 있습니다.

이러한 인구 밀도와 연령 구조 분석은 교통, 주택, 보건, 교육 등 공공 자원의 효율적 배분과 지역 맞춤형 정책 수립에 중요한 기초 자료로 활용될 수 있습니다. 인구가 집중된 지역에는 교통 · 주택 · 의료 인프라 확충이, 인구가 적고 고령화가 심한 지역에는 복지 · 의료 및 지역 활성화 정책이 필요함을 시사합니다.

또한, 인구 밀도와 평균 연령의 클러스터링을 통해 유사한 특성을 가진 지역을 그룹화함으로써, 지역 간 불균형 해소와 지속가능한 도시지역 발전 전략을 마련하는 데 유용한 인사이트를 제공합니다.

공공 정책 및 사회 문제 해결 – 정책 시행 전후 변화

```python
import seaborn as sns
import matplotlib.pyplot as plt
import pandas as pd

# 예시 데이터 생성
policy_data = {
    '월': ['1월', '2월', '3월', '4월', '5월', '6월', '7월', '8월', '9월', '10월', '11월', '12월'],
    '범죄율(%)': [5.2, 5.1, 4.9, 4.8, 4.7, 4.6, 4.5, 4.3, 4.1, 4.0, 3.9, 3.8],
    '실업률(%)': [3.5, 3.6, 3.5, 3.4, 3.3, 3.2, 3.1, 3.0, 2.9, 2.8, 2.7, 2.6],
    '정책 효과 지수': [0, 0, 0, 0, 0, 0, 20, 35, 50, 60, 70, 80]  # 정책 시행 후 효과 지수
}
df_policy = pd.DataFrame(policy_data)

# 범죄율과 실업률 선 그래프
plt.plot(df_policy['월'], df_policy['범죄율(%)'], label='범죄율(%)', marker='o')
plt.plot(df_policy['월'], df_policy['실업률(%)'], label='실업률(%)', marker='o')
plt.xlabel('월')
plt.ylabel('비율(%)')
plt.title('정책 시행 전후 범죄율과 실업률 변화')
plt.legend()
plt.show()

# 정책 효과 지수 막대 그래프
plt.bar(df_policy['월'], df_policy['정책 효과 지수'], color='orange', alpha=0.6)
plt.xlabel('월')
plt.ylabel('정책 효과 지수')
plt.title('정책 시행 후 효과 지수 변화')
plt.show()
```

```
# 이중 축 그래프(범죄율과 실업률)
fig, ax1 = plt.subplots()
ax1.plot(df_policy['월'], df_policy['범죄율(%)'], color='blue', label='범죄율(%)', marker='o')
ax1.set_xlabel('월')
ax1.set_ylabel('범죄율(%)', color='blue')
ax2 = ax1.twinx()
ax2.plot(df_policy['월'], df_policy['실업률(%)'], color='green', label='실업률(%)', marker='o')
ax2.set_ylabel('실업률(%)', color='green')
plt.title('정책 시행 전후 범죄율과 실업률 변화(이중 축)')
fig.tight_layout()
plt.show()
```

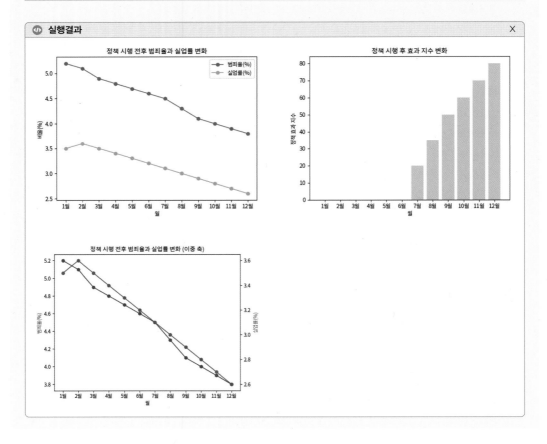

312

결과 해석

정책 시행 전후 변화를 선 그래프로 시각화하면, 정책이 시행된 이후 목표 지표가 어떤 변화를 보였는지 확인할 수 있습니다. 예를 들어, 교통 혼잡 완화 정책이 시행된 이후 교통량이 꾸준히 감소하는 추세라면, 해당 정책이 교통 혼잡을 완화하는 데 효과적이었다고 판단할 수 있습니다. 반대로, 정책 시행 이후에도 큰 변화가 없다면 정책을 재검토하거나 추가적인 조치가 필요할 수 있습니다.

이와 같은 정책 시행 전후 변화 분석은 공공 정책의 실효성을 평가하고, 필요시 개선할 부분을 식별하는 데 중요한 자료를 제공합니다. 정책의 성과를 객관적으로 검토함으로써 미래 정책 수립에 유용한 참고 자료를 제공하며, 지속적인 정책 개선을 통해 공공 서비스의 질을 높이는 데 기여할 수 있습니다.

‹/› 코드 살펴보기
소스코드 T06_15.py

공공 정책 및 사회 문제 해결 – 사회적 지표 비교

```python
import seaborn as sns
import matplotlib.pyplot as plt
import pandas as pd

# 예시 데이터 생성
social_data = {
    '지역': ['서울', '부산', '대구', '인천', '광주', '대전', '울산', '경기', '강원', '충북', '충남', '전북', '전남', '경북', '경남', '제주'],
    '실업률(%)': [3.5, 4.2, 4.0, 3.8, 3.7, 3.9, 4.1, 3.6, 3.3, 3.4, 3.5, 3.8, 3.9, 4.0, 3.8, 3.2],
    '범죄율(%)': [1.5, 2.2, 1.8, 1.7, 1.6, 1.9, 1.8, 1.4, 1.1, 1.3, 1.2, 1.5, 1.4, 1.7, 1.5, 1.2],
    '행복 지수': [70, 65, 68, 72, 74, 71, 69, 75, 78, 77, 76, 73, 74, 72, 70, 79]
}
df_social = pd.DataFrame(social_data)

# 기본 막대 그래프(실업률)
plt.bar(df_social['지역'], df_social['실업률(%)'], color='teal')
plt.xlabel('지역')
plt.ylabel('실업률(%)')
plt.title('지역별 실업률 비교')
plt.xticks(rotation=45)
plt.show()
```

```python
# 누적 막대 그래프(실업률과 범죄율)
plt.bar(df_social['지역'], df_social['실업률(%)'], label='실업률(%)', color='blue')
plt.bar(df_social['지역'], df_social['범죄율(%)'], bottom=df_social['실업률(%)'],
label='범죄율(%)', color='red')
plt.xlabel('지역')
plt.ylabel('비율(%)')
plt.title('지역별 실업률과 범죄율 비교')
plt.xticks(rotation=45)
plt.legend()
plt.show()

# 수평 막대 그래프(행복 지수)
df_social.sort_values(by='행복 지수', inplace=True)
plt.barh(df_social['지역'], df_social['행복 지수'], color='purple')
plt.xlabel('행복 지수')
plt.ylabel('지역')
plt.title('지역별 행복 지수 비교')
plt.show()
```

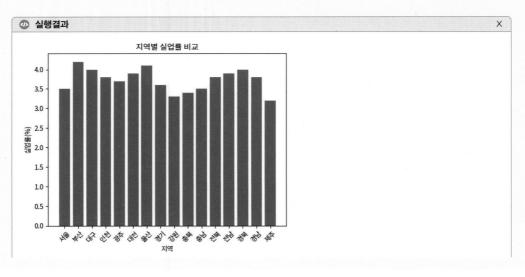

314

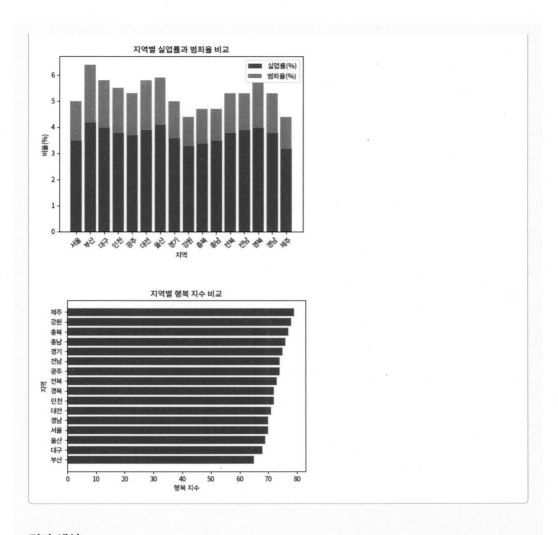

결과 해석

사회적 지표 비교를 막대 그래프로 시각화하면 각 지표에 대해 지역 간 차이와 지표 간의 연관성을 확인할 수 있습니다. 예를 들어, 실업률이 높은 곳은 범죄율도 높은지, 실업률이 낮은 곳은 행복지수가 높은지를 비교할 수 있습니다. 이를 토대로 실업률이 높아지는 지역에 치안 강화나 별도의 예방 정책을 수립할 수도 있습니다.

이와 같은 사회적 지표 분석은 공공 자원의 배분과 정책 우선순위를 설정하는 데 중요한 자료를 제공합니다. 특정 지역의 여러 지표의 차이를 이해함으로써 각 지역의 필요에 맞춘 정책을 수립하고, 사회 문제를 효과적으로 해결하는 데 이바지할 수 있습니다.

7장

케글(kaggle) 실습

케글 실습에서는 다양한 데이터셋을 활용해 실제 데이터 분석 과정을 경험할 수 있습니다. 데이터를 탐색하고 정리하며, 분석에 필요한 패턴과 인사이트를 도출하는 과정을 실습합니다. 케글의 플랫폼은 실습과 코드 공유를 통해 다른 사용자와 협력하거나 다양한 접근 방식을 배울 수 있어 데이터 분석 역량을 효과적으로 키우는 데 도움을 줍니다.

무엇을 배워볼까요?

이 장에서는 케글에서 제공하는 실제 데이터셋을 활용해 데이터 분석의 실질적인 활용 방법을 익히는 데 초점을 맞춥니다. 데이터를 탐색하고 요약하며, 패턴과 인사이트를 도출하기 위한 다양한 분석 기법을 실습합니다. 데이터 필터링, 그룹화, 집계, 시각화 등의 기술을 적용해 데이터를 효율적으로 정리하고 해석하며, 분석 결과를 통해 문제를 해결하는 방법을 학습합니다. 타이타닉 생존자 예측 문제, 주택 거래 가격 예측, 신용카드 이상 거래 탐지 문제를 통해 분석 역량을 강화하고, 데이터를 기반으로 실질적인 의사결정에 적용할 수 있는 기본기를 다지는 데 중점을 둡니다.

7.1 케글(kaggle) 개요

kaggle

케글 개념

케글은 데이터 과학 및 머신러닝 분야에서 가장 큰 커뮤니티 중 하나로, 데이터 분석 및 모델링을 배우고 실습할 수 있는 플랫폼이다. 2010년에 설립된 이후, 케글은 다양한 산업 분야에서 발생하는 실제 문제들을 해결하는 대회를 개최하고, 데이터 과학자들이 서로 협력하고 경쟁할 수 있는 장을 제공하고 있다. 이곳에서 초보자부터 전문가까지 누구나 데이터 분석 실력을 쌓을 수 있다.

케글 특징

특징	설명
데이터셋 제공	방대한 데이터셋을 무료로 제공하여, 연습 및 학습을 위한 자원이 풍부
커뮤니티 및 토론	전 세계의 데이터 과학자들과 의견을 공유하고, 문제 해결 방법에 대해 논의할 수 있음
질문과 답변	사용자가 분석 도중 직면한 문제에 대해 질문하고, 다른 커뮤니티 멤버가 답변을 제공
커뮤니티 구축	같은 대회나 데이터를 분석하는 사람들끼리 정보를 공유하며 협력할 수 있음

케글 준비

구글 코랩에서 케글 사용하려면 먼저 토큰 인증이 필요합니다. 케글 웹사이트(https://www.kaggle.com/)에 로그인한 후, 화면 우측 상단의 프로필 아이콘을 클릭하고 'Settings'로 이동한다. 'API' 섹션에서 'Create New Token'을 클릭하면 kaggle.json 파일이 다운로드된다. 이 파일을 구글 코랩에 업로드한 다음, 터미널 명령어를 통해 적절한 위치에 복사하고 권한을 설정하면 된다. 아래 명령어를 순차적으로 실행하면 케글 사용 준비가 완료된다.

```
!mkdir -p ~/.kaggle
!cp kaggle.json ~/.kaggle
!chmod 600 ~/.kaggle/kaggle.json
```

7.2 케글 실습

타이타닉 생존자 예측 문제(Titanic – Machine Learning from Disaster)

이 문제는 1912년 4월 15일, 유명한 타이타닉호 침몰 사건을 배경으로 한다. 타이타닉호는 영국 사우샘프턴에서 출항하여 미국 뉴욕으로 향하던 중 북대서양에서 빙산과 충돌해 침몰하였고, 이 사고로 수많은 인명 피해가 발생하였다. 사건 당시 구조는 어린아이와 여성, 상위 계층 승객이 우선시되었으므로, 승객의 성별, 나이, 탑승 클래스 등 다양한 변수가 생존에 중요한 역할을 했을 가능성이 크다. 이 데이터 분석에서는 타이타닉 승객 데이터를 활용하여 생존 여부와 다양한 변수 간의 관계를 통계적으로 분석하고, 생존에 영향을 미치는 주요 요인을 파악하는 것을 목표로 한다. 이를 통해 기계 학습 모델을 사용하지 않고도 데이터 해석과 통계적 기법으로 유의미한 인사이트를 도출할 수 있다.

타이타닉 데이터셋은 승객의 생존 여부(Survived), 나이(Age), 성별(Sex), 객실 등급(Pclass), 동반자 여부(SibSp, Parch), 승선 항구(Embarked), 요금(Fare) 등 다양한 정보를 포함하고 있다. 이 데이터셋을 통해 생존자와 사망자 간의 차이를 이해하고, 승객 특성에 따른 생존 가능성을 탐색할 수 있다.

자세한 데이터 설명은 문제 페이지(https://www.kaggle.com/competitions/titanic)에서 확인할 수 있다.

데이터 준비

케글에서 데이터를 다운로드하여 데이터 분석을 준비한다. 만약 케글에서 데이터를 받을 수 없는 경우에는 깃허브(https://github.com/ajaedevs/python-data-analysis)를 통해 다운로드 받을 수 있다.

```
!kaggle competitions download -c titanic
!unzip -o titanic.zip
```

데이터 구조 확인

Pandas 라이브러리를 사용해 데이터를 불러오고, info( )와 describe( ) 함수를 사용해 데이터 구조와 기본 통계 정보를 확인하여 데이터의 전반적인 특성을 파악한다. 생존 여부가 포함된 train 데이터를 사용한다.

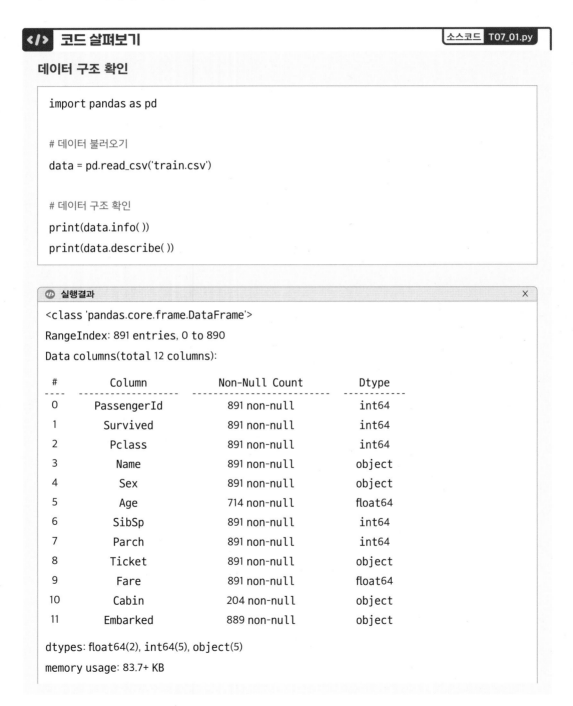

</> 코드 살펴보기   소스코드 T07_01.py

데이터 구조 확인

```python
import pandas as pd

# 데이터 불러오기
data = pd.read_csv('train.csv')

# 데이터 구조 확인
print(data.info( ))
print(data.describe( ))
```

</> 실행결과   ✕

```
<class 'pandas.core.frame.DataFrame'>
RangeIndex: 891 entries, 0 to 890
Data columns(total 12 columns):
```

#	Column	Non-Null Count	Dtype
0	PassengerId	891 non-null	int64
1	Survived	891 non-null	int64
2	Pclass	891 non-null	int64
3	Name	891 non-null	object
4	Sex	891 non-null	object
5	Age	714 non-null	float64
6	SibSp	891 non-null	int64
7	Parch	891 non-null	int64
8	Ticket	891 non-null	object
9	Fare	891 non-null	float64
10	Cabin	204 non-null	object
11	Embarked	889 non-null	object

```
dtypes: float64(2), int64(5), object(5)
memory usage: 83.7+ KB
```

```
None
            PassengerId      Survived        Pclass           Age         SibSp      \
count       891.000000    891.000000    891.000000    714.000000    891.000000$
mean        446.000000      0.383838      2.308642     29.699118      0.523008$
std         257.353842      0.486592      0.836071     14.526497      1.102743$
min           1.000000      0.000000      1.000000      0.420000      0.000000$
25%         223.500000      0.000000      2.000000     20.125000      0.000000$
50%         446.000000      0.000000      3.000000     28.000000      0.000000$
75%         668.500000      1.000000      3.000000     38.000000      1.000000$
max         891.000000      1.000000      3.000000     80.000000      8.000000$

               Parch          Fare$
count       891.000000    891.000000$
mean          0.381594     32.204208$
std           0.806057     49.693429$
min           0.000000      0.000000$
25%           0.000000      7.910400$
50%           0.000000     14.454200$
75%           0.000000     31.000000$
max           6.000000    512.329200$
```

결과 해석

데이터는 총 12개의 열과 891개 행으로 이루어져 있습니다.

결측값 확인

타이타닉 데이터셋에는 일부 열에 결측값이 포함되어 있다. isnull( ) 함수와 sum( ) 함수를 함께 사용하여 결측값을 확인한다.

</> 코드 살펴보기

소스코드 T07_02.py

결측값 확인

```python
# 결측값 확인
print(data.isnull().sum())
```

실행결과

PassengerId	0
Survived	0
Pclass	0
Name	0
Sex	0
Age	177
SibSp	0
Parch	0
Ticket	0
Fare	0
Cabin	687
Embarked	2
dtype: int64	

결과 해석

Age와 Cabin, Embarked 열에서 결측값을 확인할 수 있습니다.

결측값 처리

결측값 처리는 필수적인 단계이다. Age 변수는 수치형 변수이므로 중위수를 사용하여 결측값을 대체한다. 중위수는 이상치에 덜 민감하여 대푯값으로 적합하다. Embarked 변수는 범주형 변수이므로 가장 빈번하게 나타나는 값(최빈값)으로 대체한다. Cabin 변수는 결측값이 너무 많고 의미 파악이 어려워 대체하지 않고 분석에서 제외한다.

</> 코드 살펴보기
소스코드 T07_03.py

결측값 확인

```python
# Age 열의 결측값을 중위수로 대체
data['Age'] = data['Age'].fillna(data['Age'].median( ))

# Embarked 열의 결측값을 최빈값으로 대체
data['Embarked'] = data['Embarked'].fillna(data['Embarked'].mode( )[0])

# 결측값 확인
print(data.isnull( ).sum( ))
```

실행결과   ✕

```
PassengerId    0
Survived       0
Pclass         0
Name           0
Sex            0
Age            0
SibSp          0
Parch          0
Ticket         0
Fare           0
Cabin          687
Embarked       0
dtype: int64
```

결과 해석

Cabin 열을 제외한 Age와 Embarked 열의 결측값을 대체한 결과를 확인할 수 있습니다.

Tip 최빈값을 사용하면 가장 일반적인 범주를 통해 결측값을 보완할 수 있습니다.

데이터 여부 분포 확인

전체 승객 중 생존자의 비율과 사망자의 비율을 시각적으로 확인한다. 이를 통해 데이터의 기본 분포를 파악할 수 있다.

</> 코드 살펴보기

소스코드 T07_04.py

분포 확인

```python
import seaborn as sns
import matplotlib.pyplot as plt

# 생존자와 사망자 비율 시각화
sns.countplot(data=data, x='Survived')
plt.title('Survival Distribution')
plt.xlabel('Survived(0 = Not Survived, 1 =
Survived)')
plt.ylabel('Count')
plt.show()
```

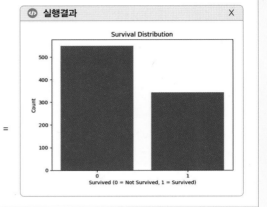

결과 해석

이 그래프를 통해 전체 승객 중 생존자와 사망자가 차지하는 비율을 쉽게 확인할 수 있습니다. 생존자가 적기 때문에, 데이터의 불균형 문제를 염두에 두고 분석을 진행해야 합니다.

Tip | 데이터 불균형을 확인하지 않고 데이터 분석을 진행하게 되면 결과의 신뢰도가 낮아집니다.

연속형 변수 분석

Age와 Fare와 같은 연속형 변수를 기준으로 생존자와 사망자 간의 차이를 분석한다. 이는 생존자와 사망자 간의 연령대나 지불 요금 차이를 파악하고, 이러한 변수들이 생존 여부에 어떻게 영향을 미치는지 이해하는 데 도움을 준다.

</> **코드 살펴보기** 소스코드 T07_05.py

연속형 변수 분석

```python
# 생존 여부에 따른 나이의 분포
plt.figure(figsize=(10, 6))
sns.histplot(data[data['Survived'] == 1]['Age'], bins=30, color='blue', label='Survived', kde=True)
sns.histplot(data[data['Survived'] == 0]['Age'], bins=30, color='red', label='Not Survived', kde=True)
plt.legend()
plt.title('Age Distribution by Survival')
plt.xlabel('Age')
plt.ylabel('Frequency')
plt.show()
```

실행결과

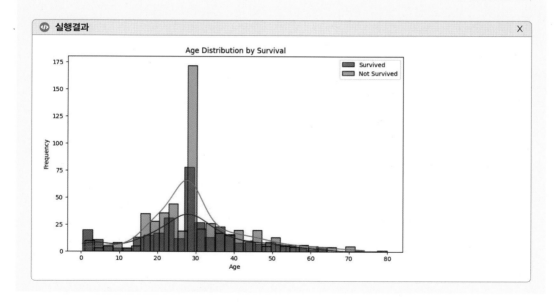

결과 해석

어린 승객의 생존율:

나이가 10세 이하(특히 5세 이하)인 어린 승객의 경우, 파란색 생존 분포가 빨간색 사망 분포보다 높습니다. 이는 어린 승객들이 성인 승객에 비해 생존율이 높았음을 시사합니다. 이는 어린이 우선 구조 원칙이 실제로 적용되었음을 데이터로 확인할 수 있는 중요한 패턴입니다.

20대 후반~30대 초반 성인 승객의 높은 사망률:

약 25세에서 35세 사이 구간에서 빨간색 사망 분포가 파란색 생존 분포에 비해 높게 나타나 있습니다. 이는 이 연령대 성인 승객들이 다른 연령대에 비해 상대적으로 사망률이 높았음을 보여줍니다. 이 연령대는 아마도 구출 우선순위에서 어린이와 고연령자보다는 뒤처졌을 가능성이 있습니다.

중년과 노년층의 생존율:

그래프 오른쪽에 위치한 50세 이상의 중년 및 노년층에서는 생존과 사망의 분포 차이가 확연히 작아집니다. 즉, 중년층과 노년층의 생존율은 다른 연령대와 비교해 크게 다르지 않은 것으로 보입니다.

전체적인 생존 분포:

생존한 승객의 나이 분포는 전반적으로 넓은 범위에 걸쳐 있으며, 특정 연령대에서 사망률이 높은 경향이 있습니다. 밀도 곡선이 생존자와 사망자의 패턴 차이를 명확하게 보여주고 있으며, 생존자의 경우 전체적으로 나이대가 균일하게 분포된 반면, 사망자는 특정 연령대(약 20대 중반 ~ 30대 초반)에 집중된 경향을 보입니다.

범주형 변수 분석

성별, 객실 등급, 승선 항구와 같은 범주형 변수를 기준으로 생존율을 분석한다. 이는 각 범주가 생존 가능성에 미치는 영향을 파악하는 데 유용하다.

</> 코드 살펴보기 　　　　　　　　　　　　　소스코드 T07_06.py

범주형 변수 분석

```python
# 생존 여부에 따른 성별 분포
sns.countplot(data=data, x='Sex',
hue='Survived')
plt.title('Survival by Gender')
plt.xlabel('Sex')
plt.ylabel('Count')
plt.show()
```

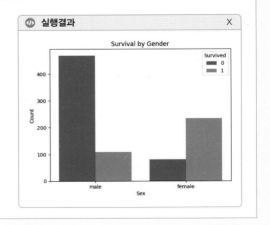

결과 해석

남성 승객의 대부분이 사망했음을 확인할 수 있습니다. 파란색 막대(사망한 남성)의 비율이 압도적으로 높으며, 주황색 막대(생존한 남성)는 상대적으로 적습니다.
여성 승객은 생존한 경우가 사망한 경우보다 더 많습니다. 주황색 막대(생존한 여성)가 파란색 막대(사망한 여성)보다 큽니다.

결론:

이 결과는 타이타닉 사고 당시 여성의 생존율이 남성보다 훨씬 높았음을 보여줍니다. 이는 구조 시 "여성과 어린이를 우선 구조"하는 원칙이 적용된 결과일 가능성이 큽니다.

생존 여부에 따른 객실 등급 분포는 다음과 같다.

</> 코드 살펴보기 소스코드 T07_07.py

범주형 변수 분석

```
# 생존 여부에 따른 객실 등급 분포
sns.countplot(data=data, x='Pclass',
hue='Survived')
plt.title('Survival by Pclass')
plt.xlabel('Pclass')
plt.ylabel('Count')
plt.show( )
```

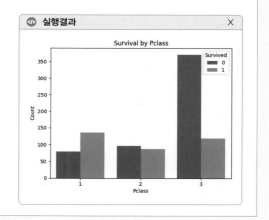

결과 해석

1등급:
1등급 승객의 경우 생존자 수(주황색 막대)가 사망자 수(파란색 막대)보다 많습니다. 이는 1등급 승객의 높은 생존율을 시사합니다.

2등급:
2등급 승객의 생존자와 사망자의 비율이 비슷합니다. 즉, 2등급 승객은 생존 확률이 1등급보다 낮지만, 그래도 어느 정도 생존 가능성이 있었다는 것을 알 수 있습니다.

3등급:
3등급 승객은 대부분 사망했으며, 사망자 수(파란색 막대)가 압도적으로 많습니다.

결론:

객실 등급이 높을수록 생존 확률이 높았음을 알 수 있습니다. 이는 상위 계층 승객들이 더 먼저 구조되었을 가능성이 있고, 3등급 승객들은 구조의 우선순위가 낮았을 수 있음을 시사합니다.

생존 여부에 따른 승선 항구 분포는 다음과 같다.

〈/〉 코드 살펴보기 　　　　　　　　　　　　　　　　　소스코드 T07_08.py

범주형 변수 분석

```
# 생존 여부에 따른 승선 항구 분포
sns.countplot(data=data, x='Embarked',
hue='Survived')
plt.title('Survival by Embarked')
plt.xlabel('Embarked')
plt.ylabel('Count')
plt.show()
```

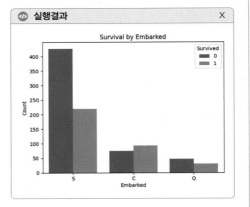

결과 해석

S(Southampton):
사우샘프턴에서 탑승한 승객은 사망자 수가 생존자 수보다 많습니다.

C(Cherbourg):
쉐르부르에서 탑승한 승객은 생존자 수가 사망자 수보다 약간 더 많습니다.

Q(Queenstown):
퀸스타운에서 탑승한 승객은 사망자가 더 많고, 생존자는 상대적으로 적습니다.

결론:
탑승 항구에 따라 생존율에 차이가 있는 것으로 보입니다. 특히 쉐르부르에서 탑승한 승객의 생존율이 상대적으로 높은 편입니다. 이는 탑승 항구에 따라 다른 승객 특성이 있을 수 있음을 시사하며, 쉐르부르 항구에서 탑승한 승객은 1등급 또는 2등급 승객이 많을 가능성이 있습니다.

Tip	정확한 데이터 분석을 위해서는 분석하고자 하는 데이터 외에도 다양한 지식을 활용해야 합니다.

주택 가격 예측 문제(House Prices – Advanced Regression Techniques)

이 문제는 주택의 다양한 특징을 바탕으로 주택 가격을 예측하는 문제이다. 주택 가격은 지역, 건축 연도, 방의 개수, 건물 크기, 외관 재질, 이웃 환경 등의 다양한 요소에 의해 영향을 받는다. 이 분석의 목표는 통계적 기법을 사용해 각 특징이 주택 가격에 미치는 영향을 이해하고, 이를 통해 가격을 예측할 때 중요한 요인을 파악하는 것이다.

주택 가격 데이터셋은 각 주택에 대한 여러 가지 특성(LotArea, OverallQual, YearBuilt, GrLivArea, SalePrice 등)과 판매 가격(SalePrice)을 포함하고 있다. 이 데이터를 통해 각 특성이 주택 가격에 미치는 영향을 분석하고, 가격에 중요한 변수가 무엇인지 탐구할 수 있다. 자세한 데이터 설명은 문제 페이지(https://www.kaggle.com/competitions/house-prices-advanced-regression-techniques)에서 확인할 수 있다.

데이터 준비

이 데이터를 활용하기 위해서는 먼저 대회 참가 신청이 필요하다. 앞서 안내한 문제 페이지에 접속하여 "Join Competition" 버튼을 클릭하여 참가 등록을 완료한다. 등록이 완료되면 케글에서 데이터셋을 다운로드하여 분석 작업을 시작할 수 있다. 만약 케글에서 데이터를 받을 수 없는 경우에는 깃허브(https://github.com/ajaedevs/python-data-analysis)를 통해 다운로드 받을 수 있다.

```
!kaggle competitions download -c house-prices-advanced-regression-techniques
!unzip -o house-prices-advanced-regression-techniques.zip
```

데이터 구조 확인

Pandas 라이브러리를 사용해 데이터를 불러오고, info( )와 describe( ) 함수로 데이터의 구조와 기본 통계 정보를 확인한다. 주택 거래 정보가 포함된 train 데이터를 활용한다. 이 과정은 후속 분석의 방향을 결정하는 중요한 단계이다.

데이터 구조 확인

```
import pandas as pd

# 데이터 불러오기
data = pd.read_csv('train.csv')

# 데이터 구조 확인
print(data.info( ))
print(data.describe( ))
```

⟨/⟩ 실행결과　　　　　　　　　　　　　　　　　　　　　　　　　　　　　　　　　　X

```
<class 'pandas.core.frame.DataFrame'>
RangeIndex: 1460 entries, 0 to 1459
Data columns(total 81 columns):
```

#	Column	Non-Null Count	Dtype
0	Id	1460 non-null	int64
1	MSSubClass	1460 non-null	int64
2	MSZoning	1460 non-null	object
3	LotFrontage	1201 non-null	float64
4	LotArea	1460 non-null	int64
5	Street	1460 non-null	object
6	Alley	91 non-null	object
7	LotShape	1460 non-null	object
8	LandContour	1460 non-null	object
9	Utilities	1460 non-null	object
10	LotConfig	1460 non-null	object
11	LandSlope	1460 non-null	object
12	Neighborhood	1460 non-null	object
13	Condition1	1460 non-null	object
14	Condition2	1460 non-null	object
15	BldgType	1460 non-null	object
16	HouseStyle	1460 non-null	object
17	OverallQual	1460 non-null	int64
18	OverallCond	1460 non-null	int64
19	YearBuilt	1460 non-null	int64

20	YearRemodAdd	1460 non-null	int64
21	RoofStyle	1460 non-null	object
22	RoofMatl	1460 non-null	object
23	Exterior1st	1460 non-null	object
24	Exterior2nd	1460 non-null	object
25	MasVnrType	588 non-null	object
26	MasVnrArea	1452 non-null	float64
27	ExterQual	1460 non-null	object
28	ExterCond	1460 non-null	object
29	Foundation	1460 non-null	object
30	BsmtQual	1423 non-null	object
31	BsmtCond	1423 non-null	object
32	BsmtExposure	1422 non-null	object
33	BsmtFinType1	1423 non-null	object
34	BsmtFinSF1	1460 non-null	int64
35	BsmtFinType2	1422 non-null	object
36	BsmtFinSF2	1460 non-null	int64
37	BsmtUnfSF	1460 non-null	int64
38	TotalBsmtSF	1460 non-null	int64
39	Heating	1460 non-null	object
40	HeatingQC	1460 non-null	object
41	CentralAir	1460 non-null	object
42	Electrical	1459 non-null	object
43	1stFlrSF	1460 non-null	int64
44	2ndFlrSF	1460 non-null	int64
45	LowQualFinSF	1460 non-null	int64
46	GrLivArea	1460 non-null	int64
47	BsmtFullBath	1460 non-null	int64
48	BsmtHalfBath	1460 non-null	int64
49	FullBath	1460 non-null	int64
50	HalfBath	1460 non-null	int64
51	BedroomAbvGr	1460 non-null	int64
52	KitchenAbvGr	1460 non-null	int64
53	KitchenQual	1460 non-null	object
54	TotRmsAbvGrd	1460 non-null	int64
55	Functional	1460 non-null	object
56	Fireplaces	1460 non-null	int64
57	FireplaceQu	770 non-null	object

58	GarageType	1379 non-null	object
59	GarageYrBlt	1379 non-null	float64
60	GarageFinish	1379 non-null	object
61	GarageCars	1460 non-null	int64
62	GarageArea	1460 non-null	int64
63	GarageQual	1379 non-null	object
64	GarageCond	1379 non-null	object
65	PavedDrive	1460 non-null	object
66	WoodDeckSF	1460 non-null	int64
67	OpenPorchSF	1460 non-null	int64
68	EnclosedPorch	1460 non-null	int64
69	3SsnPorch	1460 non-null	int64
70	ScreenPorch	1460 non-null	int64
71	PoolArea	1460 non-null	int64
72	PoolQC	7 non-null	object
73	Fence	281 non-null	object
74	MiscFeature	54 non-null	object
75	MiscVal	1460 non-null	int64
76	MoSold	1460 non-null	int64
77	YrSold	1460 non-null	int64
78	SaleType	1460 non-null	object
79	SaleCondition	1460 non-null	object
80	SalePrice	1460 non-null	int64

dtypes: float64(3), int64(35), object(43)

memory usage: 924.0+ KB

None

	Id	MSSubClass	LotFrontage	LotArea	OverallQual	\
count	1460.000000	1460.000000	1201.000000	1460.000000	1460.000000	
mean	730.500000	56.897260	70.049958	10516.828082	6.099315	
std	421.610009	42.300571	24.284752	9981.264932	1.382997	
min	1.000000	20.000000	21.000000	1300.000000	1.000000	
25%	365.750000	20.000000	59.000000	7553.500000	5.000000	
50%	730.500000	50.000000	69.000000	9478.500000	6.000000	
75%	1095.250000	70.000000	80.000000	11601.500000	7.000000	
max	1460.000000	190.000000	313.000000	215245.000000	10.000000	

	OverallCond	YearBuilt	YearRemodAdd	MasVnrArea	BsmtFinSF1	... \
count	1460.000000	1460.000000	1460.000000	1452.000000	1460.000000	...
mean	5.575342	1971.267808	1984.865753	103.685262	443.639726	...
std	1.112799	30.202904	20.645407	181.066207	456.098091	...
min	1.000000	1872.000000	1950.000000	0.000000	0.000000	...
25%	5.000000	1954.000000	1967.000000	0.000000	0.000000	...
50%	5.000000	1973.000000	1994.000000	0.000000	383.500000	...
75%	6.000000	2000.000000	2004.000000	166.000000	712.250000	...
max	9.000000	2010.000000	2010.000000	1600.000000	5644.000000	...

	WoodDeckSF	OpenPorchSF	EnclosedPorch	3SsnPorch	ScreenPorch	\
count	1460.000000	1460.000000	1460.000000	1460.000000	1460.000000	
mean	94.244521	46.660274	21.954110	3.409589	15.060959	
std	125.338794	66.256028	61.119149	29.317331	55.757415	
min	0.000000	0.000000	0.000000	0.000000	0.000000	
25%	0.000000	0.000000	0.000000	0.000000	0.000000	
50%	0.000000	25.000000	0.000000	0.000000	0.000000	
75%	168.000000	68.000000	0.000000	0.000000	0.000000	
max	857.000000	547.000000	552.000000	508.000000	480.000000	

	PoolArea	MiscVal	MoSold	YrSold	SalePrice
count	1460.000000	1460.000000	1460.000000	1460.000000	1460.000000
mean	2.758904	43.489041	6.321918	2007.815753	180921.195890
std	40.177307	496.123024	2.703626	1.328095	79442.502883
min	0.000000	0.000000	1.000000	2006.000000	34900.000000
25%	0.000000	0.000000	5.000000	2007.000000	129975.000000
50%	0.000000	0.000000	6.000000	2008.000000	163000.000000
75%	0.000000	0.000000	8.000000	2009.000000	214000.000000
max	738.000000	15500.000000	12.000000	2010.000000	755000.000000

[8 rows x 38 columns]

결과 해석

데이터는 총 81개의 열과 1460개 행으로 이루어져 있습니다.

결측값 확인

주택 가격 데이터셋에는 결측값이 포함되어 있을 가능성이 높다. isnull( ) 함수와 sum( ) 함수를 함께 사용하여 결측값을 확인한다.

</> 코드 살펴보기 소스코드 T07_10.py

결측값 확인

```
pd.set_option('display.max_columns', None)
pd.set_option('display.max_rows', None)

# 결측값 확인
print(data.isnull().sum())
```

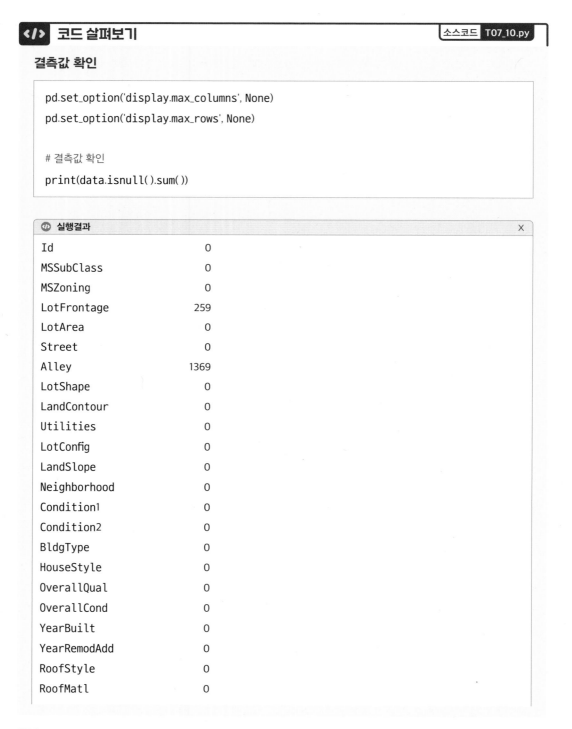

```
실행결과                                                    X
Id                    0
MSSubClass            0
MSZoning              0
LotFrontage         259
LotArea               0
Street                0
Alley              1369
LotShape              0
LandContour           0
Utilities             0
LotConfig             0
LandSlope             0
Neighborhood          0
Condition1            0
Condition2            0
BldgType              0
HouseStyle            0
OverallQual           0
OverallCond           0
YearBuilt             0
YearRemodAdd          0
RoofStyle             0
RoofMatl              0
```

Exterior1st	0
Exterior2nd	0
MasVnrType	872
MasVnrArea	8
ExterQual	0
ExterCond	0
Foundation	0
BsmtQual	37
BsmtCond	37
BsmtExposure	38
BsmtFinType1	37
BsmtFinSF1	0
BsmtFinType2	38
BsmtFinSF2	0
BsmtUnfSF	0
TotalBsmtSF	0
Heating	0
HeatingQC	0
CentralAir	0
Electrical	1
1stFlrSF	0
2ndFlrSF	0
LowQualFinSF	0
GrLivArea	0
BsmtFullBath	0
BsmtHalfBath	0
FullBath	0
HalfBath	0
BedroomAbvGr	0
KitchenAbvGr	0
KitchenQual	0
TotRmsAbvGrd	0
Functional	0
Fireplaces	0
FireplaceQu	690
GarageType	81
GarageYrBlt	81
GarageFinish	81

```
GarageCars             0
GarageArea             0
GarageQual            81
GarageCond            81
PavedDrive             0
WoodDeckSF             0
OpenPorchSF            0
EnclosedPorch          0
3SsnPorch              0
ScreenPorch            0
PoolArea               0
PoolQC              1453
Fence               1179
MiscFeature         1406
MiscVal                0
MoSold                 0
YrSold                 0
SaleType               0
SaleCondition          0
SalePrice              0
dtype: int64
```

결과 해석

Alley와 MasVnrType, BsmtQual, BsmtCond, BsmtExposure, BsmtFinType1, BsmtFinType2, Electrical, Fire-placeQu, GarageType, GarageYrBlt, GarageFinish, GarageQual, GarageCond, PoolQC, Fence, MiscFeature 변수에서 결측값을 확인할 수 있습니다.

> **Tip** 생략 없이 모든 결괏값을 보고 싶을 때는 pd.set_option('display.max_rows', None)을 실행하여 최대 표시 행 수 제한을 해제할 수 있고, pd.set_option('display.max_columns', None)을 실행하여 최대 표시 열(컬럼) 수 제한을 해제할 수 있습니다.

결측값 처리

결측값이 존재하는 LotFrontage, MasVnrArea, GarageYrBlt 변수는 수치형 변수로, 중위수를 사용하여 결측값을 대체한다. 기타 범주형 변수는 결측값을 최빈값 또는 특정 값으로 대체하여 진행한다.

결측값 처리

```python
# 연속형 변수의 결측값 처리(중위수 대체)
data['LotFrontage'] = data['LotFrontage'].fillna(data['LotFrontage'].median( ))
data['MasVnrArea'] = data['MasVnrArea'].fillna(data['MasVnrArea'].median( ))
data['GarageYrBlt'] = data['GarageYrBlt'].fillna(data['GarageYrBlt'].median( ))


# 범주형 변수 결측값 처리(최빈값 또는 특정 값으로 대체)
data['Alley'] = data['Alley'].fillna('NoAlley') # 'NoAlley'로 대체
data['BsmtQual'] = data['BsmtQual'].fillna(data['BsmtQual'].mode( )[0])
data['BsmtCond'] = data['BsmtCond'].fillna(data['BsmtCond'].mode( )[0])
data['BsmtExposure'] = data['BsmtExposure'].fillna(data['BsmtExposure'].mode( )[0])
data['BsmtFinType1'] = data['BsmtFinType1'].fillna(data['BsmtFinType1'].mode( )[0])
data['BsmtFinType2'] = data['BsmtFinType2'].fillna(data['BsmtFinType2'].mode( )[0])
data['Electrical'] = data['Electrical'].fillna(data['Electrical'].mode( )[0])
data['FireplaceQu'] = data['FireplaceQu'].fillna(data['FireplaceQu'].mode( )[0])
data['GarageType'] = data['GarageType'].fillna(data['GarageType'].mode( )[0])
data['GarageFinish'] = data['GarageFinish'].fillna(data['GarageFinish'].mode( )[0])
data['GarageQual'] = data['GarageQual'].fillna(data['GarageQual'].mode( )[0])
data['GarageCond'] = data['GarageCond'].fillna(data['GarageCond'].mode( )[0])
data['PoolQC'] = data['PoolQC'].fillna('NoPool') # 'NoPool'로 대체
data['Fence'] = data['Fence'].fillna('NoFence') # 'NoFence'로 대체
data['MiscFeature'] = data['MiscFeature'].fillna('None') # 'None'으로 대체
data['MSZoning'] = data['MSZoning'].fillna(data['MSZoning'].mode( )[0])
data['Functional'] = data['Functional'].fillna(data['Functional'].mode( )[0])
data['SaleType'] = data['SaleType'].fillna(data['SaleType'].mode( )[0])
data['Exterior1st'] = data['Exterior1st'].fillna(data['Exterior1st'].mode( )[0])
data['Exterior2nd'] = data['Exterior2nd'].fillna(data['Exterior2nd'].mode( )[0])
data['MasVnrType'] = data['MasVnrType'].fillna(data['MasVnrType'].mode( )[0])

# 결측값이 남아 있는지 확인
print(data.isnull( ).sum( ).sum( )) # 0이 나오면 모든 결측값이 처리된 것
```

실행결과	X
0	

결과 해석

각 열의 특성을 파악한 뒤 결측값 제거를 시도합니다.

데이터 분포 확인

주택 가격 분포를 시각화하여 전체적인 가격대와 빈도를 파악한다. 이 과정은 이상치 탐지와 데이터 특성 이해에 필수적이다. 히스토그램과 밀도 그래프를 통해 가격 분포의 중심 경향과 편향 여부를 분석할 수 있다.

</> 코드 살펴보기   소스코드 T07_12.py

분포 확인

```python
import seaborn as sns
import matplotlib.pyplot as plt

# 주택 가격 분포 시각화
plt.figure(figsize=(10, 6))
sns.histplot(data['SalePrice'], kde=True, bins=30)
plt.title('Distribution of Sale Price')
plt.xlabel('Sale Price($)')
plt.ylabel('Frequency')
plt.show()
```

실행결과   X

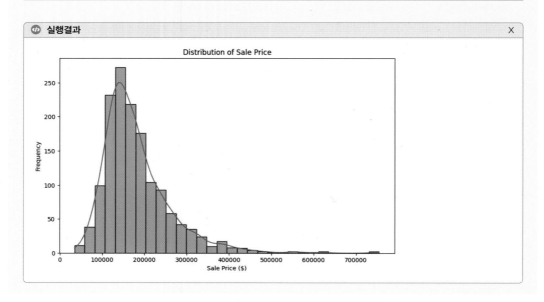

결과 해석

이 그래프를 통해 전체 거래에서 주요 거래 가격대를 쉽게 파악할 수 있습니다. 대부분의 거래가 50,000달러에서 500,000달러 사이에서 거래되고 있으며, 150,000달러 근처에서 가장 많은 거래가 발생함을 알 수 있습니다.

연속형 변수 분석

주택의 크기와 면적 관련 변수들은 가격에 중요한 영향을 미칠 가능성이 크다. 주거 면적(GrLivArea)과 주택 가격(SalePrice) 간의 관계를 시각적으로 분석해 본다.

</> 코드 살펴보기 　　　　　　　　　　　　　　　　　　　　　　소스코드 T07_13.py

연속형 변수 분석

```python
# 주거 면적과 주택 가격의 관계
plt.figure(figsize=(10, 6))
sns.scatterplot(x=data['GrLivArea'], y=data['SalePrice'])
plt.title('Sale Price vs. Above Grade Living Area')
plt.xlabel('Above Grade Living Area(sq ft)')
plt.ylabel('Sale Price($)')
plt.show()
```

⟨⟩ 실행결과　　　　　　　　　　　　　　　　　　　　　　　　　　　　　　　　　X

339

결과 해석

주거 면적과 주택 가격의 양의 상관관계:

대부분의 점이 대각선 방향으로 분포하여 양의 상관관계를 보이고 있습니다. 이는 주거 면적이 클수록 주택 가격이 높아지는 경향이 있음을 의미합니다. 즉, 주거 면적이 넓은 주택일수록 판매 가격이 비싼 경향이 있음을 알 수 있습니다.

일부 고가 주택:

오른쪽 상단으로 갈수록 주거 면적이 크면서 주택 가격이 매우 높은 일부 주택들이 눈에 띕니다. 이러한 주택들은 전체 주택 가격 분포에 비해 예외적으로 높은 가격대를 형성하고 있습니다. 이는 데이터 분석 시 이상치로 간주될 수 있습니다.

주거 면적 4000 평방피트 이상에서의 이상치:

주거 면적이 약 4000 평방피트 이상인 주택 중 일부는 다른 데이터와 비교해 주거 면적에 비해 가격이 상대적으로 낮은 점들이 보입니다. 이러한 점들은 전체적인 분포와 동떨어져 있어, 분석에 영향을 미칠 수 있는 이상치로 간주될 수 있습니다. 이러한 이상치를 식별하고, 필요에 따라 제거하거나 변환하는 과정이 필요합니다.

전체적인 주거 면적과 주택 금액 분포:

이 그래프를 통해 주거 면적이 주택 가격에 중요한 영향을 미치는 변수라는 점을 확인할 수 있습니다. 주거 면적과 주택 가격은 대체로 양의 상관관계를 가지며, 주거 면적이 큰 주택일수록 가격이 비싸지는 경향이 있습니다.

> **Tip** 주거 면적이 큰 일부 고가 주택은 이상치로 판단되며, 분석 결과 해석에 명시하는 것이 좋습니다.

범주형 변수 분석

주택 스타일, 지붕 스타일, 외장 마감 재료와 같은 범주형 변수를 기준으로 주택 가격과의 상관관계를 분석한다. 이는 각 범주가 주택 가격에 미치는 영향을 파악하는 데 유용하다.

주택 스타일과 주택 가격의 관계는 다음과 같다.

</> 코드 살펴보기 소스코드 T07_14.py

범주형 변수 분석

```
# 주택 스타일과 주택 가격의 관계
plt.figure(figsize=(12, 6))
sns.boxplot(x=data['HouseStyle'], y=data['SalePrice'])
plt.title('Sale Price by House Style')
plt.xlabel('House Style')
plt.ylabel('Sale Price($)')
plt.xticks(rotation=45)
plt.show()
```

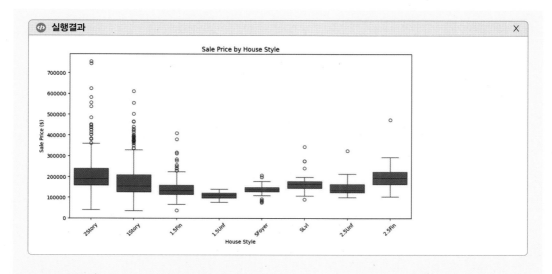

결과 해석

2Story와 1Story 스타일의 주택이 상대적으로 높은 가격대를 형성하고 있습니다.

1.5Fin(1층 반완성) 스타일의 주택은 상대적으로 낮은 가격대를 형성하며, 중간 가격에 많이 몰려 있습니다.

SLvl(split level, 복층) 스타일과 SFoyer(split foyer, 스플릿 현관) 스타일 주택은 중간 가격대에 집중되어 있으며, 가격 분포가 좁습니다.

결론:

주택 스타일에 따라 가격 차이가 나타나는 것을 볼 수 있습니다. 2Story와 1Story 스타일이 대체로 고가 주택에 해당하며, 주택의 층수와 구조가 주택의 가치에 영향을 미치는 것으로 보입니다.

지붕 스타일과 주택 가격의 관계는 다음과 같다.

코드 살펴보기 소스코드 T07_15.py

범주형 변수 분석

```python
# 지붕 스타일과 주택 가격의 관계
plt.figure(figsize=(12, 6))
sns.boxplot(x=data['RoofStyle'], y=data['SalePrice'])
plt.title('Sale Price by Roof Style')
plt.xlabel('Roof Style')
plt.ylabel('Sale Price($)')
plt.xticks(rotation=45)
plt.show()
```

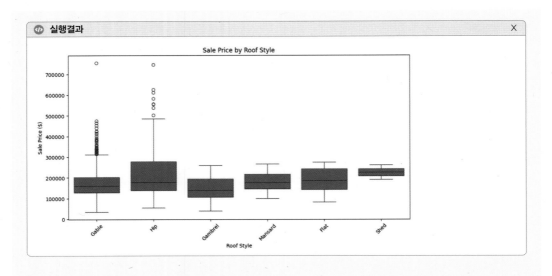

실행결과

결과 해석

Hip 스타일의 지붕을 가진 주택은 평균적으로 다른 지붕 스타일보다 높은 가격대를 형성하고 있습니다.

Gable 스타일 지붕은 넓은 가격 분포를 두지만 평균적으로는 중저가 주택에 해당합니다.

Shed는 상대적으로 적게 분포되어 있으며 가격은 중고가에 형성되어 있고, 나머지 지붕 스타일들(예: Mansard, Flat)은 상대적으로 중저가에 머무는 경향이 있습니다.

결론:

Hip 스타일의 지붕을 가진 주택이 다른 스타일에 비해 더 높은 가격대(이상치)를 보유하고 있습니다. 이는 Hip 스타일이 더 고급스럽게 인식될 가능성이 있으며, 지붕의 스타일이 주택 가격에 영향을 미치는 요인으로 작용할 수 있습니다.

외장 마감 재료와 주택 가격의 관계는 다음과 같다.

</> 코드 살펴보기 소스코드 T07_16.py

범주형 변수 분석

```python
# 외장 마감 재료와 주택 가격의 관계
plt.figure(figsize=(14, 6))
sns.boxplot(x=data['Exterior1st'], y=data['SalePrice'])
plt.title('Sale Price by Exterior Material')
plt.xlabel('Exterior Material')
plt.ylabel('Sale Price($)')
plt.xticks(rotation=45)
plt.show()
```

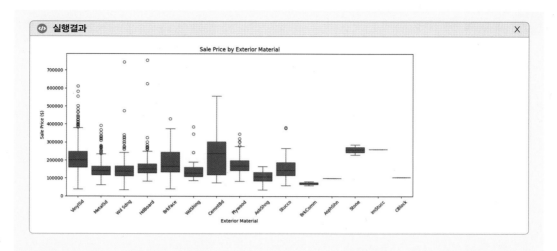

결과 해석

CemntBd(시멘트 판넬)와 BrkFace(벽돌 마감), Stone(석재 마감), ImStucc(인조 스터코)로 마감된 주택은 전반적으로 높은 가격대를 형성하고 있습니다. 특히 Stone과 ImStucc는 가격 분포가 좁고, 중상위 가격대에 집중되어 있습니다.

VinylSd(비닐 사이딩)은 중간 가격대에 속하며, 가격 분포가 넓고 일부 고가 주택도 포함되어 있습니다.

MetalSd(금속 사이딩), Wd Sdng(목재 사이딩), HdBoard(하드보드), WdShing(목재 싱글), Plywood(합판) 등은 중저가~중간 가격대에 분포하며, 전반적으로 가격 분포가 넓고, 일부 고가 주택도 존재합니다.

CBlock(콘크리트 블록), AsphShn(아스팔트 싱글), BrkComm(상업용 벽돌), AsbShng(석면 싱글) 등은 낮은 가격대에 몰려 있으며, 가격 분포도 좁은 편입니다.

Stucco(스터코)는 중간 가격대에 위치하며, 일부 고가 주택도 포함되어 있습니다.

결론:

외장 마감 재료에 따라 주택 가격 분포와 수준에 뚜렷한 차이가 나타납니다.

고급 마감재(Stone, ImStucc, CemntBd, BrkFace 등)를 사용한 주택은 높은 가격대에 형성되어 있고, 저가 마감재(CBlock, AsphShn, BrkComm 등)는 낮은 가격대에 집중되어 있습니다.

이는 외장재의 품질과 내구성이 주택의 시장 가치에 중요한 영향을 미침을 보여줍니다.

또한, VinylSd, Wd Sdng 등은 다양한 가격대의 주택에 폭넓게 사용되고 있음을 알 수 있습니다.

상관관계 분석

상관관계 분석을 통해 주택 가격(SalePrice)과 다른 연속형 변수 간의 상관관계를 확인한다. 상관관계가 높은 변수는 주택 가격에 더 큰 영향을 미칠 가능성이 있다. 수치형 변수만 선택하여 상관관계 히트맵을 생성해보자.

상관관계 분석

```python
# 수치형 변수만 선택
numeric_data = data.select_dtypes(include=['float64', 'int64'])

# 상관관계 히트맵
plt.figure(figsize=(18, 16))
correlation_matrix = numeric_data.corr()
sns.heatmap(correlation_matrix, annot=True, fmt=".2f", cmap='coolwarm',
annot_kws={"size": 8})
plt.title('Correlation Matrix')
plt.show()
```

</> 실행결과   X

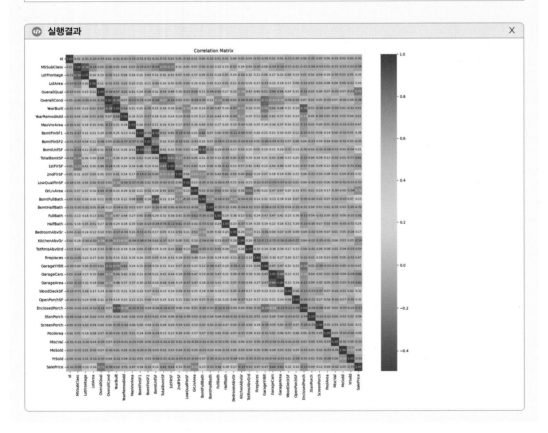

결과 해석

SalePrice(주택 가격)와 관련된 변수들:
SalePrice는 예측하고자 하는 타깃 변수로, 다른 변수들과의 상관관계를 통해 주택 가격에 영향을 미치는 주요 요인을 파악할 수 있습니다.

OverallQual:
SalePrice와 가장 강한 양의 상관관계를 가지며, 상관계수는 약 0.79입니다. 이는 주택의 전반적인 품질(Overall-Qual)이 높을수록 주택 가격이 상승하는 경향이 있음을 시사합니다.

GrLivArea:
SalePrice와의 상관계수가 약 0.71로, 주거 면적(GrLivArea)이 클수록 주택 가격이 높아지는 경향이 있습니다.

GarageCars 및 GarageArea:
GarageCars와 GarageArea는 각각 SalePrice와 약 0.64, 0.62의 상관계수를 가지며, 이는 주택의 차고 크기와 주택 가격 간의 관계가 있음을 보여줍니다.

TotalBsmtSF 및 1stFlrSF:
지하실의 총면적(TotalBsmtSF)도 SalePrice와 양의 상관관계(약 0.61)를 가지며, 이는 지하실 면적이 클수록 주택 가격이 높아질 수 있음을 시사합니다. 1층 면적(1stFlrSF)과의 상관계수는 약 0.61로, 1층 면적이 넓을수록 주택 가격이 높아지는 경향이 있습니다.

다른 변수 간의 상관관계:
GarageCars와 GarageArea 두 변수는 거의 완벽한 양의 상관관계(상관계수 약 0.88)를 보입니다. 이는 차고에 주차 가능한 차량 수(GarageCars)와 차고 면적(GarageArea)이 밀접하게 관련되어 있음을 보여줍니다. TotRmsAb-vGrd와 GrLivArea 두 변수는 약 0.83의 높은 상관관계를 가지며, 이는 지상층의 방 개수(TotRmsAbvGrd)가 많을수록 주거 면적(GrLivArea)도 넓어지는 경향이 있음을 시사합니다. 1층 면적(1stFlrSF)과 지하실 면적(TotalBsmtSF)은 상관계수 약 0.82로 강한 양의 상관관계를 보입니다. 이는 1층 면적이 넓을수록 지하실 면적도 넓어질 가능성이 있음을 보여줍니다.

음의 상관관계:
음의 상관관계는 이 히트맵에서 크게 두드러지지 않습니다. 대부분의 변수가 서로 약하거나 중간 정도의 양의 상관관계를 가지며, 강한 음의 상관관계를 가지는 변수 쌍은 거의 없습니다.

결론:
주택 가격에 영향을 미치는 주요 변수는 OverallQual, GrLivArea, GarageCars, GarageArea, TotalBsmtSF 등이다.

Tip　수치형으로 대체 가능한 범주형 데이터가 있다면 변환하여 상관관계 분석을 해보는 것도 좋습니다.

신용카드 사기 탐지 문제(Credit Card Fraud Detection)

이 문제는 거래 데이터의 다양한 특징을 바탕으로 신용카드 거래가 정상인지 사기인지 탐지하는 문제이다. 신용카드 사기는 거래 금액, 거래 시간 등의 다양한 요소에 의해 영향을 받을 수 있다. 이 분석의 목표는 통계적 기법을 통해 거래의 특징이 사기 거래 여부에 미치는 영향을 이해하고, 이를 통해 사기 탐지의 정확도를 높이는 것이다.

이 데이터셋은 신용카드 거래의 주요 특성들을 포함하며, 각 거래가 사기인지 아닌지 표시하는 Class 변수(1: 사기, 0: 정상)가 있다. 대부분의 변수는 익명화되어 있으며, 이는 고객의 프라이버시를 보호하기 위함이다. 데이터의 불균형 문제(사기 거래가 정상 거래에 비해 훨씬 적음)를 염두에 두고 분석을 진행해야 한다. 자세한 데이터 설명은 문제 페이지 (https://www.kaggle.com/datasets/mlg-ulb/creditcardfraud)에서 확인할 수 있다.

데이터 준비

케글에서 데이터를 다운로드하여 데이터 분석을 준비한다. 만약 케글에서 데이터를 받을 수 없는 경우에는 깃허브(https://github.com/ajaedevs/python-data-analysis)를 통해 다운로드 받을 수 있다.

```
!kaggle datasets download mlg-ulb/creditcardfraud
!unzip -o creditcardfraud.zip
```

데이터 구조 확인

Pandas 라이브러리를 사용해 데이터를 불러오고, info( )와 describe( ) 함수를 사용해 데이터 구조와 기본 통계 정보를 확인할 수 있다. 이상 거래가 포함된 creditcard 데이터를 사용한다.

데이터 구조 확인

```python
import pandas as pd

# 데이터 불러오기
data = pd.read_csv('creditcard.csv')

# 데이터 구조 확인
print(data.info())
print(data.describe())
```

실행결과   X

```
<class 'pandas.core.frame.DataFrame'>
RangeIndex: 284807 entries, 0 to 284806
Data columns(total 31 columns):
```

#	Column	Non-Null Count	Dtype
0	Time	284807 non-null	float64
1	V1	284807 non-null	float64
2	V2	284807 non-null	float64
3	V3	284807 non-null	float64
4	V4	284807 non-null	float64
5	V5	284807 non-null	float64
6	V6	284807 non-null	float64
7	V7	284807 non-null	float64
8	V8	284807 non-null	float64
9	V9	284807 non-null	float64
10	V10	284807 non-null	float64
11	V11	284807 non-null	float64
12	V12	284807 non-null	float64
13	V13	284807 non-null	float64
14	V14	284807 non-null	float64
15	V15	284807 non-null	float64
16	V16	284807 non-null	float64
17	V17	284807 non-null	float64
18	V18	284807 non-null	float64
19	V19	284807 non-null	float64
20	V20	284807 non-null	float64

347

21	V21	284807 non-null	float64		
22	V22	284807 non-null	float64		
23	V23	284807 non-null	float64		
24	V24	284807 non-null	float64		
25	V25	284807 non-null	float64		
26	V26	284807 non-null	float64		
27	V27	284807 non-null	float64		
28	V28	284807 non-null	float64		
29	Amount	284807 non-null	float64		
30	Class	284807 non-null	int64		

dtypes: float64(30), int64(1)

memory usage: 67.4 MB

None

	Time	V1	V2	V3	V4	\
count	284807.000000	2.848070e+05	2.848070e+05	2.848070e+05	2.848070e+05	
mean	94813.859575	1.168375e-15	3.416908e-16	-1.379537e-15	2.074095e-15	
std	47488.145955	1.958696e+00	1.651309e+00	1.516255e+00	1.415869e+00	
min	0.000000	-5.640751e+01	-7.271573e+01	-4.832559e+01	-5.683171e+00	
25%	54201.500000	-9.203734e-01	-5.985499e-01	-8.903648e-01	-8.486401e-01	
50%	84692.000000	1.810880e-02	6.548556e-02	1.798463e-01	-1.984653e-02	
75%	139320.500000	1.315642e+00	8.037239e-01	1.027196e+00	7.433413e-01	
max	172792.000000	2.454930e+00	2.205773e+01	9.382558e+00	1.687534e+01	

	V5	V6	V7	V8	V9	\
count	2.848070e+05	2.848070e+05	2.848070e+05	2.848070e+05	2.848070e+05	
mean	9.604066e-16	1.487313e-15	-5.556467e-16	1.213481e-16	-2.406331e-15	
std	1.380247e+00	1.332271e+00	1.237094e+00	1.194353e+00	1.098632e+00	
min	-1.137433e+02	-2.616051e+01	-4.355724e+01	-7.321672e+01	-1.343407e+01	
25%	-6.915971e-01	-7.682956e-01	-5.540759e-01	-2.086297e-01	-6.430976e-01	
50%	-5.433583e-02	-2.741871e-01	4.010308e-02	2.235804e-02	-5.142873e-02	
75%	6.119264e-01	3.985649e-01	5.704361e-01	3.273459e-01	5.971390e-01	
max	3.480167e+01	7.330163e+01	1.205895e+02	2.000721e+01	1.559499e+01	

	...	V21	V22	V23	V24	\
count	...	2.848070e+05	2.848070e+05	2.848070e+05	2.848070e+05	
mean	...	1.654067e-16	-3.568593e-16	2.578648e-16	4.473266e-15	
std	...	7.345240e-01	7.257016e-01	6.244603e-01	6.056471e-01	
min	...	-3.483038e+01	-1.093314e+01	-4.480774e+01	-2.836627e+00	
25%	...	-2.283949e-01	-5.423504e-01	-1.618463e-01	-3.545861e-01	
50%	...	-2.945017e-02	6.781943e-03	-1.119293e-02	4.097606e-02	
75%	...	1.863772e-01	5.285536e-01	1.476421e-01	4.395266e-01	
max	...	2.720284e+01	1.050309e+01	2.252841e+01	4.584549e+00	

	V25	V26	V27	V28	Amount	\
count	2.848070e+05	2.848070e+05	2.848070e+05	2.848070e+05	284807.000000	
mean	5.340915e-16	1.683437e-15	-3.660091e-16	-1.227390e-16	88.349619	
std	5.212781e-01	4.822270e-01	4.036325e-01	3.300833e-01	250.120109	
min	-1.029540e+01	-2.604551e+00	-2.256568e+01	-1.543008e+01	0.000000	
25%	-3.171451e-01	-3.269839e-01	-7.083953e-02	-5.295979e-02	5.600000	
50%	1.659350e-02	-5.213911e-02	1.342146e-03	1.124383e-02	22.000000	
75%	3.507156e-01	2.409522e-01	9.104512e-02	7.827995e-02	77.165000	
max	7.519589e+00	3.517346e+00	3.161220e+01	3.384781e+01	25691.160000	

	Class
count	284807.000000
mean	0.001727
std	0.041527
min	0.000000
25%	0.000000
50%	0.000000
75%	0.000000
max	1.000000

[8 rows x 31 columns]

결과 해석

데이터는 총 31개의 열과 284,807개 행으로 이루어져 있습니다.

결측값 확인

신용카드 데이터셋에는 결측값이 없으나, 결측값이 존재하는 경우 적절한 대체 방법을 사용해 결측값을 처리한다.

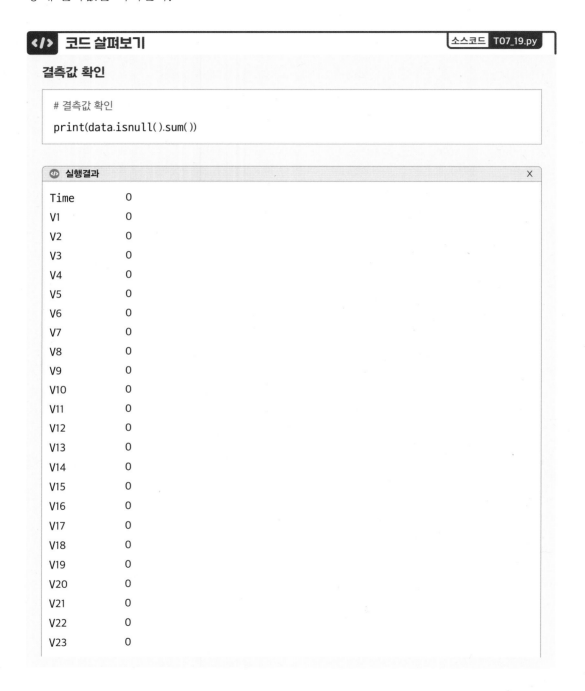

```
V24          0
V25          0
V26          0
V27          0
V28          0
Amount       0
Class        0
dtype: int64
```

결과 해석

결측값이 없음을 확인할 수 있습니다.

> **Tip** 결측값은 fillna( ) 함수를 사용하여 중위수나 평균값으로 대체할 수 있습니다.

데이터 불균형 문제 확인

데이터 분석에서 데이터 특성을 파악하는 것은 매우 중요하다. 신용카드 사기 탐지 문제에서는 정상 거래가 압도적 다수를 차지하고 사기 거래는 극소수인 심각한 클래스 불균형 문제가 존재한다. 이러한 불균형 특성을 시각화하여 확인하는 것은 적절한 분석 방법 선택에 필수적이다. 불균형 데이터는 모델이 다수 클래스에 편향되는 문제를 일으킬 수 있기 때문이다.

</> 코드 살펴보기　　　　　　　　　　　　　　　　소스코드 T07_20.py

데이터 불균형 문제 확인

```python
import seaborn as sns
import matplotlib.pyplot as plt

# 사기 거래와 정상 거래의 비율 시각화
sns.countplot(data=data, x='Class')
plt.title('Class Distribution')
plt.xlabel('Class(0 = Normal, 1 = Fraud)')
plt.ylabel('Count')
plt.show( )
```

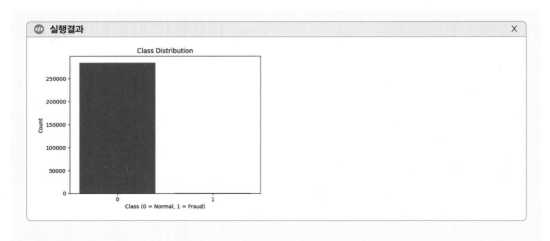

결과 해석

이 그래프를 통해 사기 거래가 전체 거래에서 매우 적은 비율을 차지하고 있음을 확인할 수 있습니다. 불균형 데이터에서는 분석 시 데이터의 편향을 고려해야 합니다.

연속형 변수 분석

신용카드 데이터의 Amount 변수를 기준으로, 사기 거래와 정상 거래 간의 차이를 분석한다. 이를 통해 특정 변수가 사기 거래에 더 큰 영향을 미치는지 파악할 수 있다.

</> 코드 살펴보기   소스코드 T07_21.py

연속형 변수 분석

```python
# 사기 거래와 정상 거래의 Amount 분포 비교
plt.figure(figsize=(10, 6))
sns.histplot(data[data['Class'] == 1]['Amount'], bins=30, color='red', label='Fraud',
kde=True)
sns.histplot(data[data['Class'] == 0]['Amount'], bins=30, color='blue', label='Normal',
kde=True)
plt.legend()
plt.title('Amount Distribution by Class')
plt.xlabel('Transaction Amount')
plt.ylabel('Frequency')
plt.show()
```

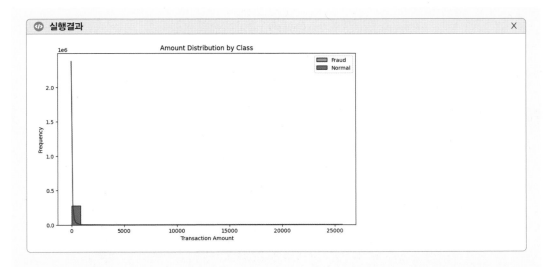

결과 해석

이 그래프를 통해 사기 거래가 전체 거래에서 매우 적은 비율을 차지하고 있음을 한번 더 확인할 수 있습니다. 불균형 데이터에서는 분석 시 데이터의 편향을 고려해야 합니다.

거래 금액의 집중도:

그래프에서 대부분의 거래가 낮은 금액 범위(특히 0에서 5000 사이)에 집중되어 있습니다. 이는 전체 거래 중 대부분이 소액 거래라는 것을 의미하며, 소액 거래가 빈번하게 발생한다는 것을 시사합니다.

사기 거래와 정상 거래의 금액 분포 차이:

그래프의 밀도 곡선을 통해, 사기 거래(빨간색 막대)와 정상 거래(파란색 막대)의 분포 패턴을 비교할 수 있습니다. 그러나 그래프에서 두 분포는 매우 유사하게 보이며, 두 거래 유형 모두 소액에서 집중된 패턴을 보입니다. 이는 거래 금액만으로는 사기 거래를 명확히 구분하기 어렵다는 것을 시사할 수 있습니다.

대규모 거래:

거래 금액이 5000 이상인 대규모 거래는 빈도가 매우 낮으며, 그래프의 오른쪽으로 갈수록 거의 발생하지 않는 것을 확인할 수 있습니다. 이 대규모 거래 중 일부가 사기 거래로 나타날 수 있지만, 주로 소액 거래에서 사기 거래가 많이 발생하는 것으로 보입니다.

결론:

이 분석을 통해 거래 금액만으로는 사기와 정상 거래를 구별하기 어렵다는 것을 알 수 있습니다. 사기 탐지 모델에서는 거래 금액 외에도 다른 변수들을 고려하여 사기 여부를 예측하는 것이 중요합니다.

> **Tip** 데이터가 지나치게 불균형적일 때는 데이터 분석의 신뢰도가 낮아지므로, 다른 데이터와의 결합을 통해 분석하는 것도 좋습니다.

범주형 변수 분석

데이터셋에는 거래 발생 시점(Time)이 포함되어 있다. 시간은 범주형 변수는 아니지만, 시간대로 범주화하여 사기 거래가 특정 패턴을 보이는지 분석하는 것이 가능하다.

</> 코드 살펴보기
소스코드 T07_22.py

범주형 변수 분석

```python
# 시간(Time)에 따른 사기 거래와 정상 거래의 발생 빈도 비교
plt.figure(figsize=(14, 6))
sns.histplot(data[data['Class'] == 1]['Time'], bins=50, color='red', label='Fraud')
sns.histplot(data[data['Class'] == 0]['Time'], bins=50, color='blue', label='Normal')
plt.legend()
plt.title('Transaction Time by Class')
plt.xlabel('Time(Seconds)')
plt.ylabel('Frequency')
plt.show()
```

⟨/⟩ 실행결과   X

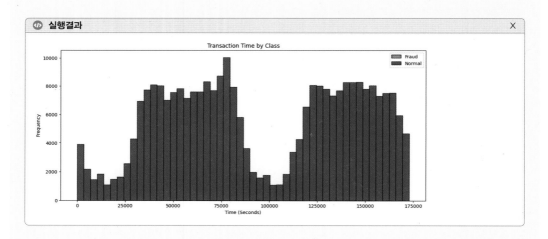

결과 해석

정상 거래의 분포 패턴:

정상 거래(파란색)는 하루 동안 일정한 주기 패턴을 나타내고 있습니다. 일정 시간대마다 거래 빈도가 높아졌다가 낮아지는 주기를 보이며, 특히 25,000초, 75,000초, 125,000초 이후에 거래 빈도가 증가하는 패턴이 반복되고 있습니다. 이는 특정 시간대에 정상 거래가 집중되는 경향이 있음을 나타내며, 실제 금융 거래 활동이 특정 시간대에 집중될 수 있음을 시사합니다.

사기 거래의 비율:

이 그래프에서 빨간색으로 표시된 사기 거래는 거의 보이지 않으며, 정상 거래에 비해 매우 낮은 빈도로 발생합니다. 이는 사기 거래가 전체 거래 중 극히 적은 비율로 발생하는 불균형한 특성을 나타내며, 그래프상에서는 눈에 띄지 않을 정도로 적습니다.

사기 거래와 정상 거래의 패턴 차이:

데이터 분석에서 시간적 패턴 분석은 중요한 인사이트를 제공합니다. 그러나 이 데이터에서는 사기 거래의 빈도가 너무 낮아 특정 시간대에 집중된 패턴을 시각적으로 확인하기 어렵습니다. 이는 시간 변수 단독으로는 사기 거래를 효과적으로 탐지하기 어렵다는 것을 의미합니다.

결론:

정상 거래는 특정 시간대에 집중되는 경향이 있으며, 이는 금융 거래가 특정 시간대에 활발히 이루어진다는 것을 나타냅니다. 사기 거래는 정상 거래에 비해 극히 드문 비율로 발생하며, 특정 시간대에 집중된 패턴을 보이지 않습니다. 이 결과는 사기 거래 분석에서 거래 시간(Time) 변수는 단독으로는 강력한 상관관계를 가지는 변수가 아닐 수 있음을 시사합니다. 따라서 다음 단계로는 여러 변수를 결합한 다변량 분석이나 변수 가공 및 신규 변수 개발을 통해 새로운 패턴을 발견하는 것이 필요합니다.

8장

공공데이터 실습

공공데이터 실습에서는 정부와 공공기관에서 제공하는 데이터를
활용해 실제 데이터 분석 과정을 경험합니다. 데이터를 탐색하고
정리하며, 정책 분석, 사회 문제 해결, 지역별 통계 등 다양한 주제
를 중심으로 인사이트를 도출하는 과정을 실습합니다. 공공데이터
를 활용함으로써 실생활에 밀접한 문제를 해결하는 분석 경험을 쌓
고, 데이터 기반 의사결정에 대한 이해를 높일 수 있습니다.

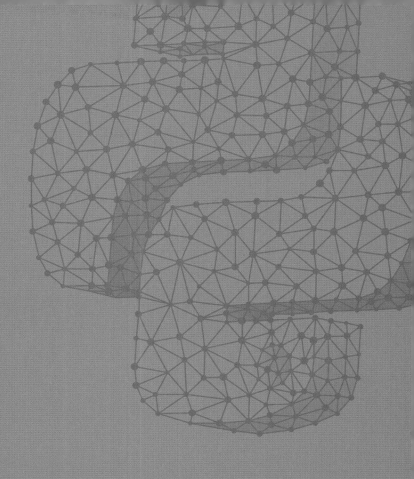

무엇을 배워볼까요?

이 장에서는 공공데이터를 활용한 데이터 분석 실습을 통해 실생활과 밀접한 문제를 해결하는 방법을 학습합니다. 데이터를 탐색하고 요약하며, 패턴과 인사이트를 도출하기 위한 다양한 분석 기법을 실습합니다. 데이터 필터링, 시각화, 그룹화 및 집계 기술을 활용해 공공데이터를 효율적으로 정리하고 분석하며, 이를 통해 사회적, 환경적 문제를 이해하고 해결 방안을 제시하는 방법을 배웁니다. 대기오염 데이터 분석, 서울시 공공자전거 이용 데이터 분석, 지역별 인구통계 데이터 분석을 통해 공공데이터를 다루는 기본기와 응용 능력을 강화합니다.

8.1

#공공데이터 #다양한분야 #자유롭게접근및개발

공공데이터 개요

 ▶ 영상 보러가기

공공데이터 개념

공공데이터 포털(https://www.data.go.kr)은 대한민국 정부가 운영하는 공공데이터의 통합 제공 플랫폼으로, 정부 및 공공기관이 보유한 다양한 데이터를 국민에게 개방하여 누구나 활용할 수 있도록 제공하는 사이트이다. 이 포털을 통해 공공 데이터에 자유롭게 접근하고, 이를 활용해 분석 및 애플리케이션 개발 등의 다양한 활동을 할 수 있다. 데이터는 행정, 교통, 경제, 환경 등 여러 분야에 걸쳐 있으며, 기업이나 개인이 데이터를 활용해 새로운 가치를 창출할 수 있도록 돕는다.

공공데이터 특징

특징	설명
데이터 제공	공공기관에서 수집한 데이터를 개방해, 누구나 자유롭게 다운로드하거나 API로 데이터를 사용할 수 있음
데이터 검색	원하는 데이터를 주제별, 기관별, 분야별로 검색할 수 있으며, 다양한 형식으로 제공되는 데이터를 확인할 수 있음
활용 사례 제공	데이터를 활용한 다양한 사례와 프로젝트가 공유되어 있어, 실무에서 데이터를 어떻게 활용할 수 있는지 참고할 수 있음
개발자 지원	공공데이터 API를 제공하여 개발자가 손쉽게 데이터를 활용한 애플리케이션이나 서비스를 만들 수 있도록 지원함
교육 및 커뮤니티	공공데이터를 활용하는 방법을 배울 수 있는 교육 자료와 데이터를 활용한 프로젝트를 공유할 수 있는 커뮤니티 공간이 제공됨

8.2 공공데이터 실습

▶ 영상 보러가기

대기오염 데이터 분석

이 실습에서는 공공데이터를 활용하여 대기오염 데이터를 분석하고자 한다. 대기오염은 인체 건강과 생태계에 영향을 미치는 중요한 환경 문제이다. 대기오염 데이터를 분석함으로써 오염물질 농도의 패턴을 이해하고, 오염원과 그 영향을 파악할 수 있다. 이번 실습에서는 아황산가스, 미세먼지, 오존, 이산화질소, 일산화탄소, 초미세먼지와 같은 주요 오염물질을 다룰 것이다.

환경부 국립환경과학원의 대기오염도 확정 자료를 데이터셋으로 사용한다. 이 데이터셋은 여러 모니터링 지점에서 수집한 오염물질 농도와 시간, 위치, 기상 조건 등을 포함하고 있다. 각 기록은 특정 오염물질의 농도와 측정된 시간 및 장소에 대한 정보를 포함하고 있으며, 시간 기반의 연속형 데이터로 구성되어 있다. 분석에 사용할 주요 변수들은 다음과 같다.

주요 변수	설명
시도, 도시, 군·구, 측정소명	측정소의 지리적 위치
측정일시	측정한 시간 정보
오염물질	아황산가스, 미세먼지, 오존, 이산화질소, 일산화탄소, 초미세먼지의 농도

자세한 데이터 설명은 데이터 페이지(https://www.data.go.kr/data/15070898/fileData.do)에서 확인할 수 있다.

데이터 준비

데이터 페이지(https://www.data.go.kr/data/15070898/fileData.do) 접속 후 "파일데이터" 탭에서 "다운로드"를 클릭한다. 만약 예제에서 사용한 데이터를 받을 수 없는 경우에는 깃허브(https://github.com/ajaedevs/python-data-analysis)을 통해 다운로드 받을 수 있다.

359

데이터 구조 확인

Pandas 라이브러리를 사용해 데이터를 불러오고, info( )와 describe( ) 함수를 사용해 데이터 구조와 기본 통계 정보를 확인할 수 있다.

None

	측정소코드	측정일시	아황산가스	미세먼지 \
count	389112.000000	389112	389112.000000	389112.000000
mean	385012.256214	2023-01-16 12:30:00	-33.802107	13.040626
min	111121.000000	2023-01-01 01:00:00	-999.000000	-999.000000
25%	131622.000000	2023-01-08 18:45:00	0.002000	21.000000
50%	336481.000000	2023-01-16 12:30:00	0.002400	33.000000
75%	534482.000000	2023-01-24 06:15:00	0.003000	57.000000
max	831493.000000	2023-02-01 00:00:00	0.273000	372.000000
std	224019.430991	NaN	180.633453	181.521508
	오존	이산화질소	일산화탄소	초미세먼지
count	389112.000000	389112.000000	389112.000000	389112.000000
mean	-21.400785	-24.391725	-30.510719	-19.010583
min	-999.000000	-999.000000	-999.000000	-999.000000
25%	0.009000	0.008000	0.300000	10.000000
50%	0.023000	0.015000	0.400000	17.000000
75%	0.032300	0.027000	0.600000	30.000000
max	0.075600	0.126000	4.600000	260.000000
std	144.716593	154.244558	173.245386	206.703577

결과 해석

예제 분석에 사용된 엑셀 파일은 월별 데이터가 각각 다른 시트로 구분되어 있습니다. pandas의 read_excel( ) 함수는 sheet_name 인자를 별도로 지정하지 않으면 자동으로 첫 번째 시트 데이터만 불러옵니다. 데이터의 측정일시를 살펴보면 최솟값이 2023-01-01 01:00:00, 최댓값이 2023-02-01 00:00:00으로, 1월 데이터만 성공적으로 불러왔음을 확인할 수 있습니다.

데이터를 분석해보면 여러 대기 오염 물질(아황산가스, 미세먼지, 오존, 이산화질소, 일산화탄소, 초미세먼지)의 최솟값이 −999로 표시되어 있습니다. 이러한 값은 실제 대기 오염 물질의 농도로는 불가능한 수치로, 데이터 수집 과정에서 발생한 결측치(missing value)를 −999라는 특정 값으로 코딩한 것입니다. 따라서 정확한 데이터 분석을 위해서는 이후 분석 과정에서 이러한 결측치들을 적절히 처리하는 작업이 반드시 필요합니다.

> **Tip** Pandas의 read_excel( ) 함수에 sheet_name=None 옵션을 사용하면 엑셀 파일의 모든 시트 데이터를 한 번에 불러올 수 있습니다. 이 경우 시트 이름이 키(key)가 되고 각 시트의 데이터프레임이 값(value)인 딕셔너리 형태로 반환됩니다. 이를 통해 여러 시트의 데이터를 효율적으로 처리할 수 있습니다.

결측값 확인

대기오염 데이터셋에는 결측값은 없으나, 결측값 존재 여부는 항상 확인하는 것이 좋다.

코드 살펴보기   소스코드 T08_02.py

결측값 확인

```python
# 결측값 확인
print(data.isnull().sum())
```

실행결과   X

시도	0
도시	0
군구	0
측정소명	0
측정소코드	0
측정일시	0
아황산가스	0
미세먼지	0
오존	0
이산화질소	0
일산화탄소	0
초미세먼지	0

dtype: int64

결과 해석

isnull() 함수로는 결측값이 없는 것을 확인할 수 있지만, 실제로는 −999 값으로 표시된 결측치가 존재합니다. 이러한 특수 코드 결측치는 별도로 처리해야 합니다.

Tip   공공데이터에는 결측값이 없는 경우가 많지만, 분석 시작 전 결측값 여부를 반드시 확인하는 습관을 가지는 것이 좋습니다.

오염물질 분포 확인

오염물질의 분포를 시각화하여 데이터 특성을 파악한다. 대표적으로 미세먼지(PM10)와 초미세먼지(PM2.5)의 분포를 살펴봄으로써 오염물질의 농도 패턴과 이상치 존재 여부를 확인할 수 있다. 이 과정에서 데이터 내에 결측치를 의미하는 −999와 같은 값이 포함되어 있을 수 있으므로, DataFrame의 .loc[]를 사용해 0 이상의 값만 사용한다.

오염물질 분포 확인

```python
import seaborn as sns
import matplotlib.pyplot as plt
import numpy as np

# 미세먼지 농도의 분포 확인
plt.figure(figsize=(10, 6))
sns.histplot(data.loc[data['미세먼지'] >= 0]['미세먼지'], bins=30, kde=True)
plt.title('PM10 농도 분포')
plt.xlabel('PM10 농도(μg/m³)')
plt.ylabel('빈도')
plt.show()

# 초미세먼지 농도의 분포 확인
plt.figure(figsize=(10, 6))
sns.histplot(data.loc[data['초미세먼지'] >= 0]['초미세먼지'], bins=30, kde=True)
plt.title('PM2.5 농도 분포')
plt.xlabel('PM2.5 농도(μg/m³)')
plt.ylabel('빈도')
plt.show()
```

🔷 실행결과   X

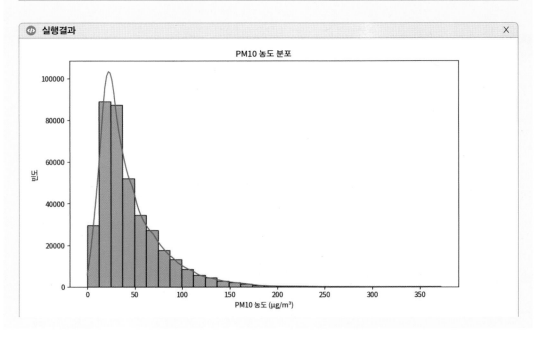

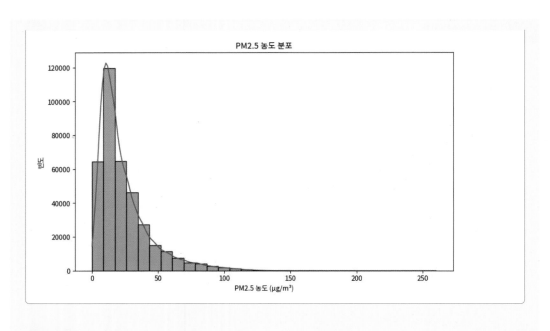

PM2.5 농도 분포

결과 해석

이 그래프를 통해 전체 데이터에서 미세먼지와 초미세먼지 농도의 분포를 확인할 수 있습니다.

일별 평균 대기 오염도 분석

측정일시를 사용해 대기오염 농도의 일별 변화 추이를 확인함으로써 시간에 따른 변화 패턴, 주기성, 특이점 등을 파악할 수 있다.

</> **코드 살펴보기**　　　　　소스코드 **T08_04.py**

일별 평균 대기 오염도 분석

```python
# 측정일시를 datetime 형식으로 변환
data['측정일시'] = pd.to_datetime(data['측정일시'])

# 오염물질별 일별 평균 농도 계산, 'D'는 일별 데이터로 리샘플링, on은 시간 기준 컬럼 지정
daily_avg_pm25 = data.loc[data['초미세먼지'] >= 0].resample('D', on='측정일시')['초미세먼지'].mean( )
daily_avg_pm10 = data.loc[data['미세먼지'] >= 0].resample('D', on='측정일시')['미세먼지'].mean( )
daily_avg_so2 = data.loc[data['아황산가스'] >= 0].resample('D', on='측정일시')['아황산가스'].mean( )
daily_avg_o3 = data.loc[data['오존'] >= 0].resample('D', on='측정일시')['오존'].mean( )
daily_avg_no2 = data.loc[data['이산화질소'] >= 0].resample('D', on='측정일시')['이산화질소'].mean( )
daily_avg_co = data.loc[data['일산화탄소'] >= 0].resample('D', on='측정일시')['일산화탄소'].mean( )
```

```
# 그래프 시각화(이중 Y축)
fig, ax1 = plt.subplots(figsize=(14, 8))

# 첫 번째 Y축(PM2.5, PM10)
ax1.plot(daily_avg_pm25, label='PM2.5(초미세먼지)', color='blue')
ax1.plot(daily_avg_pm10, label='PM10(미세먼지)', color='orange')
ax1.set_ylabel('농도(µg/m³)', color='blue')
ax1.tick_params(axis='y', labelcolor='blue')
ax1.set_xlabel('날짜')

# 두 번째 Y축(SO2, O3, NO2, CO)
ax2 = ax1.twinx()
ax2.plot(daily_avg_so2, label='SO2(아황산가스)', color='green')
ax2.plot(daily_avg_o3, label='O3(오존)', color='purple')
ax2.plot(daily_avg_no2, label='NO2(이산화질소)', color='red')
ax2.plot(daily_avg_co, label='CO(일산화탄소)', color='brown')
ax2.set_ylabel('농도(ppm)', color='red')
ax2.tick_params(axis='y', labelcolor='red')

# 범례 표시
fig.legend(loc="upper right", bbox_to_anchor=(1, 1), bbox_transform=ax1.transAxes)

# 그래프 제목 설정
plt.title('일별 평균 대기 오염물질 농도(이중 Y축)')
plt.show()
```

실행결과

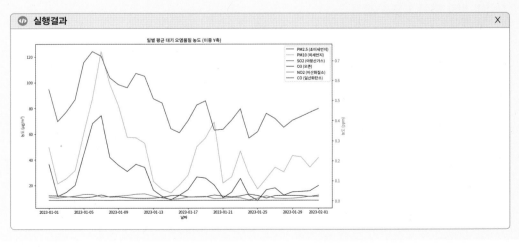

결과 해석

초미세먼지(PM2.5)와 미세먼지(PM10):

초미세먼지(PM2.5)와 미세먼지(PM10) 농도는 전체적으로 비슷한 변동 패턴을 보이며, 특히 1월 초~중순에 급격히 상승한 후 점차 감소하는 경향이 나타납니다. 이후에도 일시적으로 농도가 상승하는 구간이 관찰되는데, 이러한 뚜렷한 증가 시점은 계절적·기상적 요인 등 외부 환경의 영향을 받은 것으로 해석할 수 있습니다. 이러한 패턴은 계절적 요인이나 특정 이벤트와의 연관성을 시사하며, 대기질 관리 정책 수립에 중요한 정보가 될 수 있습니다.

아황산가스(SO2), 오존(O3), 이산화질소(NO2), 일산화탄소(CO):

아황산가스와 오존, 이산화질소는 전반적으로 낮은 농도를 유지하고 있으며, 큰 변동 없이 안정적인 추이를 보입니다. 일산화탄소(CO)는 다른 기체 오염물질에 비해 상대적으로 높은 농도를 기록하고 있으나, 전체적으로 완만한 변화 양상을 보입니다.
오존(O3)의 경우, 해당 기간(1월~2월)에는 계절적 특성상 뚜렷한 농도 상승 구간이 나타나지 않습니다.

종합:

전체적으로 초미세먼지와 미세먼지의 변동 폭이 가장 크고 일시적인 고농도 구간이 뚜렷하게 나타나는 반면, 기체 오염물질(SO2, O3, NO2, CO)은 비교적 안정적인 농도를 유지하고 있습니다. 분석 기간이 1~2월로 한정되어 있어, 오존 등 일부 오염물질의 계절적 특성은 뚜렷하게 드러나지 않는 한계가 있습니다.

> **Tip** 2~3년 이상의 데이터 분석을 통해 계절별 변화량을 분석할 수 있고 결과의 신뢰성을 높일 수 있습니다.

지역별 평균 대기 오염도 분석

지역별 평균 대기오염 농도를 확인함으로써 공간적 차이를 탐색하고, 지역 간 환경 차이를 파악하여 정책적 개입이 필요한 지역을 식별할 수 있다.

</> 코드 살펴보기 소스코드 T08_05.py

지역별 평균 대기 오염도 분석

```
# 측정일시를 datetime 형식으로 변환
data['측정일시'] = pd.to_datetime(data['측정일시'])

# 시도별 오염물질 평균 농도 계산
data_processed = data.loc[data['초미세먼지'] >= 0].loc[data['미세먼지'] >= 0].loc[data['아황산가스']
>= 0].loc[data['오존'] >= 0].loc[data['이산화질소'] >= 0].loc[data['일산화탄소'] >= 0]
region_avg = data_processed.groupby('시도')[['초미세먼지', '미세먼지', '아황산가스', '오존', '이산화질소',
'일산화탄소']].mean()
```

```python
# 그래프 시각화
fig, ax1 = plt.subplots(figsize=(14, 8))

# 첫 번째 Y축(PM2.5, PM10)
ax1.bar(region_avg.index, region_avg['초미세먼지'], label='PM2.5(초미세먼지)', color='blue',
alpha=0.6)
ax1.bar(region_avg.index, region_avg['미세먼지'], label='PM10(미세먼지)', color='orange',
alpha=0.6, bottom=region_avg['초미세먼지'])
ax1.set_ylabel('농도(µg/m³)', color='blue')
ax1.tick_params(axis='y', labelcolor='blue')
ax1.set_xlabel('시도')

# 두 번째 Y축(SO2, O3, NO2, CO)
ax2 = ax1.twinx()
ax2.plot(region_avg.index, region_avg['아황산가스'], label='SO2(아황산가스)', color='green',
marker='o')
ax2.plot(region_avg.index, region_avg['오존'], label='O3(오존)', color='purple', marker='o')
ax2.plot(region_avg.index, region_avg['이산화질소'], label='NO2(이산화질소)', color='red',
marker='o')
ax2.plot(region_avg.index, region_avg['일산화탄소'], label='CO(일산화탄소)', color='brown',
marker='o')
ax2.set_ylabel('농도(ppm)', color='red')
ax2.tick_params(axis='y', labelcolor='red')

# 범례 표시
fig.legend(loc="upper left", bbox_to_anchor=(0.1, 1), bbox_transform=ax1.transAxes)

# 그래프 제목 설정
plt.title('시도별 평균 대기 오염물질 농도(이중 Y축)')
plt.xticks(rotation=45)
plt.tight_layout()
plt.show()
```

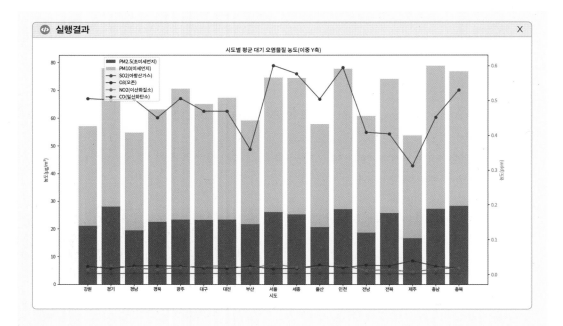

결과 해석

초미세먼지(PM2.5)와 미세먼지(PM10):

모든 시도에서 미세먼지(PM10) 농도가 초미세먼지(PM2.5)보다 높게 나타나며, 두 오염물질 모두 다른 대기오염물질에 비해 농도가 월등히 높습니다. 특히 서울, 경기, 인천 등 수도권과 대도시 지역에서 미세먼지와 초미세먼지 농도가 상대적으로 높게 분포하고 있습니다. 이는 교통량, 인구 밀집, 산업 활동 등 도시 환경의 영향이 반영된 결과로 해석할 수 있습니다.

아황산가스(SO2), 오존(O3), 이산화질소(NO2), 일산화탄소(CO):

이들 기체 오염물질은 전체적으로 낮은 농도를 보이고 있습니다.

이산화질소(NO2)와 일산화탄소(CO)는 서울, 경기, 인천 등 대도시에서 다소 높은 값을 나타내며, 이는 교통량과 연료 사용, 난방 등 도시 특유의 오염원과 관련이 있을 수 있습니다.

아황산가스(SO2)와 오존(O3)는 모든 시도에서 낮은 수준을 유지하고 있습니다. 오존 농도는 지역 간 큰 차이가 없으며, 아황산가스는 전반적으로 가장 낮은 농도를 기록하고 있습니다.

특정 시도의 오염물질 특성:

서울, 경기, 인천 등 수도권 지역은 미세먼지, 초미세먼지, 이산화질소, 일산화탄소 등 주요 오염물질 농도가 전국 평균 대비 높게 나타납니다.
제주 지역은 모든 오염물질 농도가 다른 지역에 비해 현저히 낮게 나타나며, 이는 제주도의 청정한 자연환경과 낮은 인구 밀도, 상대적으로 적은 산업 활동의 영향으로 볼 수 있습니다.

종합:

수도권 및 대도시 지역은 대부분의 대기오염물질 농도가 높게 나타나지만, 제주 등 일부 지역은 전반적으로 오염물질 농도가 낮은 것이 특징입니다. 이는 지역별 인구, 산업, 교통 등 환경적 차이가 대기질에 직접적인 영향을 미치고 있음을 시사합니다.

상관관계 분석

각 오염물질 간 상관관계를 탐색하고 분석함으로써 특정 오염물질이 다른 물질과 어떤 관련성을 갖는지 파악하고, 이를 통해 공통 오염원이나 대기 중 화학 반응의 영향을 추론할 수 있다.

</>코드 살펴보기 소스코드 T08_06.py

상관관계 분석

```python
# 오염물질 간 상관관계 분석
data_processed = data.loc[data['초미세먼지'] >= 0].loc[data['미세먼지'] >= 0].loc[data['아황산가스'] >= 0].loc[data['오존'] >= 0].loc[data['이산화질소'] >= 0].loc[data['일산화탄소'] >= 0]
pollutants = data_processed[['아황산가스', '미세먼지', '오존', '이산화질소', '일산화탄소', '초미세먼지']]
correlation_matrix = pollutants.corr()
plt.figure(figsize=(10, 8))
sns.heatmap(correlation_matrix, annot=True, cmap='coolwarm')
plt.title('오염물질 간 상관관계 매트릭스')
plt.show()
```

</>실행결과 ✕

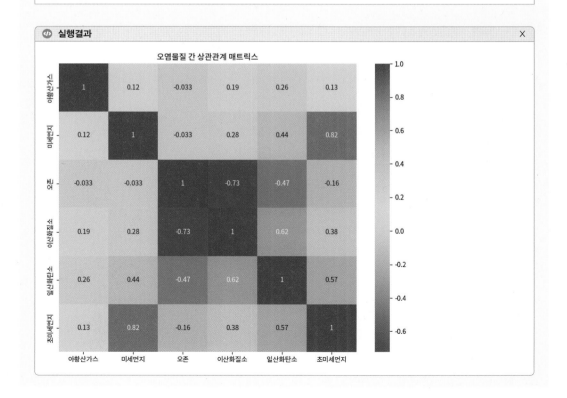

369

결과 해석

미세먼지와 초미세먼지:
매우 강한 양의 상관관계(0.82)를 보여, 주로 같은 오염원에서 발생할 가능성이 높습니다.

이산화질소와 일산화탄소:
양의 상관관계(0.62)를 나타내며, 연료 연소 등 공통 원인과 관련이 있습니다.

오존과 이신화질소:
뚜렷한 음의 상관관계(-0.73)를 보여, 두 물질의 농도가 반대로 움직이는 경향이 있습니다.

종합:
미세먼지와 이산화질소(0.44), 초미세먼지와 일산화탄소(0.28)도 모두 양의 상관관계를 보여주며, 이는 도시 환경에서 여러 오염물질이 함께 증가하는 특성이 확인됩니다.

서울시 자전거 대여 데이터 분석

이 실습에서는 서울시에서 운영 중인 공공 자전거 대여 데이터를 분석하여, 성별 · 시간대 · 지역별로 자전거 이용 현황을 심층적으로 분석하는 것을 목표로 한다. 서울시는 교통 혼잡 완화, 대기오염 저감, 시민의 건강 증진을 목표로 공공 자전거 서비스를 운영 중이다. 이러한 데이터를 분석함으로써 자전거 대여 서비스의 효과성을 검증하고, 이용자 경험을 개선하기 위한 구체적인 인사이트를 도출할 수 있다.

서울특별시 공공 자전거 대여 데이터는 대여 및 반납 이력 정보를 포함하며, 주요 변수는 다음과 같다.

주요 변수	설명
자전거번호	대여된 자전거의 고유 번호. 자전거를 식별하기 위한 코드
대여일시	자전거 대여가 이루어진 시간(년-월-일 시:분:초)
대여 대여소번호	자전거가 대여된 대여소의 고유 번호
대여 대여소명	자전거가 대여된 대여소의 이름
대여거치대	대여 당시 자전거가 배치된 거치대의 번호
반납일시	자전거 반납이 이루어진 시간(년-월-일 시:분:초)
반납대여소번호	자전거가 반납된 대여소의 고유 번호
반납대여소명	자전거가 반납된 대여소의 이름
반납거치대	반납된 자전거가 놓인 거치대의 번호
이용시간(분)	자전거를 이용한 시간(분 단위)
이용거리(M)	자전거를 이용한 거리(미터 단위)
생년	사용자의 출생 연도

성별	사용자의 성별로 M은 남성, F는 여성, ₩N은 정보가 없는 경우
이용자종류	사용자의 국적 정보로 보통 내국인 또는 외국인으로 표기
대여대여소ID	대여소의 고유 ID
반납대여소ID	반납 대여소의 고유 ID
자전거구분	자전거의 종류로 일반자전거 또는 전기자전거와 같은 유형 포함

자세한 데이터 설명은 데이터 페이지(https://data.seoul.go.kr/dataList/OA−15182/F/1/datasetView.do)에서 확인할 수 있다.

데이터 준비

데이터 페이지(https://data.seoul.go.kr/dataList/OA−15182/F/1/datasetView.do) 접속 후 파일을 다운로드 받을 수 있다. 월별 데이터의 용량이 큰 관계로 1개월 치 데이터만 다운로드 받아 사용한다. 만약 예제에서 사용한 데이터를 받을 수 없는 경우에는 깃허브 (https://github.com/ajaedevs/python−data−analysis)를 통해 다운로드 받을 수 있다.

데이터 구조 확인

파일의 인코딩 문제를 해결하기 위해 withopen( ) 함수와 encoding='euc−kr' 인자를 사용하여 바이너리 형식으로 데이터를 불러온 후 DataFrame으로 변환한다. 추가로 info( )와 describe( ) 함수를 사용해 데이터 구조와 기본 통계 정보를 확인할 수 있다.

코드 살펴보기　　　　　　　소스코드 T08_07.py

데이터 구조 확인

```python
import pandas as pd
import csv

# 데이터 불러오기
with open('서울특별시 공공자전거 대여이력 정보_2406.csv', 'r', encoding='euc-kr', errors='replace')
as file:
    reader = csv.reader(file)
    data = [row for row in reader]

# Dataframe으로 변환
data = pd.DataFrame(data[1:], columns=data[0])
```

```
# 데이터 구조 확인
print(data.info())
print(data.describe())
```

```
<class 'pandas.core.frame.DataFrame'>
RangeIndex: 5004330 entries, 0 to 5004329
Data columns (total 17 columns):
 #    Column              Dtype
----  -----------------   ----------
 0    자전거번호            object
 1    대여일시              object
 2    대여 대여소번호        object
 3    대여 대여소명          object
 4    대여거치대            object
 5    반납일시              object
 6    반납대여소번호         object
 7    반납대여소명          object
 8    반납거치대            object
 9    이용시간(분)           object
 10   이용거리(M)           object
 11   생년                object
 12   성별                object
 13   이용자종류           object
 14   대여대여소ID          object
 15   반납대여소ID          object
 16   자전거구분           object
dtypes: object(17)
memory usage: 649.1+ MB
None
```

	자전거번호	대여일시	대여	대여소번호	대여 대여소명	대여거치대 \
count	5004330	5004330	5004330	5004330	5004330	
unique	39201	1858404	2734	2733	2	
top	SPB-70125	2024-06-25 18:06:56	02715	마곡나루역 2번 출구	0	
freq	401	23	19610	19610	4863170	

	반납일시	반납대여소번호	반납대여소명	반납거치대	이용시간(분)	이용거리(M) \
count	5004330	5004330	5004330	5004330	5004330	5004330
unique	1865435	2741	2740	3	1058	769685
top	2024-06-26 18:19:25	\N	\N	0	5	0.00
freq	18	19978	19978	4841169	306294	234445

	생년	성별	이용자종류	대여대여소ID	반납대여소ID	자전거구분
count	5004330	5004330	5004330	5004330	5004330	5004330
unique	171	6	3	2734	2741	2
top	\N	M	내국인	ST-2031	\N	일반자전거
freq	346351	2274342	4949021	19610	19978	4862963

결과 해석

데이터는 총 17개의 열과 5,004,330개 행으로 이루어져 있습니다.

Tip 공공데이터는 euc-kr 인코딩을 사용하는 경우가 많습니다.

결측값 처리

서울시 공공자전거 대여이력 정보 데이터의 성별 열에 '\N'으로 표시된 결측값이 포함되어 있음을 확인했다. 이러한 특수 코드 결측치는 분석의 정확성을 위해 적절히 처리되어야 한다. 분석에 필요한 몇 가지 데이터를 변경 및 추가한 후 결측값을 확인해보자.

</> 코드 살펴보기   소스코드 T08_08.py

결측값 처리

```python
# 성별 결측값 치환
# U는 Unknown(미상) 의미
data['성별'] = data['성별'].replace({
  '\\N': 'U',  # '\N'을 'U'로 치환
  '': 'U',  # 빈 값을 'U'로 치환
  'm': 'M',  # 'm'을 'M'으로 치환
  'f': 'F'  # 'f'를 'F'로 치환
})
```

```python
# 대여일시 및 반납일시 변환
data['대여일시'] = pd.to_datetime(data['대여일시'])
data['반납일시'] = pd.to_datetime(data['반납일시'])

# 대여소번호 결측값 치환
data['대여 대여소번호'] = data['대여 대여소번호'].replace({
    '\\N': '0',  # '\N'을 '0'으로 치환
})
data['반납대여소번호'] = data['반납대여소번호'].replace({
    '\\N': '0',  # '\N'을 '0'으로 치환
})
data['대여 대여소번호'] = pd.to_numeric(data['대여 대여소번호'])
data['반납대여소번호'] = pd.to_numeric(data['반납대여소번호'])

# 이용시간, 이용거리 결측값 치환
data['이용거리(M)'] = data['이용거리(M)'].replace({
    '\\N': '0',  # '\N'을 '0'으로 치환
})
data['이용시간(분)'] = pd.to_numeric(data['이용시간(분)'])
data['이용거리(M)'] = pd.to_numeric(data['이용거리(M)'])

# 대여 시간대 파생 변수 생성
data['대여 시간대'] = data['대여일시'].dt.hour

# 결측값 확인
print(data.isnull().sum())
```

자전거번호	0
대여일시	0
대여 대여소번호	0
대여 대여소명	0
대여거치대	0
반납일시	0
반납대여소번호	0
반납대여소명	0
반납거치대	0
이용시간(분)	0
이용거리(M)	0
생년	0
성별	0
이용자종류	0
대여대여소ID	0
반납대여소ID	0
자전거구분	0
대여 시간대	0

dtype: int64

결과 해석

결측값이 없음을 확인할 수 있습니다.

성별 대여량 분석

데이터의 탐색적 분석을 위하여 주요 변수별 분포를 파악하고, 성별 분포를 비교하여 사용자 그룹별 대여 패턴을 분석한다.

</> 코드 살펴보기
소스코드 T08_09.py

성별 대여량 분석

```python
import seaborn as sns
import matplotlib.pyplot as plt

# 성별 분포
plt.figure(figsize=(8, 6))
sns.countplot(x='성별', data=data, color='skyblue')
plt.title('성별 분포')
plt.xlabel('성별')
plt.ylabel('대여량')
plt.show()
```

실행결과 X

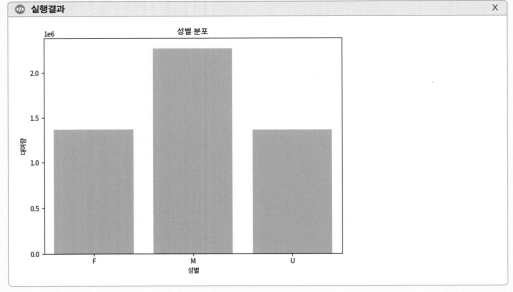

결과 해석

남성(M)의 대여량:

남성(M)은 다른 성별(F, U)과 비교했을 때 공공자전거 대여량이 가장 높으며, 이는 남성이 자전거를 주요 이동 수단으로 더 자주 활용하는 경향이 있음을 시사합니다.

여성(F)과 알 수 없는 성별(U):
여성(F)과 성별을 알 수 없는 경우(U)의 대여량은 유사한 수준을 보이며, 이는 성별 정보를 제공하지 않은 이용자의
비율이 상당히 높다는 것을 보여줍니다.

성별 정보 부족:
U로 표시된 알 수 없는 성별이 전체 데이터에서 상당한 비중을 차지하고 있으며, 이는 데이터 정확도를 높이기 위
해 대여 시 성별 정보 입력이 개선될 필요가 있음을 나타냅니다.

시간대별 대여량 분석

시간대별 대여량을 계산 후 시각화한다.

</> 코드 살펴보기 소스코드 T08_10.py

시간대별 대여량 분석

```python
# 시간대별 대여량
hourly_rental = data.groupby('대여 시간대').size( )
plt.figure(figsize=(12, 6))
sns.barplot(x=hourly_rental.index, y=hourly_rental.values, color='skyblue')
plt.title('시간대별 대여량')
plt.xlabel('시간대')
plt.ylabel('대여량')
plt.show( )
```

실행결과   X

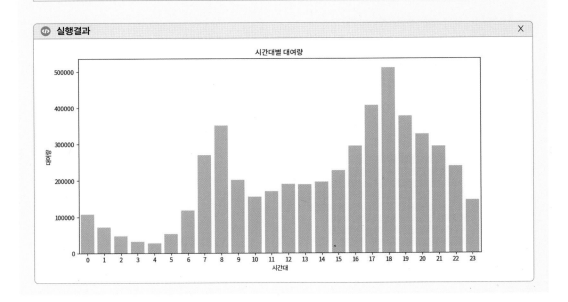

377

결과 해석

7~9시와 17~19시:

일반적인 출퇴근 시간대와 일치하며, 공공자전거가 출퇴근 수단으로 널리 사용되고 있음을 시사합니다.

10~16시:

대여량이 비교적 일정한 것으로 보이며, 이 시간대에는 여가, 이동 또는 간단한 외출에 자전거가 활용되었을 가능성을 보여줍니다.

0~5시:

매우 낮은 대여량으로, 심야 시간대에 공공자전거 사용이 거의 없거나, 제한적임을 나타냅니다.

대여소별 대여량 분석

대여소별 대여량을 계산 후 시각화한다.

</> 코드 살펴보기　　　　　소스코드 T08_11.py

대여소별 대여량 분석

```python
# 대여소별 대여량
rental_by_station = data.groupby('대여 대여소명').size().sort_values(ascending=False).head(10)

plt.figure(figsize=(12, 6))
sns.barplot(x=rental_by_station.values, y=rental_by_station.index, color='green')
plt.title('대여소별 대여량(상위 10개)')
plt.xlabel('대여량')
plt.ylabel('대여소명')
plt.show()
```

⟨/⟩ 실행결과　　　　　　　　　　　　　　　　　　　　　　　　X

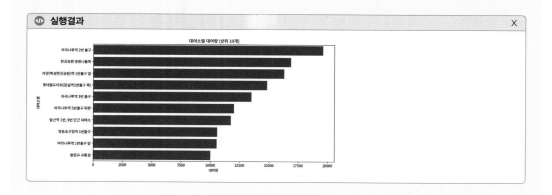

결과 해석

마곡나루역 2번 출구:
대여량이 가장 많으며, 이는 이 지역이 출퇴근 시간대나 주말에 높은 수요를 보이는 주요 거점임을 나타냅니다.

주요 대여소 특징:
상위 10개 대여소는 대부분 교통 요지나 관광지 근처에 위치합니다. 한강공원 망원나들목, 자양(뚝섬한강공원)역 1번 출구 앞과 같은 공원 및 여가 지역도 포함되어 있어, 공공자전거가 여가 및 운동 목적으로도 많이 활용되고 있음을 알 수 있습니다.

마곡나루역:
상위 10개 대여소 중 3개의 순위를 차지하며, 이는 이 지역에서 자전거 이용이 집중적으로 발생하고 있음을 시사하며, 동시에 지하철역과 자전거 대여소 간의 높은 연계성을 보여줍니다.

상관관계 분석

상관관계 분석이 가능한 숫자형 변수만 선택하여 각 변수가 다른 변수에 미치는 영향을 분석한다.

</> 코드 살펴보기 소스코드 T08_12.py

상관관계 분석

```python
import seaborn as sns
import matplotlib.pyplot as plt

# 숫자형 데이터만 선택
numeric_data = data.select_dtypes(include=['int32', 'int64', 'float64'])

# 상관계수 계산
correlation_matrix = numeric_data.corr()

# 상관관계 히트맵 생성
plt.figure(figsize=(12, 10))
sns.heatmap(correlation_matrix, annot=True, fmt=".2f", cmap="coolwarm",
linewidths=0.5)
plt.title('변수 간 상관관계 히트맵')
plt.show()
```

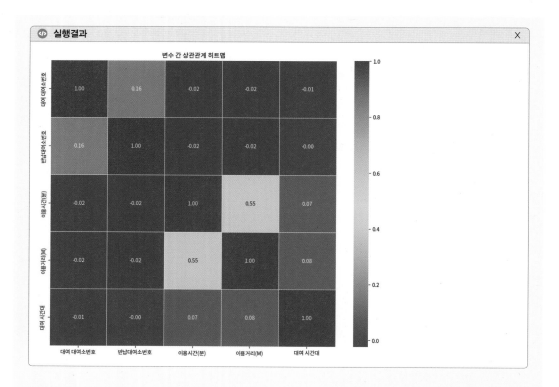

변수 간 상관관계 히트맵

결과 해석

이용 시간과 이용 거리:
두 변수는 상관계수 0.55로, 비교적 강한 양의 상관관계를 보입니다. 즉, 대여 시간이 길수록 이동 거리도 함께 증가하는 경향이 있습니다.

대여 대여소 번호와 반납 대여소 번호:
상관계수 0.16으로, 약한 양의 상관관계를 나타냅니다. 이는 일부 이용자가 대여와 반납을 동일하거나 가까운 대여소에서 하는 경향이 있음을 시사합니다.

기타 변수:
대여 시간대와 다른 변수(이용시간, 이용거리 등) 간의 상관관계는 모두 0.1 이하로 매우 약합니다. 전반적으로 변수 간의 뚜렷한 상관관계는 크지 않으며, 대부분 독립적으로 분포하는 경향을 보입니다.

> **Tip** 서울 외의 지역에 거주하고 있다면 자신이 거주하고 있는 지역의 공공자전거 데이터를 찾아 분석해보세요.

지역별 인구통계 데이터 분석

지역별 인구통계 데이터는 특정 지역의 인구 구조와 사회적, 경제적 특성을 파악하는 데 필수적인 정보를 제공한다. 이러한 데이터의 특성과 가치를 이해하는 것은 효과적인 분석의 기반이 된다. 이번 분석에서는 총인구, 세대 수, 세대당 인구수, 남여 인구수 및 남여 비율을 바탕으로, 각 지역의 인구학적 특성을 심층적으로 분석한다.

이 실습에서는 각 지역의 인구 분포를 이해하고, 정책 수립, 자원 배분, 지역 개발 계획 등 다양한 목적에 활용할 수 있다. 예를 들어, 특정 지역에서 남성 인구 비율이 높다면 산업적, 군사적 요구를 고려할 수 있으며, 여성 인구 비율이 높다면 복지와 교육 인프라의 필요성을 제안할 수 있다.

행정안전부 주민등록 인구통계에서 제공하는 행정동별 주민등록 인구 및 세대현황 자료를 데이터셋으로 사용한다. 이 데이터셋은 행정동별 총인구, 세대수, 성별 인구수 등 지역 인구통계 정보를 포함하고 있으며, 특정 시점의 주민등록을 기준으로 집계된 자료이다. 분석에 사용할 주요 변수들은 다음과 같다.

주요 변수	설명
행정구역	지역의 행정 구역명(시, 군, 구)
총인구수	해당 지역의 전체 인구수
세대당 인구	세대당 평균 인구수
남자 인구수	해당 지역의 남성 인구수
여자 인구수	해당 지역의 여성 인구수
남여 비율	남성 인구 대비 여성 인구 비율

└─ 원칙적으로는 '남녀 비율'이 맞는 표현이지만, 지역별 인구통계 데이터에서 변수명이 '남여 비율'로 표기되어 있어, 본문에서는 데이터와의 일관성을 위해 '남여 비율'이라는 표기를 유지하였음

자세한 데이터 설명은 데이터 페이지(https://jumin.mois.go.kr)에서 확인할 수 있다.

데이터 준비

행정안전부 주민등록 인구통계에서 제공하는 행정동별 주민등록 인구 및 세대현황 데이터 페이지(https://jumin.mois.go.kr) 접속 후 특정 연도의 데이터를 다운로드 받아 사용한다. 만약 예제에서 사용한 데이터를 받을 수 없는 경우에는 깃허브(https://github.com/ajaedevs/python-data-analysis)를 통해 다운로드 받을 수 있다.

데이터 구조 확인

Pandas 라이브러리를 사용해 데이터를 불러오고, info( )와 describe( ) 함수를 사용해 데이터 구조와 기본 통계 정보를 확인할 수 있다. 인코딩 문제를 해결하기 위해 encoding='euc-kr' 매개 변수를, 구분기호가 포함된 숫자형 데이터를 읽어올 수 있도록 thousands = ',' 매개 변수를 사용한다.

</> 코드 살펴보기 소스코드 T08_13.py

데이터 구조 확인

```python
import pandas as pd

# 데이터 불러오기(euc-kr 인코딩)
data = pd.read_csv('202312_202312_주민등록인구및세대현황_연간.csv', encoding='euc-kr',
thousands = ',')

# 데이터 구조 확인
print(data.info( ))
print(data.describe( ))
```

◁/▷ 실행결과   X

```
<class 'pandas.core.frame.DataFrame'>
RangeIndex: 3881 entries, 0 to 3880
Data columns (total 7 columns):
```

#	Column	Non-Null Count	Dtype
0	행정구역	3881 non-null	object
1	2023년_총인구수	3881 non-null	int64
2	2023년_세대수	3881 non-null	int64
3	2023년_세대당 인구	3881 non-null	float64
4	2023년_남자 인구수	3881 non-null	int64
5	2023년_여자 인구수	3881 non-null	int64
6	2023년_남여 비율	3881 non-null	float64

```
dtypes: float64(2), int64(4), object(1)
memory usage: 212.4+ KB
```

```
None
          2023년_총인구수    2023년_세대수    2023년_세대당 인구   2023년_남자 인구수   2023년_여자 인구수  \
count   3.881000e+03    3.881000e+03    3881.000000      3.881000e+03    3.881000e+03
mean    4.201762e+04    1.953100e+04    1.986259         2.093452e+04    2.108309e+04
std     3.039080e+05    1.383863e+05    0.354117         1.511784e+05    1.527812e+05
min     0.000000e+00    0.000000e+00    0.000000         0.000000e+00    0.000000e+00
25%     3.518000e+03    2.009000e+03    1.730000         1.792000e+03    1.714000e+03
50%     1.185300e+04    5.877000e+03    1.940000         5.944000e+03    5.956000e+03
75%     2.426000e+04    1.118000e+04    2.210000         1.210100e+04    1.223900e+04
max     1.363082e+07    5.978724e+06    3.380000         6.855895e+06    6.774926e+06

        2023년_남여 비율
count   3881.000000
mean       1.011417
std        0.119919
min        0.000000
25%        0.950000
50%        1.000000
75%        1.060000
max        1.960000
```

결과 해석

데이터는 총 7개의 열과 3881개 행으로 이루어져 있습니다.

결측값 확인

행정동별 주민등록 인구 및 세대현황 데이터에는 결측값이 존재하지 않는다.

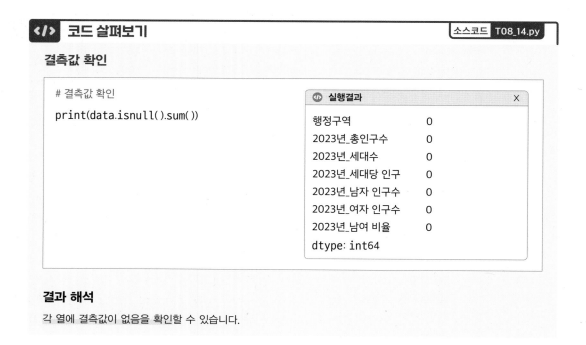

결과 해석

각 열에 결측값이 없음을 확인할 수 있습니다.

총인구수 분석

총인구수의 분포를 분석하고, 행정구역별로 그룹화하여 데이터의 패턴을 시각화함으로써 지역 간 인구 차이를 명확하게 파악하고, 이를 통해 지역 발전 정책이나 자원 배분의 근거를 마련할 수 있다.

코드 살펴보기 　　　　　　　　　　　　　　　　　　소스코드 T08_15.py

총인구수 분석

```python
import matplotlib.pyplot as plt
import seaborn as sns

# 최상위 행정구역 추가
data['최상위 행정구역'] = data['행정구역'].str.extract(r'^(.*?(특별시|광역시|도|특별자치도|특별자치시))')[0]

# 중복값 중에 가장 첫 번째 값만 남기기
unique_data = data.drop_duplicates(subset=['최상위 행정구역'], keep='first').copy(deep=True)

# 총인구수 히스토그램(분포 확인)
plt.figure(figsize=(12, 6))
sns.histplot(unique_data['2023년_총인구수'], bins=15, kde=True, color='skyblue')
plt.title('총인구수 분포')
plt.xlabel('총인구수')
plt.ylabel('빈도수')
plt.show()

# 총인구수 막대 그래프(지역별 비교)
plt.figure(figsize=(12, 6))
sns.barplot(x='행정구역', y='2023년_총인구수', data=unique_data.sort_values('2023년_총인구수', ascending=False))
plt.title('지역별 총인구수')
plt.xlabel('행정구역')
plt.ylabel('총인구수')
plt.xticks(rotation=45)
plt.show()
```

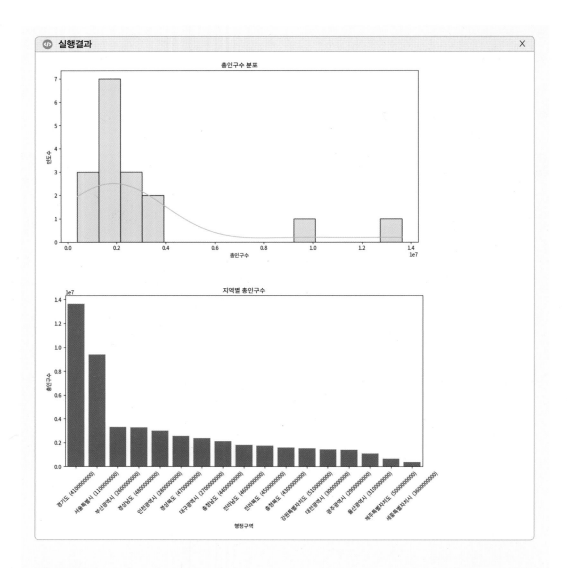

결과 해석

총인구수의 분포는 비대칭적이며, 일부 지역에 인구가 집중되어 있습니다. 특히, 서울, 경기와 같은 대도시에서 총인구가 가장 많습니다.

Tip 평소 상식으로 알고 있던 통계 정보를, 공공데이터를 통해 직접 확인해 보는 것도 학습에 도움이 됩니다.

세대수 분석

세대수 분포를 분석하고, 세대당 인구수를 함께 비교하여 지역별 가구 구조를 이해한다.

</> 코드 살펴보기   소스코드 T08_16.py

세대수 분석

```
# 세대수 히스토그램(분포 확인)
plt.figure(figsize=(12, 6))
sns.histplot(unique_data['2023년_세대수'], bins=15, kde=True, color='green')
plt.title('세대수 분포')
plt.xlabel('세대수')
plt.ylabel('빈도수')
plt.show( )

# 세대수 막대 그래프(지역별 비교)
plt.figure(figsize=(12, 6))
sns.barplot(x='행정구역', y='2023년_세대수', data=unique_data.sort_values('2023년_세대수',
ascending=False))
plt.title('지역별 세대수')
plt.xlabel('행정구역')
plt.ylabel('세대수')
plt.xticks(rotation=45)
plt.show( )
```

</> 실행결과   ✕

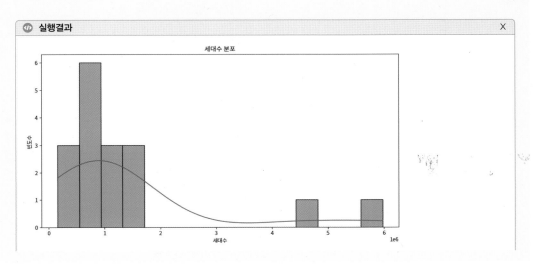

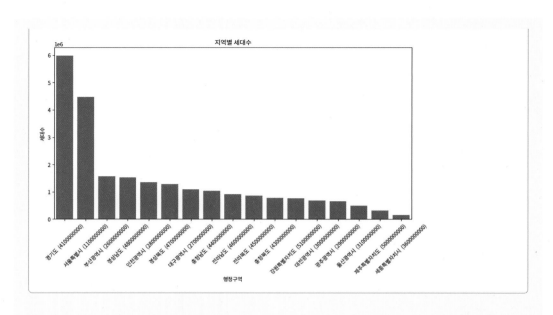

결과 해석

세대수는 대도시에서 높으며, 농촌 지역에서는 낮은 경향이 있습니다. 세대당 인구수가 낮은 지역은 1인 가구가 많을 가능성이 있습니다.

남여 비율 분석

남여 비율을 분석하여 성별 불균형을 파악한다.

</> 코드 살펴보기 소스코드 T08_17.py

남여 비율 분석

```python
# 남여 비율 막대 그래프
plt.figure(figsize=(12, 6))
sns.barplot(x='행정구역', y='2023년_남여 비율',  data=unique_data.sort_values('2023년_남여 비율', ascending=False), palette="coolwarm")
plt.title('지역별 남여 비율')
plt.xlabel('행정구역')
plt.ylabel('남여 비율')
plt.xticks(rotation=45)
plt.show()
```

```
# 남여 비율 히스토그램(분포 확인)
plt.figure(figsize=(12, 6))
sns.histplot(unique_data['2023년_남여 비율'], bins=15, kde=True, color='purple')
plt.title('남여 비율 분포')
plt.xlabel('남여 비율')
plt.ylabel('빈도수')
plt.show()
```

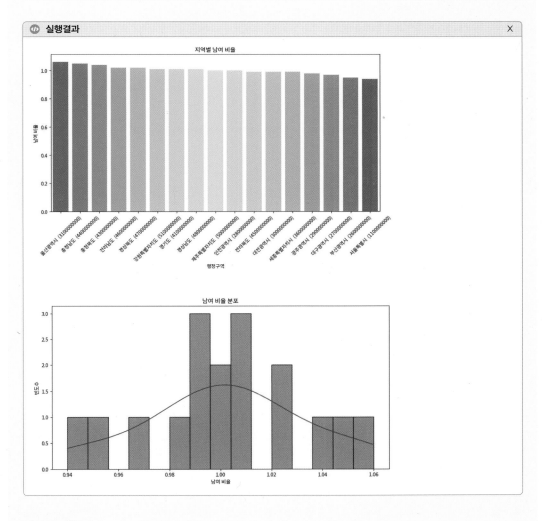

결과 해석

전반적으로 모든 지역에서 남여 비율이 0.94~1.06 범위 내에 분포하며, 성별 불균형이 심각하게 나타나는 지역은 없습니다.

울산광역시의 남여 비율이 1을 초과해, 다른 지역에 비해 남성 인구 비중이 상대적으로 높게 나타납니다. 산업단지나 제조업이 발달한 일부 지역에서 남성 비율이 다소 높게 나타날 수 있습니다.

상관관계 분석

총인구수, 세대수, 세대당 인구, 남여 비율 간의 상관관계를 분석하고 히트맵으로 시각화한다.

코드 살펴보기   소스코드 T08_18.py

상관관계 분석

```
# 상관관계 계산
correlation_matrix = unique_data[['2023년_총인구수', '2023년_세대수', '2023년_세대당 인구',
'2023년_남여 비율']].corr( )

# 히트맵 시각화
plt.figure(figsize=(8, 6))
sns.heatmap(correlation_matrix, annot=True, cmap='coolwarm', fmt=".2f")
plt.title('변수 간 상관관계')
plt.show( )
```

실행결과   ✕

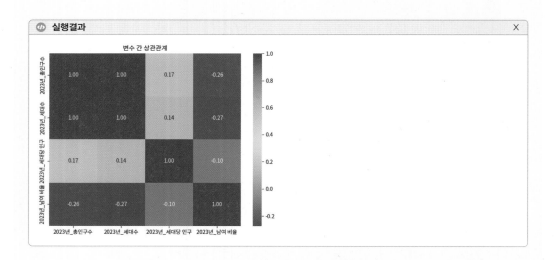

결과 해석

총인구수와 세대수:

두 변수는 상관계수 1.00의 완벽한 양의 상관관계를 보입니다. 이러한 강한 연관성은 인구 증가와 세대 형성이 직접적으로 연결되어 있음을 의미하며, 주택 정책, 도시 계획, 인프라 구축 등 다양한 정책 수립에 중요한 근거가 됩니다.

남여 비율과 다른 변수:

남여 비율과 총인구수, 세대수 간의 상관관계는 −0.26 정도의 음의 상관관계를 보입니다. 이는 인구가 증가함에 따라 남여 비율의 불균형이 발생할 수 있음을 시사합니다.

> 처음이야?

파이썬
데이터 분석

핵심
노트

핵심 필기노트와 용어노트로
파이썬을 완전 정복해보자!

1장 데이터 분석 시작하기

🔖 데이터 분석

· 데이터를 통해 유의미한 통찰(Insight)을 얻는 과정

· 데이터 수집 → 정리 → 분석 → 패턴 발견 → 예측
  └─ 데이터 분석의 전형적인 순서로, 이 과정을 통해 인사이트를 도출

🔖 데이터 분석의 목적

· 현재 이해 → 지금 무슨 일이 일어나는가?

· 과거 설명 → 왜 이런 일이 일어났는가?

· 미래 예측 → 앞으로 어떻게 될 것인가?

🔖 구글 코랩(Google Colab) 소개

특징	설명
무설치 — Colab 등의 환경에서는 별도 설치 없이 NumPy 사용 가능	웹에서 바로 사용 가능
무료 GPU/TPU	딥러닝도 거뜬!
실시간 협업	팀 프로젝트에도 유리
다양한 데이터 연결	드라이브, GitHub, URL 등 가능
웹 기반 파이썬 실습 환경	Jupyter Notebook과 유사

🔖 구글 코랩 노트북

· 구글 계정으로 로그인 후 노트북 파일 생성

· **코드 셀**: 파이썬 코드를 작성하고 실행 결과를 확인하는 공간

· **텍스트 셀**: 설명이나 분석 결과를 기록하는 공간

· **런타임**: CPU, GPU, TPU 중 선택 가능

🔖 런타임 유형

- **CPU:** 일반 작업에 적합(기본값)

- **GPU:** 연산이 많은 작업에 유리

- **TPU:** 구글 전용 고속 연산

- 무료 런타임은 최대 12시간 동안 유지되며 장시간 작업 시 주기적으로 상호작용 필요

🔖 데이터 불러오기

- **로컬 파일 업로드:** PC에서 데이터를 업로드하여 사용

- **구글 드라이브 연동:** 드라이브 연결 후 저장된 데이터를 불러올 수 있음

- **외부 URL 활용:** 인터넷 URL을 통해 공개된 데이터를 불러올 수 있음

🔖 한글 깨짐 문제 해결

① 폰트 설치(Noto Sans CJK) → ② 런타임 재시작 → ③ 시각화 설정 변경(matplotlib)

2장 NumPy

🔖 NumPy 개요

- **정의:** 파이썬에서 고성능 수치 계산을 지원하는 핵심 라이브러리. 다차원 배열(ndarray)을 효율

   적으로 다루며, 데이터 분석, 과학 계산, 통계 등 다양한 분야에서 사용됨

- **역사:** 2005년 Numeric과 Numarray를 통합하여 개발. 이후 Pandas, SciPy, TensorFlow 등 주요 라

   이브러리의 기반으로 자리 잡음

- **활용**: 과학 연구, 산업 데이터 분석, 인공지능 및 머신러닝 모델링 등 폭넓은 분야에서 필수 도구로 평가됨

🔖 NumPy 주요 특징

특징	설명
다차원 배열 객체	동일한 데이터 타입을 가진 다차원 배열(ndarray)로 데이터를 효율적으로 저장하고 처리 가능 └ 리스트보다 연산이 빠르고 효율적인 자료 구조
빠른 벡터화 연산	반복문 없이 배열 전체에 연산을 적용하여 계산 속도와 효율성 향상
배열 조작 기능	배열의 모양 변경, 결합 및 분할 등 다양한 배열 조작 가능
수학 함수 제공	평균, 표준편차 등 다양한 수학적·통계적 함수 내장
브로드캐스팅	크기가 다른 배열 간에도 연산 가능하며 차원을 자동으로 맞춰 처리함

🔖 NumPy와 리스트 비교

특징	NumPy 배열(ndarray)	리스트
데이터 타입	동일한 데이터 타입만 저장	다양한 데이터 타입 혼합 가능
연산 성능	빠른 벡터화 연산 제공	느림, 반복문 사용 필요
메모리 효율성	고정된 데이터 타입으로 메모리 사용 최적화	다양한 타입 저장으로 메모리 사용 비효율적
차원 지원	간단한 문법으로 다차원 배열 지원	다차원 리스트 지원 가능하지만 복잡함
수학 함수 제공	다양한 수학 함수 내장	없음

🔖 배열 생성 방법

- NumPy에서는 다양한 방법으로 배열을 생성할 수 있음

- **np.array( )**: 리스트나 튜플을 배열로 변환

- **np.zeros( )**: 모든 요소가 0인 배열 생성

- **np.ones( )**: 모든 요소가 1인 배열 생성

- **np.full( )**: 지정된 값으로 초기화된 배열 생성

- **np.empty( )**: 초기화되지 않은 임의 값으로 배열 생성
  └ 속도는 빠르지만 값은 예측 불가

- np.arange( ): 지정된 범위와 간격으로 배열 생성

- np.linspace( ): 시작 값과 끝 값 사이를 균등 간격으로 나눈 배열 생성

📑 배열의 주요 속성

속성	설명
shape	배열의 형태를 나타내는 튜플로 각 차원의 크기를 반환
dtype	배열 요소의 데이터 타입을 반환하며, 정수형, 실수형, 논리형 등 다양한 타입 지원
size	배열의 전체 요소 개수를 반환하며, 메모리 크기 계산에 유용함
ndim	배열의 차원 수를 반환하며, 1차원부터 다차원까지 지원
flat	다차원 배열의 요소를 1차원 형태로 순회할 수 있는 속성

📑 배열 인덱싱

- 기본 인덱싱: 0부터 시작하여 특정 위치의 요소 선택 가능

- 음수 인덱싱: 끝에서부터 요소 접근 가능

- Boolean 인덱싱: 조건식을 사용하여 특정 조건을 만족하는 요소 선택

- 팬시 인덱싱: 여러 인덱스를 리스트나 배열로 지정하여 한 번에 여러 요소 선택

📑 배열 슬라이싱

- 기본 슬라이싱: [start:stop:step] 형식으로 부분 배열 추출

- 다차원 슬라이싱: 각 차원마다 슬라이싱 범위 지정 가능

📑 배열 병합 및 분할

- 병합: np.concatenate( )를 사용하여 여러 배열을 특정 축 기준으로 연결

- 분할: np.split( )을 사용하여 하나의 배열을 여러 부분으로 나눔

🔖 통계 연산

연산	설명
최솟값/최댓값	np.min( ) / np.max( )를 사용하여 최솟값/최댓값을 계산
합계	np.sum( )을 사용하여 모든 요소의 합 계산
평균	np.mean( )을 사용하여 평균 계산
중위수	np.median( )을 사용하여 데이터의 중위수 계산
분산/표준편차	np.var( ) / np.std( )를 사용하여 데이터의 퍼짐 정도 계산
사분위수	np.percentile( )을 사용하여 데이터를 네 부분으로 나누는 값 계산(예: Q1, Q2, Q3)

🔖 브로드캐스팅 — 배열 크기가 다를 때 자동으로 크기를 맞춰 연산하는 기능

· 크기가 다른 배열 간에도 연산을 수행할 수 있는 규칙

· 작은 배열이 큰 배열과 동일한 크기로 확장되어 연산 수행

· 복잡한 연산을 간단하게 표현할 수 있어 효율적

🔖 NumPy 활용 팁

· 작업 시작 전에는 항상 배열의 크기(shape)와 데이터 타입(dtype) 확인 필수

· 슬라이싱된 배열은 원본과 메모리를 공유하므로 주의 필요(복사본 생성 시 .copy( ) 사용)

· 브로드캐스팅 규칙을 잘 이해하면 복잡한 연산도 간단하게 구현 가능
  └ 슬라이싱한 배열은 원본과 연결되어 있어 값이 함께 바뀔 수 있음

3장 Pandas

📑 Pandas 개요

· **정의**: Pandas는 데이터 조작과 분석을 위한 파이썬 라이브러리로, Series(1차원)와 DataFrame (2차원)이라는 강력한 데이터 구조를 제공

· **활용**: 데이터 필터링, 정렬, 그룹화, 통계 계산 등 다양한 작업에 적합하며, CSV, Excel, SQL 등 다양한 형식의 데이터를 처리 가능

📑 Pandas 특징

· **강력한 데이터 구조**: Series와 DataFrame으로 구조적 데이터를 효율적으로 처리

· **유연성**: 결측치 처리, 데이터 타입 변환 등 다양한 데이터 전처리 기능 제공

· **고성능 계산**: NumPy 기반으로 대규모 데이터셋을 빠르게 처리

· **시각화 지원**: matplotlib 및 Seaborn과 통합하여 데이터 시각화 가능

📑 Series

· 1차원 배열로, 인덱스를 통해 데이터를 쉽게 접근 가능

· 다양한 데이터 타입 지원(정수, 실수, 문자열 등)

· 통계적 계산(mean, sum), 데이터 필터링 및 슬라이싱 지원

📑 DataFrame

· 행과 열로 구성된 2차원 테이블 형태의 데이터 구조

· 서로 다른 데이터 타입을 가진 열 포함 가능

· SQL 테이블과 유사하며, 데이터를 직관적으로 다룰 수 있음

· 고급 기능 제공(그룹화, 집계, 피벗 테이블 등)

📑 데이터 조작 및 변환

· **필터링**: 조건을 만족하는 데이터 선택

· **정렬**: 행이나 열 기준으로 오름차순/내림차순 정렬

· **그룹화 및 집계**: 특정 기준으로 데이터를 그룹화하고 합계, 평균 등의 통계 연산 수행
  └ .groupby( ) └ .agg( )

📑 데이터 입출력

· CSV 파일 읽기/쓰기(read_csv, to_csv)

· Excel 파일 읽기/쓰기(read_excel, to_excel)

· SQL 및 JSON 파일 처리

📑 결측치 처리

· 결측값 채우기(fillna) 또는 제거(dropna)

· 결측값을 특정 값으로 대체하거나 평균값으로 채우기

📑 시각화

· matplotlib 및 Seaborn과 통합하여 기본적인 시각화 가능

· DataFrame과 Series에서 직접 그래프 생성 함수 제공

📑 Pandas와 NumPy 비교

항목	Pandas	NumPy
데이터 구조	Series(1D), DataFrame(2D)	다차원 배열(ndarray)
주요 활용	구조적 데이터 분석	수치 연산 및 배열 처리
데이터 타입	혼합된 데이터 타입 지원	동일한 데이터 타입만 허용
고급 기능	그룹화, 집계, 결합 등	고속 수치 계산

📕 데이터 생성 및 구조 확인

· **pd.Series( )**: Series 객체 생성

· **pd.DataFrame( )**: DataFrame 객체 생성

· **.shape**: 행과 열의 개수 확인

· **.info( )**: 데이터 요약 정보 출력
  └── 각 열의 타입, 결측치 여부, 메모리 사용량 등을 빠르게 확인

· **.head( ) / .tail( )**: 상위/하위 n개 행 출력

📕 데이터 조작

· **.loc[] / .iloc[]**: 레이블 또는 위치 기반 인덱싱 및 슬라이싱

· **.sort_values( )**: 특정 열 기준으로 정렬

· **.groupby( )**: 그룹화 후 집계 연산 수행

📕 통계 연산

· **.mean( ) / .sum( ) / .max( ) / .min( )**: 평균, 합계, 최댓값, 최솟값 계산

· **.value_counts( )**: 고윳값 빈도수 계산
  └── 범주형 데이터 분석에서 자주 쓰이는 함수로, 빈도를 쉽게 파악

📕 데이터 병합 및 결합

· **pd.merge( )**: 공통 열을 기준으로 두 DataFrame 병합

· **pd.concat( )**: 행 또는 열 방향으로 DataFrame 결합

🔖 Pandas 활용 팁

- Pandas는 구조적 데이터를 다루는 데 최적화되어 있어 CSV나 Excel 파일처럼 테이블 형태의 데이터를 처리할 때 매우 유용함

- NumPy와 함께 사용하면 대규모 수치 연산에서도 높은 성능 발휘 가능

  데이터를 탐색할 때는 .info( )와 .describe( )를 활용해 전체적인 분포를 빠르게 파악할 수 있음

- matplotlib 또는 Seaborn과 함께 사용하면 분석 결과를 시각적으로 표현 가능

4장 matplotlib

🔖 matplotlib 개요

- **정의:** 파이썬에서 데이터 시각화를 위한 가장 인기 있는 라이브러리 중 하나로, 선 그래프, 막대 그래프, 히스토그램, 산점도 등을 생성하여 데이터를 직관적으로 표현하고 분석할 수 있음

- **역사:** 2003년 개발되었으며, 과학적 계산 및 데이터 분석 분야에서 빠르게 발전

- **활용 목적:** 데이터의 패턴과 추세를 파악하고, 이상치를 식별하며, 연구 결과나 보고서를 시각적으로 전달하는 데 사용

🔖 플롯(Plot)

- 데이터를 선 그래프, 막대 그래프, 산점도 등 다양한 형식으로 표현하는 일종의 캔버스

- 플롯을 생성 후 출력 전까지 함수를 통해 데이터를 추가하거나 다양한 스타일을 지정 가능

🔖 선 그래프(Line Plot)

- **특징:** 연속적인 데이터 포인트를 선으로 연결하여 두 변수 간의 관계를 나타냄. 주로 시간에 따른 변화나 연속적인 변수를 시각화할 때 사용

· **활용 예시**: 주식 가격 변화, 온도 변화 등

📑 막대 그래프(Bar Chart)

· **특징**: 각 범주에 대한 값을 막대의 길이로 표현하여 범주 간의 비교를 쉽게 시각화. 범주형 데이터의 분포를 나타내는 데 유용

· **활용 예시**: 제품 판매량 비교, 설문조사 결과 등

📑 파이 차트(Pie Chart)

· **특징**: 전체를 100%로 보고 각 부분이 전체에서 차지하는 비율을 시각적으로 나타냄. 범주형 데이터의 비율 비교에 유용

· **활용 예시**: 시장 점유율, 설문조사 응답 비율 등

📑 산점도(Scatter Plot)

· **특징**: 두 변수 간의 관계를 점으로 표현하며, 변수 간 상관관계를 파악하는 데 사용

· **활용 예시**: 키와 몸무게의 관계, 광고비와 매출 간 상관관계 등

📑 히스토그램(Histogram)

· **특징**: 연속적인 데이터를 일정한 구간(bins)으로 나누어 각 구간에 포함된 데이터의 빈도를 나타냄. 데이터의 분포와 경향성을 파악하는 데 유용

· **활용 예시**: 시험 점수 분포, 키와 몸무게 분포 등

📑 축 레이블 및 제목 추가

그래프의 가독성을 높이기 위해 축 레이블(xlabel, ylabel)과 제목(title)을 추가하여 데이터를 명확히 설명

📑 범례 추가

여러 데이터 세트를 표시할 때 범례(legend)를 추가하여 각 데이터가 무엇을 의미하는지 명확히

전달

📑 격자 추가

격자(grid)를 활성화하면 데이터 포인트를 더 쉽게 읽을 수 있음

📑 색상 및 스타일 변경

색상(color), 선 스타일(line style), 마커(marker)를 활용해 그래프를 꾸미고 가독성을 향상

📑 matplotlib 활용 팁

· 다양한 그래프 유형을 조합하여 데이터를 다각도로 분석 가능

· 여러 플롯을 하나의 화면에 배치(서브플롯)를 통해 데이터를 비교하거나 시각적으로 분석 가능

· savefig( )를 사용해 플롯을 PNG, PDF 등 다양한 형식으로 저장 가능

5장 데이터 전처리

📑 데이터 전처리

· **정의**: 데이터를 분석에 적합한 형태로 변환하는 과정

· **목적**: 데이터의 품질을 개선하고, 분석 결과의 신뢰성을 높임

· **주요 작업**: 데이터 불러오기, 결측값 처리, 중복 제거, 데이터 변환 및 정규화

📕 데이터 소스

CSV, Excel, JSON 파일, 데이터베이스, 웹 API 등 다양한 형식의 데이터를 지원

데이터를 불러올 때는 파일 형식과 구조를 이해하는 것이 중요

📕 파일 형식별 특징

형식	특징
CSV	콤마로 구분된 간단한 텍스트 파일. 다양한 프로그램에서 사용 가능
Excel	표 형식으로 저장되며 여러 시트로 구성 가능
JSON	계층적 구조를 가진 데이터 표현 형식으로 웹 및 API에서 자주 사용됨

📕 결측값

데이터셋에서 누락된 값(NaN)을 의미하며, 분석 결과에 부정적인 영향을 미침

📕 결측값 처리 방법

방법	설명
결측값 제거	결측값이 포함된 행 또는 열을 삭제. 데이터 손실 위험 존재
평균/중위수 대체	수치형 데이터의 경우 평균 또는 중위수으로 결측값 대체
최빈값 대체	범주형 데이터의 경우 가장 빈도가 높은 값으로 대체

📕 중복 데이터

동일한 데이터가 여러 번 반복되는 경우를 의미하며, 분석 결과 왜곡 가능

📕 중복 제거 방법

· drop_duplicates( )를 사용하여 중복된 행을 제거

· 중복 제거 여부는 분석 목적에 따라 결정

📑 데이터 형식 변환

· 문자열 형식의 날짜를 datetime 형식으로 변환하여 시간 관련 분석 가능

· 숫자형 데이터를 범주형으로 변환하거나 범주형 데이터를 숫자로 인코딩

📑 범주형 데이터 인코딩

방법	설명
원-핫 인코딩	각 범주를 별도의 이진 열로 변환하여 해당 범주에 속하면 1, 아니면 0으로 표시
레이블 인코딩	각 범주에 고유한 정수를 할당하여 숫자로 표현

📑 정규화(Normalization)

· 데이터를 특정 범위(주로 0~1)로 스케일링하는 기법으로, 데이터의 최솟값과 최댓값을 기준으로 값을 조정함

· 데이터의 크기나 범위가 서로 다른 변수들을 동일한 범위로 변환하여 분석이나 모델링에서 변수 간의 영향을 균등하게 만들기 위해서 사용

📑 표준화(Standardization)

· 데이터를 평균이 0, 표준편차가 1이 되도록 변환하는 기법으로, 데이터의 분포를 표준 정규분포로 맞춤

· 변수들의 단위를 제거하고, 데이터가 동일한 척도를 가지도록 변환하여 분석이나 모델링에서 특정 변수의 영향이 과도하게 커지지 않도록 하기 위해서 사용

📑 데이터 탐색

· info( ): 데이터 구조와 기본 정보를 확인

· describe( ): 주요 통계량(평균, 표준편차 등)을 요약

📕 **데이터 조작** — 전처리 완료한 데이터는 CSV, Excel, JSON 등 원하는 형식으로 저장 가능

기법	설명
인덱싱	특정 행이나 열을 선택하여 조회
슬라이싱	연속적인 범위의 데이터를 선택하여 부분 집합 추출
정렬	특정 열 기준으로 데이터를 오름차순 또는 내림차순으로 재배열

6장 데이터 분석

📕 데이터 필터링

· **정의**: 특정 조건을 만족하는 데이터만 선택하여 분석에 필요한 부분만 추출하는 작업

· **목적**: 전체 데이터에서 불필요한 정보를 제거하고, 분석 목표에 맞는 데이터를 집중적으로 다루기 위함

· 고객 세분화 사례 – 특정 연령대나 성별에 해당하는 고객 데이터를 추출하여 맞춤형 마케팅 전략 수립

📕 데이터 그룹화

· **정의**: 데이터를 특정 기준(예: 성별, 지역, 연령대)으로 묶어 그룹별로 요약 정보를 계산하는 작업

· **목적**: 그룹 간 차이를 비교하거나, 각 그룹의 특성을 이해하기 위함

· 마케팅 사례 – 지역별 고객 구매 패턴을 분석하여 지역 맞춤형 광고 캠페인 설계

📕 데이터 집계

· **정의**: 데이터를 그룹화한 후 합계, 평균, 최댓값 등 요약 통계를 계산하는 작업

· **목적**: 대규모 데이터를 간결하게 요약하고, 주요 지표를 통해 인사이트를 도출하기 위함

· 금융 사례 – 자산별 수익률 평균을 계산하여 투자 전략 수립

📑 데이터 시각화 - 히트맵(Heatmap) — 값의 크기를 색상으로 표현해 이상치나 집중 영역 파악에 효과적

- **정의**: 데이터를 색상으로 표현하여 값의 밀집도와 패턴을 시각적으로 보여주는 그래프
- **목적**: 복잡한 데이터를 한눈에 파악하고, 이상치나 집중된 영역을 쉽게 식별하기 위함
- **구매 패턴 분석 사례** - 시간대별 제품 구매 빈도를 히트맵으로 표현하여 마케팅 전략 강화

📑 데이터 시각화 - 선 그래프(Line Plot)

- **정의**: 연속적인 데이터의 변화를 선으로 연결하여 시간이나 순서에 따른 추세를 보여주는 그래프
- **목적**: 데이터의 변화 양상을 명확히 파악하고, 장기적인 추세를 이해하기 위함
- **금융 사례** - 주가 변동 추세를 분석하여 투자 결정을 지원

📑 데이터 시각화 - 막대 그래프(Bar Chart)

- **정의**: 범주형 데이터의 값을 막대 길이로 표현하여 비교 가능한 시각적 정보를 제공하는 그래프
- **목적**: 범주 간 차이를 명확히 보여주고, 주요 특성을 쉽게 파악하기 위함
- **제조업 사례** - 공정 단계별 결함률을 막대 그래프로 표현하여 개선 방향 도출

📑 마케팅 및 고객 분석

- 고객 세분화는 고객 특성을 파악하고 맞춤형 전략을 수립하기 위한 필수 작업. 예를 들어, 특정 연령대와 성별에서 높은 구매 빈도를 보이는 경우 해당 그룹을 대상으로 할인 혜택이나 광고를 집중적으로 제공할 수 있음
- 구매 패턴 분석은 시간대별 판매량을 파악해 적절한 재고 관리와 마케팅 활동을 계획하게 함. 예를 들어, 저녁 시간대에 특정 제품 판매가 집중된다면 해당 시간대를 타겟으로 한 광고 캠페인을 진행할 수 있음

🔖 금융 및 리스크 관리

- 주가 변동 추세 분석은 단순한 가격 변화뿐 아니라 거래량과 이동 평균선을 함께 살펴 투자자 행동 패턴을 이해하고 미래 투자 결정을 지원함
- 리스크 대비 수익 분석은 각 자산의 위험과 보상을 비교해 안정적인 포트폴리오 구성에 도움을 줌

🔖 의료 및 헬스케어

- 환자 상태 분포 분석은 각 상태별 환자 비율을 파악해 의료 자원 배분과 긴급 대응 계획 수립에 활용됨. 예를 들어, 중증 환자가 많다면 전문 의료 인력 배치가 필요할 수 있음
- 치료 효과 시간 추세 분석은 치료가 환자에게 미치는 영향을 평가하고 치료 방식을 개선할 근거를 제공함

🔖 제조 및 품질 관리

- 결함률 시각화는 공정 단계에서 발생하는 문제점을 식별하고 품질 개선 방향을 제시함. 예를 들어, 조립 단계에서 결함률이 높다면 추가 검사를 도입하거나 공정을 최적화할 필요가 있음
- 품질 지표 분포 분석은 제품 크기와 무게 같은 주요 품질 지표가 목표 기준에 얼마나 근접했는지를 평가하며, 이상치를 줄이기 위한 개선 조치를 제안함

🔖 공공 정책 및 사회 문제 해결

- 인구 밀도 시각화는 공공 자원의 효율적 배분과 정책 우선순위 설정에 도움을 줌. 예를 들어, 인구 밀도가 높은 지역에는 추가적인 교통망 확충과 주택 공급이 필요할 수 있음
- 정책 시행 전후 변화 분석은 정책이 목표 지표에 미친 영향을 평가하며 지속적인 개선 방향을 제시함

7장 케글(kaggle) 실습

📑 케글(kaggle)

- **정의**: 케글(kaggle)은 데이터 과학 및 머신러닝 분야에서 가장 큰 커뮤니티 중 하나로, 데이터 분석과 모델링을 배우고 실습할 수 있는 플랫폼

- **역사**: 2010년에 설립되어 다양한 산업 분야의 실제 문제를 해결하는 대회를 개최하며, 초보자부터 전문가까지 데이터 분석 실력을 향상시킬 수 있는 기회를 제공

- **목적**: 데이터 과학자들이 협력하고 경쟁하며, 데이터 분석 역량을 키우고 문제 해결 능력을 향상

📑 케글의 특징

특징	설명
데이터셋 제공	다양한 산업 분야의 실제 데이터를 무료로 제공하여 실습 가능
대회 참여	데이터 과학 대회를 통해 문제를 해결하고 상금 및 명성을 얻을 기회 제공
커뮤니티 협력	코드 공유와 협력을 통해 다양한 접근 방식을 배우고 네트워크 형성 가능
학습 리소스	튜토리얼, 노트북, 커뮤니티 포스트 등을 통해 데이터 분석 학습 지원

📑 케글 실습 진행

- 케글 실습은 실제 데이터를 활용해 데이터 분석 과정을 경험하고, 분석 결과를 기반으로 문제를 해결하는 데 초점을 맞춤

- 데이터 탐색 → 데이터 정리 → 데이터 분석 → 데이터 시각화 → 문제 해결

- **데이터 탐색**: 데이터를 시각적으로 탐색하여 주요 특징과 패턴 파악

- **데이터 정리**: 결측값 처리, 중복 제거, 데이터 변환 등을 통해 데이터를 분석 가능한 형태로 준비

- **데이터 분석**: 필터링, 그룹화, 집계 등의 기법을 적용하여 인사이트 도출

- **데이터 시각화**: 그래프와 차트를 사용해 결과를 직관적으로 표현

- **문제 해결**: 분석 결과를 바탕으로 의사결정 및 문제 해결 방안을 제시

📑 타이타닉 생존자 예측 문제 — 캐글 입문자에게 가장 인기 있는 머신러닝 실습 과제

· **목적**: 타이타닉 침몰 사고에서 승객의 생존 여부를 예측하는 모델 구축

· **주요 작업**

  – 승객 정보(나이, 성별, 객실 등)를 탐색하고 분석

  – 결측값 처리 및 범주형 데이터 인코딩

  – 머신러닝 모델을 활용해 생존 여부 예측

📑 주택 거래 가격 예측

· **목적**: 특정 지역의 주택 거래 데이터를 기반으로 가격을 예측하는 모델 생성

· **주요 작업**

  – 주택 특성(면적, 위치, 층수 등)을 탐색하고 요약

  – 정규화와 표준화를 통해 변수 간 비교 가능성 확보

  – 회귀 모델을 활용해 가격 예측

📑 신용카드 이상 거래 탐지

· **목적**: 신용카드 거래 데이터를 분석하여 이상 거래를 탐지하는 모델 개발

· **주요 작업**

  – 거래 기록을 탐색하며 이상치 식별

  – 이상 거래 패턴을 정의하고 시각화

  – 분류 모델을 활용해 정상/이상 거래 분류

1장 데이터 분석 시작하기

데이터 분석 ▶ 20쪽

데이터를 수집·정리·분석하여 유의미한 정보(통찰)를 얻는 과정. 현재 상황 이해, 과거 설명, 미래 예측에 활용됨

패턴 ▶ 20쪽

데이터 속에 반복되는 규칙성(예: 특정 시간대에 이용자가 몰리는 경향 등)

상관관계 ▶ 20쪽

두 변수 간의 관련성 정도(예: 공부 시간과 시험 성적 간의 관계)

AI(인공지능) ▶ 20쪽

인간처럼 사고·학습하는 시스템으로 데이터 분석과 결합해 예측 및 자동화 가능

데이터 분석가 ▶ 21쪽

데이터 분석을 전문으로 하는 직무로 빅데이터 시대에 기업과 조직이 효과적인 의사결정을 내리도록 돕는 핵심 역할을 함

Jupyter Notebook ▶ 22쪽

코드와 텍스트를 함께 작성할 수 있는 대화형 프로그래밍 환경

GPU/TPU

고성능 연산을 지원하는 하드웨어 장치(GPU는 그래픽 처리 장치, TPU는 구글의 딥러닝 특화 장치)

런타임(Runtime)

코드를 실행하는 컴퓨팅 환경으로 CPU, GPU, TPU 중 선택 가능

2장 NumPy

NumPy

· 파이썬에서 고성능 수치 계산을 지원하는 핵심 라이브러리

· 다차원 배열(ndarray)을 효율적으로 다루며, 데이터 분석, 과학 계산, 통계 등에 활용됨

ndarray

NumPy에서 사용하는 다차원 배열 객체. 동일한 데이터 타입을 가진 데이터를 효율적으로 저장하고 처리함

벡터화 연산

반복문 없이 배열 전체에 연산을 적용하여 계산 속도를 높이는 기법

인덱싱(Indexing)

배열의 특정 요소에 접근하는 방법으로 기본 인덱싱, 음수 인덱싱, Boolean 인덱싱 등이 있음

필터링(Filtering) ▶ 85쪽

조건을 만족하는 데이터만 선택하여 추출하는 작업

Boolean 필터링 ▶ 85쪽

조건식을 사용하여 특정 조건을 만족하는 요소만 선택하는 기법(예: arr[arr > 30])

마스크(Mask) 배열 ▶ 87쪽

특정 조건에 맞지 않는 값을 마스킹하여 제외하거나 숨기는 기능

최솟값 ▶ 91쪽

배열에서 가장 작은 값

최댓값 ▶ 92쪽

배열에서 가장 큰 값

데이터 범위 ▶ 93쪽

배열에서 최댓값과 최솟값의 차이

합계(Sum) ▶ 94쪽

배열의 모든 요소를 더한 값

축(Axis) ▶ 95쪽

데이터가 표시되는 기준선. X축(가로)과 Y축(세로)으로 구성

3장 Pandas

- 파이썬 데이터 분석 라이브러리로, 구조적 데이터를 효율적으로 조작하고 분석할 수 있는 도구

- Series와 DataFrame이라는 강력한 데이터 구조를 제공하며, CSV, Excel, SQL 등 다양한 형식의

  데이터를 처리 가능

4장 matplotlib

matplotlib
▶ 184쪽

- 파이썬에서 데이터를 시각적으로 표현하기 위한 가장 인기 있는 라이브러리
- 선 그래프, 막대 그래프, 히스토그램, 산점도 등 다양한 그래프를 생성 가능

플롯(Plot)
▶ 185쪽

데이터를 시각적으로 표현하는 기본 단위로 선, 막대, 점 등을 사용해 데이터를 그래프로 나타냄

Pyplot
▶ 185쪽

matplotlib의 하위 모듈로, 간단한 명령어를 통해 그래프를 생성하고 꾸밀 수 있으며, 일반적으로 plt 라는 별칭으로 사용

선 그래프(Line Plot)
▶ 187쪽

연속적인 데이터 포인트를 선으로 연결하여 두 변수 간의 관계를 나타내는 그래프로 시간 변화나 추세를 표현할 때 유용

막대 그래프(Bar Chart)
▶ 189쪽

범주형 데이터의 값을 막대의 길이로 표현하여 범주 간의 비교를 시각화

파이 차트(Pie Chart)
▶ 191쪽

전체를 100%로 보고 각 부분이 차지하는 비율을 원형으로 표현한 그래프

격자(Grid) ▶ 199쪽

그래프 내 데이터를 읽기 쉽게 돕는 배경선

5장 데이터 전처리

CSV(Comma-Separated Values) 파일 ▶ 230쪽

텍스트 파일로 데이터를 저장하거나 불러오는 데 사용되는 콤마 구분 텍스트 형식

Excel 파일 ▶ 231쪽

Microsoft 사에서 만든 스프레드시트 프로그램의 파일 형식으로, 표 형식으로 저장된 데이터 파일
로 여러 시트를 포함할 수 있으며 Pandas를 통해 읽고 저장 가능

이상값(Outlier) ▶ 235쪽

- 일반적인 데이터 분포에서 크게 벗어난 값
- 평균이나 분산 등에 영향을 줄 수 있으므로 주의해서 처리해야 함

데이터 전처리 ▶ 237쪽

- 분석에 적합한 형태로 데이터를 정리하고 변환하는 과정
- 주요 작업으로 결측값 처리, 중복 제거, 데이터 변환, 정규화 등이 포함됨

결측값(Missing Value) ▶ 237쪽

- 데이터셋에서 누락된 값(NaN)
- 분석 결과 왜곡 방지를 위해 제거하거나 대체하는 작업이 필요

28 파이썬 데이터 분석

중복 데이터 제거

동일한 내용이 반복되는 행을 제거하는 작업으로, 데이터의 신뢰성을 높이기 위해 필요함

데이터 변환(Data Transformation)
▶ 248쪽

데이터를 다른 형식으로 변환하여 분석에 적합하게 만드는 작업(예: 문자열 날짜를 datetime 형식으로 변환)

원-핫 인코딩(One-Hot Encoding)
▶ 250쪽

각 범주를 별도의 이진 열로 변환, 해당 범주는 1, 나머지는 0으로 표시

레이블 인코딩(Label Encoding)
▶ 250쪽

각 범주에 고유한 정수를 할당하여 숫자로 표현

정규화(Min-Max Scaling)
▶ 251쪽

데이터를 0과 1 사이로 변환하여 값의 범위를 동일하게 조정

표준화(Z-score Normalization)
▶ 251쪽

평균을 0, 표준편차를 1로 변환하여 값의 분포를 표준화

JSON(JavaScript Object Notation) 파일
▶ 263쪽

계층적 구조를 가진 데이터 표현 형식으로 웹 및 API에서 자주 사용됨

6장 데이터 분석